LE CAFÉ DU PONT

Du même auteur

Le Parler des métiers, Robert Laffont, Paris, 2002.
Laissez chanter le petit !, Plon, Paris, 1999.
Les Pensées, Le Cherche-Midi, Paris, 1997.
La Cuisine de ma femme, Plon, Paris, 1996.
Anthologie de la poésie érotique, NiL, Paris, 1995.
Le Petit Perret gourmand, Plon, Paris, 1994.
Jurons, gros mots et autres noms d'oiseaux, Plon, Paris, 1994.
Chansons de toute une vie, Plon, Paris, 1993.
Le Petit Perret illustré par l'exemple, Jean-Claude Lattès, Paris, 1991.
Adieu Monsieur Léautaud, Jean-Claude Lattès, Paris, 1986.

PIERRE PERRET

LE CAFÉ DU PONT

Parfums d'enfance

ROBERT LAFFONT

© Éditions Robert Laffont, S.A., Paris, 2005
ISBN 2-221-103309-2

A Maurice et Claudia

La maison de l'avenue de Courbieu –
Premiers exploits

Je suis né un quart d'heure trop tôt.

Vers cinq heures du soir, Anna, la mère de maman, persuadée qu'à cette heure-là je n'attendais que mon billet de sortie derrière la porte de ma prison dorée, pressentit qu'il était grand temps d'aller quérir la sage-femme.

À six heures, en effet, la sagace accoucheuse me brandit vagissant à bout de bras par les pieds. Elle annonça alors avec une solennité et une pertinence qui n'avaient d'égal que sa vue perçante : c'est un garçon ! Maman et ma grand-mère, folles de joie, regrettèrent néanmoins que papa n'ait pas assisté à ce considérable événement : la naissance de son premier fils.

Avec autant de célérité que ses jambes le lui permettaient, celle que j'appellerais bientôt mémé courut derechef chez celui qui sans le savoir était désormais mon oncle : tonton Étienne, l'époux de Fernande – ma future marraine – la sœur de papa.

Elle le trouva devant la porte de sa maison, un trousseau de clefs à la main. Il avait l'air plutôt fébrile et pressé d'entrer chez lui. Il venait en réalité de rater le train qui devait l'emmener à Marseille. Dès le lendemain, il devait y prendre un paquebot en partance pour la Syrie. Il s'avérait en effet impératif qu'il rejoigne son cantonnement, car il en était le capitaine et les Syriens – ses supérieurs le lui avaient suffisamment expliqué – mouraient d'impatience d'être colonisés !

— Ma fille Clau vient d'avoir un garçon, lui annonça fièrement mémé.

— ... Oui ?... bredouilla-t-il, comme hébété par cette nouvelle si soudaine qu'il semblait la trouver incongrue.

— Il faut que tu ailles vite à la mairie déclarer sa naissance. Maurice n'est pas là pour le faire...

La regardant alors avec une sorte de souffrance grimaçante, en dansant d'un pied sur l'autre, il fut apparemment incapable de répondre à cette innocente supplique qui n'était somme toute que pétrie de bon sens.

Pétrifié, tonton Étienne la regarda sans rien dire. Puis, abandonnant soudain son attitude d'arbre foudroyé, il tourna les talons, s'engouffra dans le salon qu'il traversa telle une fusée et s'enferma dans les toilettes. Au bout d'un bon quart d'heure, il revint, rayonnant, se planter devant mémé et formula d'un trait cette phrase historique que trois générations de la famille ne cesseraient de répéter au terme des repas de mariage et jusqu'au jour où l'on enterra ce grand philosophe : « L'amour, c'est fort, mais l'envie de chier, c'est encore plus fort ! »

Je suis donc né au mois de juillet, avec la première poussée de cèpes. Mon enfance ainsi qu'une partie de mon adolescence furent colorées et traversées de mille émotions aussi enrichissantes qu'inattendues. Les cascades de rires, les chapelets de pleurs – et leurs causes – résonnent dans ma mémoire comme si c'était hier. Le film des premiers émois de mon existence est parfaitement net dans mon souvenir – sauf peut-être le tout début, le premier étage de cet immeuble de briquettes rouges de la rue de la Constitution où j'ai vu le jour le 9 juillet de l'année 1934. En revanche, je me rappelle très clairement la grande maison que bâtirent mes parents un an plus tard à la sortie du pays, près

Parfums d'enfance

de l'avenue de Courbieu. Isolée au milieu des champs, elle me paraissait immense.

Nos voisins les plus proches, les Antoniolli, ainsi que les Castelnau, habitaient de l'autre côté de la villa des Bourgoin (Étienne et Fernande, la sœur de papa), située à cent mètres de chez nous. Je sautais à la corde avec Rosy Antoniolli, ou je jouais à la marelle avec Huguette Castelnau, et toutes deux, à peu près de mon âge, me considéraient comme une sorte de petit frère dont elles se sentaient responsables.

C'est dans cette maison de l'avenue de Courbieu que j'ai réalisé mes deux premiers « exploits » quelques mois seulement après avoir vu le jour. La première fois, j'ai avalé une broche en jouant dans mon berceau. Oui, j'ai bien avalé la broche qui tenait ma bavette. Ouverte, qui plus est ! Voulais-je démontrer que la gastronomie m'intéressait déjà ? Lorsque maman constata, affolée, l'absence de ce divin cadeau en argent, orné d'un médaillon émaillé de bleu figurant le portrait authentique de la Vierge Marie elle-même, elle poussa des cris dans toute la maison. On fouilla mes langes, on mit le berceau à sac et on dut se rendre à l'évidence : je ne pouvais qu'avoir avalé cette sacrée broche pourtant bénie à Lourdes, d'où ma tata Blanche l'avait rapportée de son pèlerinage.

« Il faut lui faire passer une radio », décida papa et le doute s'envola, laissant place à l'espoir. De fait, on repéra l'intruse, ouverte certes mais, heureusement, pointe vers le haut. En vingt-quatre heures, elle serait évacuée « sans dommage » de mon intestin, affirma le docteur. C'est ainsi que bien avant le débarquement des Alliés, mes parents vécurent ce jour-là leur jour le plus long.

En tout cas, l'immense ouf de soulagement familial qui salua le transit du bijou restitué n'eut d'égal que l'auréole de miraculé dont on m'affubla par la suite. La Vierge assurément s'était penchée sur mon pot de chambre. Les miens,

11

Le café du Pont

peu enclins à la ferveur religieuse, furent à l'avenir plutôt circonspects sur ce sujet.

Je fis dans la foulée un deuxième cadeau empoisonné à mes infortunés géniteurs. Hélas pour eux, le suspense n'en demeura pas moins insoutenable que lors de l'affaire de la broche, bien au contraire. La faute à qui ? Peu importe. Mon gentil parrain, Pierrot Faure, le frère de maman, venait souvent nous voir le soir après son travail. Il adorait jouer avec moi sur le petit lit de bois ancien haut sur pieds avant que l'on ne me déshabillât pour aller dormir. Cet oncle farceur me prodiguait des papouilles qui me faisaient bondir dans tous les sens aux quatre coins du lit. Le dernier saut, précédé d'un cri, fut suivi d'un bruit sourd de chute au sol. Mon parrain, stupéfait, n'eut guère le temps d'essayer de me retenir : j'étais tombé la tête la première. J'avais, paraît-il, vainement tenté de freiner ma dégringolade en m'agrippant à l'édredon, qui avait lui aussi glissé à terre. J'étais à présent étalé de tout mon long, au pied du lit, sur le plancher de ma chambrette. Maman s'évanouit en me voyant inerte. Papa et mon parrain se transformèrent en docteurs en humectant de vinaigre un gant de toilette qu'ils passaient à tour de rôle sur les tempes des deux comateux. Cela ranima maman au bout d'une minute, mais n'eut aucun effet sur moi. À l'évidence, l'état d'inconscience où j'étais plongé prenait un tour inquiétant. Papa enfourcha sa bicyclette et fonça jusqu'à la ville chercher le médecin de famille, le vieux Dr Delrieux.

« Cet enfant est tombé dans un coma profond et personne n'est en mesure de dire quand il en sortira » : le diagnostic de notre Esculape de campagne fut sans appel. J'imagine la tête de mes parents. « En fait, crut bon d'ajouter ce "docteur Tant-pis", il peut ne jamais se réveiller ou alors, il restera définitivement idiot. »

Lecteur sagace, il vous appartient d'en tirer vos conclusions.

Le suspense dramatique dura trois longs jours et trois affreuses nuits au terme desquels maman, seule à mon

Parfums d'enfance

chevet à cette heure-là – elle se relayait avec mon parrain et papa –, m'entendit dire en ouvrant les yeux : « Il est où le gentil monsieur noir qui m'a donné une noix de kola hier après-midi ? » Elle faillit s'évanouir derechef mais préféra pleurer de joie. Le « gentil monsieur noir » n'était autre qu'un Sénégalais à chéchia rouge, tel le personnage de l'affiche Banania, si populaire alors. Il m'avait offert, il est vrai, l'une des noix de kola qu'il vendait aux chalands, non la veille, mais trois journées auparavant, le jeudi, jour du marché sous la magnifique halle couverte de mon Castelsarrasin natal. Le jeudi suivant, maman lui acheta un gros sac de noix de kola dont elle ne sut jamais que faire.

À trois cents mètres de chez nous, il y avait un voisin, le grand Mumu, qui était maraîcher. Il portait une casquette dont la visière rigide de crasse avait la courbe d'une tuile romaine du pays. C'était un impénitent coureur de jupons. Il vendait ses salades au marché et surtout des melons. Il était un peu sourd et tendait souvent l'oreille – en disant « hein ? hein ? » quand on lui reprochait la cherté de ses fruits. Papa, alors téléphoniste de nuit à la poste, encourageait par son absence, et bien malgré lui, la présence de rôdeurs autour de notre demeure isolée. Maman, seule avec moi, bébé d'un an et demi tout au plus, ne pouvait qu'être terrifiée lorsque, en pleine nuit, un inconnu essayait de forcer le verrou de la porte. Elle avait beau hurler : « Qui êtes-vous, que voulez-vous ? Allez-vous-en ! », le sadique s'acharnait, prenant un évident plaisir à faire accroître l'angoisse de sa victime. Mémé, courageusement venue partager la terreur de sa fille, insultait l'intrus dans un patois véhément à travers la porte : « *Baï ten, saloupario !* » [Va-t'en, saloperie !] L'obstination de ce singulier personnage à vouloir s'introduire chez nous deux ou trois fois dans la semaine inquiéta sérieusement papa. Il se fit donc remplacer à la poste et, du premier étage de la maison

13

Le café du Pont

inachevée, guetta le fâcheux dont il crut un instant reconnaître la silhouette dans la nuit noire. N'était-ce pas le libidineux Mumu, alléché par la chair fraîche d'une jeune mère de vingt ans qui n'aurait sans doute guère la force physique de résister bien longtemps à ce géant déterminé aux desseins les plus noirs ? Le premier coup de fusil lâché en l'air déclencha une cavalcade effrénée dans le champ de maïs qui longeait la maison. Sa deuxième cartouche, papa la tira au-dessus du maïs, à une vingtaine de mètres au-delà du fuyard qui vraisemblablement, à cette heure, n'en menait pas large.

Le lendemain, croisant le Mumu qui allait vendre ses melons à la ville avec son petit « charreton », papa s'entendit dire :

— Dis donc, Maurice, faudrait voir à faire attention quand tu tires des coups de fusil la nuit, autour de chez toi, il pourrait y avoir un accident un de ces jours.

— Tu sais, lui répondit papa, qui avait du mal à garder son sérieux, j'ai bien essayé de tirer sur un type qui était venu forcer la porte de chez nous la nuit dernière, mais je l'ai lamentablement loupé ! J'espère que la prochaine fois sera la bonne. On pourra enfin mettre un nom sur ce courageux salopard !

Inutile de préciser que maman ne fut plus jamais inquiétée. J'entendis si souvent cette histoire à la maison que j'avais la plus grande peine à ne pas m'esclaffer quand je voyais Mumu pousser innocemment son petit charreton en faisant « hein, hein » aux passants qui lui disaient « comment vas-tu ? ».

Quelques années après avoir quitté ce lieu – non sans en emporter les tendres souvenirs –, je suis repassé sur cette avenue de Courbieu que prolongeait la route menant à Notre-Dame d'Alem. Je me rendais en fait dans cette petite chapelle pour ma communion solennelle. Nous cheminions

Parfums d'enfance

au côté du curé Bessac, le curé de l'église Saint-Jean, quelques copains et moi. Certains d'entre eux se plaignaient d'avoir faim.

— Vous mangerez quand vous aurez communié, dit Jules, le curé dont le prénom nous amusait, vous le savez bien. Et toi, Pierrot, me dit-il, tu n'as pas faim ?

— Non, monsieur le curé, parce que avant de partir j'ai mangé du saucisson.

— Oh ! malheureux. Alors tu ne pourras pas faire ta communion !

Je suis rentré au café que nous habitions alors. Maman était très déçue. Moi, pas mécontent de la tournure qu'avaient prise les événements, je suis allé au canal pêcher une friture de goujons.

Toilette matinale de papa – Maman – Mémé –
La maternelle – Le coiffeur

Avant de partir pour la petite école, ce n'est pas sans une certaine jubilation que j'étais le témoin silencieux de la toilette matinale chantante de papa devant l'évier de la cuisine, seul substitut de cabinet de toilette, dont la plupart des foyers se contentaient alors. Torse nu, en caleçon ou en pantalon, les bretelles tombant sur les cuisses, il savonnait un gant mouillé au savon de Marseille, puis se frottait énergiquement le torse, jusqu'à être rouge comme une écrevisse sortie du court-bouillon. Le reste du corps attendait-il le samedi, jour des grandes ablutions à la douche municipale du pays ? Il y a tout lieu de le craindre.

Papa chantait tout le temps. Sur son vélo, à la maison, à la pêche, ou quand il bricolait, quand il réparait sa moto, peut-être même en des circonstances plus intimes. Je n'eusse pas été étonné outre mesure de l'entendre souligner d'un chant mélodieux la douce félicité de ses voluptueux transports envers maman dont il se montrait si amoureux. Dès le matin, il entonnait à pleine voix un passage du célèbre *Pays du sourire* de Franz Lehár ou la non moins fameuse *Tosca* de Puccini : « Mais Tosca tout de mêmeu, c'est toi seule que j'aimeu... » Il s'interrompait parfois, lorsque dans le déroulement de sa toilette une tâche minutieuse réclamait un peu plus d'attention. Par exemple quand il tournait sur lui-même ainsi qu'une toupie en enroulant une ceinture de flanelle autour de ses reins, comme les maçons et les charpentiers,

Parfums d'enfance

ou quand il humectait d'eau claire les deux coins d'une serviette en coton avec lesquels il nettoyait minutieusement l'orifice de chacune de ses oreilles. En une géométrie quasi irréfutable, il fixait ensuite ses supports-chaussettes, puis les contemplait, satisfait, avant d'enfiler son pantalon. Ces délicats rituels accomplis, il plaquait ensuite posément la main gauche sur son cœur et tendait le bras droit en avant, main ouverte, vers un public imaginaire. Il pouvait aussi bien enchaîner tout de go avec *Les Cloches de Corneville* ou l'une des nombreuses opérettes marseillaises que chantaient alors Andrex, Rellys ou Fernandel, « Ah qu'il est doux le plaisir de la pêche », ou bien « Un petit cabanon pas plus grand qu'un mouchoir de poche ». Sautant facilement du coq à l'âne, papa continuait en entonnant « Sur la mer calmé-e, soudain une fumé-e... » jusqu'à ce vers splendide « Car sans soleil meurent les fleurs », auquel devait succéder un véritable crescendo vocal. Là, pour maman comme pour moi, le temps suspendait son vol. Nous l'avions tant entendu, nous savions que la tessiture de sa voix menaçait de transformer le périlleux contre-ut en un couac humiliant. Conscient lui aussi du danger, il avait le plus souvent la sagesse de couper le son avant le désastre. Nullement découragé toutefois, il pouvait très bien se remettre à fredonner tout en cirant ses chaussures « J'ai la rate qui s'dilate » ou les *Thés-Tangos*, ou bien encore « Pour promener Mimi, ma p'tite amie Mimi et son jeune frère Toto, j'ai une auto ». Dans *Félicie aussi*, il était presque aussi irrésistible que Fernandel lui-même. Défilaient ainsi au gré de son humeur généreuse et fantasque, *L'Ami Bidasse* ou *La Caissière du Grand Café*. Voilà grosso modo l'essentiel du répertoire qu'il chanta aussi un peu plus tard en amateur devant un auditoire en délire. Avec ses mimiques et son sens inné du public, papa, cela ne fait aucun doute, est passé à côté d'une véritable carrière d'artiste.

Peu de temps après avoir épousé maman, papa instaura une habitude qui, à l'évidence, ne tarda guère à déplaire

Le café du Pont

fortement à sa jeune épouse. Pratiquement tous les soirs après le souper, il se rendait – sans elle – en ville chez Mme B., prendre des leçons de chant. Cette castafiore déjà mûre mais non dépourvue de charmes désuets adorait s'entourer de jeunes gens « doués », afin, assurait-elle, de leur enseigner l'art lyrique et la manière la plus probante de « placer leur organe » (*sic !*).

L'insoutenable spectacle de sa jeune épouse qui faisait immanquablement la tête à son retour au foyer gâcha indubitablement le plaisir de papa. Désormais, il continua d'égrener ses vocalises à la maison.

Quelques mois après leur mariage, encouragé par maman peu rancunière, papa se mit à jouer tous les samedis soir et dimanches après-midi dans de petits théâtres ou des salles paroissiales. Il s'était intégré au sein d'une troupe de « semi-professionnels », certes, mais qui savait séduire un public bon enfant, disponible, ne demandant qu'à rire des facéties naïvement grivoises qui lui étaient distillées.

Lorsqu'elle était encore jeune fille, la seule « récompense » à laquelle Claudia – ma future maman – avait droit au terme d'une semaine de dur labeur à la scierie où sa mère l'avait fait embaucher était le bal du dimanche après-midi.

Brunette d'un mètre soixante-cinq, la taille bien prise, un beau visage de fille du Sud, une sorte de pruneau issu d'un arbre sauvage, elle était rétive à toute velléité de rapprochement avec la plupart des spécimens de la gent masculine, sans doute à cause de sa rude enfance vécue dans les poussiers du pays minier, près de Decazeville.

Maurice – mon futur papa – faisait partie de cette catégorie de jeunes hommes qui n'étaient pas insensibles aux charmes bruts de cette sauvageonne qui refusait toujours les invitations à danser qu'il lui formulait pourtant si poliment. « Il ne sait même pas mettre un pied devant l'autre ! » répondait Claudia à sa mère, lorsque cette dernière lui

Parfums d'enfance

demandait : « Mais pourquoi tu ne veux pas danser avec ce Maurice Perret ? »

Au bal, ma future mémé, qui veillait sur le banc à la vertu de sa fille, ne ménageait pas les réprimandes lorsque les circonstances semblaient l'exiger. Elle allait même parfois plus loin. Un jour par exemple, Claudia refusa une valse à Maurice mais courut se blottir trois secondes plus tard dans les bras d'Andrea, un bel Italien à l'œil de velours qui venait de l'inviter à son tour. La retentissante paire de baffes qu'elle reçut de sa mère ce jour-là au beau milieu du bal gâcha à tout jamais – semblait-il – les chances de Maurice de courtiser la farouche élue de son cœur. Claudia avait cependant bien d'autres raisons de cultiver un tenace ressentiment à l'égard de sa mère. Pourrait-elle un jour lui pardonner de les avoir envoyés, elle, Blanche et Pierrot, sur les poussiers, des journées entières, afin de rapporter de quoi alimenter le fourneau ? Pour y réchauffer quoi, de plus ? Les quelques restes qu'ils trouvaient en faisant les poubelles des maisons de riches ? Tout cela laissa en Claudia de terribles cicatrices et la rendit à tout le moins méfiante.

Elle était à cette époque aux antipodes de l'état d'esprit apparemment insouciant de Maurice. Elle aimait bien rire, pourtant, mais à ses yeux les choses importantes – la danse en faisait partie – ne pouvaient souffrir que l'on en sabotât les pratiques, car elle adorait aussi bien les valses que les paso doble.

— Redanse au moins une fois avec lui, dit Anna à sa fille, quelques semaines plus tard, tu changeras peut-être d'avis. Tu sais, ce Maurice Perret, il aime bien rigoler sans doute, mais c'est un garçon sérieux. Son père était un honnête commerçant, lui-même est employé de banque et quelqu'un m'a dit qu'il avait son brevet. Je ne sais pas trop ce que ça veut dire, mais ça a l'air d'être important ! Réfléchis avant de l'envoyer balader une fois de plus.

Le dimanche suivant, Maurice demanda officiellement à Anna la main de sa fille Claudia, qui, à l'évidence, avait

Le café du Pont

réfléchi. Il promit de ne plus jamais la faire danser et d'être un bon mari. Il tint, je crois, les promesses qu'il fit ce jour-là.

Lorsqu'elle les découvrit, maman apprécia à leur juste valeur les dons artistiques de papa et, durant leurs « fiançailles », elle l'encouragea à poursuivre les représentations théâtrales qu'il donnait aux alentours avec ses partenaires comédiens. Elle le suivit même partout. Il possédait alors une voiture dont tous ceux de la troupe étaient heureux de profiter à tour de rôle. Le récit des fous rires en scène, des avatars dus aux pannes d'essence – dues, elles, au manque d'argent –, de la peinture du caractère des « acteurs » font partie de mes tout premiers souvenirs d'enfance. Parlant entre eux de cette heureuse période encore si proche, mes parents évoquaient leurs collègues cabotins, ces « mentons bleus » si bien dépeints par Courteline. Matamores et volontiers donneurs de leçons, M. et Mme Petitjean – qui ne dînaient jamais dans les restaurants tant ils redoutaient l'addition – surgissaient cependant régulièrement au beau milieu du repas de leurs camarades comédiens, picorant dans l'assiette de tout un chacun, critiquant les assaisonnements, la texture, la sauce ou les saveurs de tel ou tel plat, tout cela, suggéraient-ils, pour obtenir un rabais de l'aubergiste capable de servir de tels plats à des prix si prohibitifs ! C'est à la fin de ces saisissants portraits que, pour la première fois, j'entendis mes parents – qui méprisaient tant cette catégorie d'individus – prononcer le mot « radin ». Si bien « épaulé » par maman, papa trouvait ici – un peu tard, il est vrai ! –, le bonheur de s'exprimer dans cette discipline, après des années d'interdiction de s'approcher de ce métier si honni par son père, ce grand-père que je n'ai pas connu.

J'ai raconté dans un précédent livre, *Laissez chanter le petit !*, comment mon arrière-grand-père paternel, comédien de son état, avait partagé dans les années 1890 un authentique coup de foudre avec une jeune fille de seize ans. Sous les

Parfums d'enfance

tréteaux d'un théâtre ambulant planté sur la grand-place de Montauban, le jeune premier comique déclenchait les rires d'une salle comble. Lui n'avait d'yeux pourtant que pour la jeune et jolie spectatrice du premier rang, qui ne le quitta pas d'un regard fasciné durant tout le spectacle. Au terme de la pièce, la coquine, plantant là ses parents, se précipita en coulisses dans les bras de son héros qui – tenez-vous bien – l'enleva. En cette fin du XIXᵉ siècle, c'était pour le moins chose peu commune et cela provoqua un beau scandale. Ils s'aimèrent fort, bien sûr. Il l'initia à l'art dramatique et elle devint à son tour comédienne à ses côtés. Hélas, les préservatifs ne faisant alors pas plus partie du « paysage sexuel » que la pilule, ils firent bien imprudemment des enfants, sans pour autant les désirer.

Ils les confièrent le plus souvent à des fermiers dans la campagne proche de la ville où ils se produisaient. Le sort voulut que ces innocents bambins tombent parfois chez de braves gens. Ce fut le cas de mon grand-père Gustave, leur premier fils, qui ne connut jamais ses frères disséminés aux quatre coins du pays. Il apprit un jour qu'en réalité ces « parents » qui l'avaient élevé, du côté de Cahors, n'étaient pas les siens ; il en voulut beaucoup à cette « dame » – venue le voir deux fois en dix ans –, lorsqu'on lui révéla que c'était elle, « l'actrice », sa vraie maman. L'évocation du métier d'acteur, depuis, lui hérissait le poil et il avait, disait-il, la haine de « ces gens-là ». Élevé avec amour dans la famille Ausset à Granejouls, près de Cahors, mon grand-père n'en fut pas moins, sans doute, profondément malheureux et on peut aisément comprendre que mon pauvre papy Gustave ait voué aux gémonies tout ce qui lui évoquait ces parents passablement inconscients. Quant à mon propre père, injustement contrarié dans sa vocation, il se jura, s'il avait un jour un fils, de lui offrir très tôt tous les atouts nécessaires au cas où son rejeton montrerait quelques dispositions pour « faire l'artiste » de quelconque manière. Là aussi, il tint sa parole.

Le café du Pont

Dès l'âge de six ans, papa – à qui Gustave avait tout de même permis d'apprendre la musique – m'enseigna donc lui-même les premiers rudiments du solfège. Deux ans plus tard, il décida qu'il me fallait un professeur. Pour mes neuf ans, galvanisé par l'attitude encourageante de ce prof, M. Delrival, qui me trouvait « doué », il m'offrit un saxophone. C'était l'instrument le plus moderne à ses yeux, en tout cas celui qui à l'évidence lui plaisait le plus. Il était éminemment souhaitable qu'il me plût aussi. En ce temps-là, on ne disait pas « non » aux parents, et encore moins « va te faire foutre » comme il en fleurit aujourd'hui un peu partout dans la bouche de certains adorables bambins.

Pour le moment, j'avais un peu plus de deux ans et j'allais à l'école maternelle où je découvrais la vie. Les récits des voyages et des vicissitudes de mes petits camarades arméniens, polonais, et surtout italiens ou même espagnols, après la révolution de 1936, me paraissaient surgis d'un monde qui m'était alors totalement étranger. À la fois timide et bavard, parfois lassant, j'étais surtout un enfant contemplatif comme se plaisait à me définir la directrice de l'école, Mme Labia.

La douceur de mon caractère contrastait étrangement avec une certaine sauvagerie – héritée de maman ? – et de brusques manifestations d'indépendance dont je regrettais le plus souvent les effets. Un soir, par exemple, M. Satgé, le copain coiffeur de papa, vint à la maison après avoir fermé son salon pour me faire ma première coupe de cheveux. J'avais quatre ans et aucune paire de ciseaux, aucune tondeuse n'avaient encore effleuré ma blonde et abondante toison bouclée. Papa et son copain le figaro de service me poursuivirent à travers la salle à manger sans parvenir à me mettre la main dessus. Satgé remballa ses outils et je reçus ce soir-là ma première et mémorable fessée – une fessée que pas un parent d'aujourd'hui n'oserait administrer à ses chérubins de crainte de les condamner à fréquenter un psychanalyste jusqu'à la fin de leurs jours.

Parfums d'enfance

La spontanéité de mes élans affectifs n'avait d'égal que celle de mes phobies. Hormis le coiffeur, j'avais horreur entre autres de l'huile de ricin, du « vermifuge Lune », de l'huile de foie de morue, des concombres et de la musique militaire. J'abhorrais le défilé du 14 Juillet, ses pétards, ses clairons et ses tambours tout comme la liesse idiote que cette fête engendrait dans les rues du pays. Je trépignais frénétiquement en pleurant jusqu'à ce que maman, après m'avoir consolé, me ramène retrouver le calme de la maison. Là, je pouvais passer des heures à jouer avec un éléphant gris en caoutchouc. Son caparaçon aux jolies couleurs vives m'enchantait. J'avais introduit dans son ventre, en lui perçant l'anus avec une aiguille à tricoter, tout ce qui me tombait sous la main. Maman chercha longtemps ses petits ciseaux à broder, ses dés à coudre, ses boutons de culotte et même son mètre à ruban avant de découvrir le pot aux roses, si je puis m'exprimer ainsi. Je ne devais pas encore avoir atteint la cinquième de ces années « maternelles », et j'étais déjà loin d'être d'accord sur tout. Malheureusement, je le faisais savoir.

Quant à ma deuxième fessée, elle fut tout aussi mémorable. C'était un jour de marché, et j'avais lâché la main de maman pour courir aux trousses d'un chiot qui, apeuré, se réfugia dans la cour d'une maison bourgeoise. Au milieu des paysans qui charriaient leurs volailles à bout de bras, maman eut à peine le temps de me voir disparaître derrière le portail entrouvert qu'il se referma aussi sec. Impossible de l'ouvrir de l'extérieur sans clef. Ne connaissant pas les propriétaires, elle dut faire appel à un serrurier escorté de deux policiers pour me délivrer, deux heures plus tard, toutes les larmes de mon corps n'ayant évidemment pas suffi à me libérer...

Notre grande maison à la sortie du pays était une demeure en briques rouges crépies, déjà évoquée, comprenant un étage. Nous l'habitions, mes parents, mon petit frère Jeannot – qui n'avait qu'un an – et moi, ainsi que notre chienne-loup Mignonne. Malgré ce nom enjôleur, elle était loin d'être aimable avec tout le monde. Le médecin, lorsqu'il venait faire sa visite, ne manquait jamais de demander : « Est-ce que Mignonne est attachée ? »

Cette maison, papa et maman l'avaient bâtie de leurs propres mains, avec leurs économies, leur énergie résolue et un maçon portugais prénommé Matéo qui gâchait le mortier à la pelle et savait se servir d'un fil à plomb mieux que de sa langue. Baragouinant à peine le français, il restait des journées entières muet comme une carpe. Lorsque cela lui était possible, c'est-à-dire quand j'étais à la maternelle et que mon frère Jeannot dormait dans son berceau, maman charriait les briques et le ciment jusqu'à l'échafaudage. Le brave Matéo, lui, montait les murs. Dans l'après-midi, papa prenait par-ci, par-là quelques heures sur son temps de travail pour les aider tant bien que mal, bien qu'il ne fût guère un « manuel ». Il gérait comme il l'entendait son temps de travail car il était représentant des tout premiers postes de radio. Il en avait un spécimen en démonstration qu'il transportait dans la panière avant de son vélo, aussi bien à la ville qu'à la campagne. La radio était à cette époque un objet aussi révolutionnaire que le fut la télévision trente ans plus tard et sans doute financièrement bien plus inaccessible qu'un ordinateur pour les classes moyennes d'aujourd'hui. Papa était aussi, je le rappelle, téléphoniste de nuit à la poste du pays. Il prenait les appels et établissait la connexion avec les correspondants demandés qu'il connaissait presque tous. Il ne dormait à la maison que de 6 h 30 à 11 heures du matin. Son bol de café avalé, il remontait sur sa bicyclette pour repartir vaillamment assurer la représentation des postes Ducretet-Thompson.

Ayant enfin réussi à vaincre ma phobie du coiffeur, j'étais à présent toujours prêt quand papa, qui se faisait raser chez le barbier, me disait : « Veux-tu venir chez Satgé ? Je

Parfums d'enfance

t'emmène. Et puis tu pourras en profiter pour te faire tailler les cheveux, tu en as sérieusement besoin. » Le salon de coiffure de la rue de la Constitution était toujours plein. Il y avait en permanence quatre messieurs qui patientaient sur des chaises. Devant eux, les trois autres, le visage recouvert d'une épaisse couche de mousse, étaient confortablement installés dans de grands fauteuils de cuir qui ressemblaient au siège du dentiste. Leur col de chemise ainsi que leurs épaules étaient protégés par des serviettes en nid-d'abeilles qui les faisaient ressembler à des enfants de chœur. En un geste léger de toupie aérienne, les savantes voltiges du blaireau faisaient abondamment mousser le savon à barbe d'un blanc immaculé. Partant du bas du cou, il recouvrait progressivement les joues poilues de cette épaisse couche de chantilly pour ne s'arrêter qu'en bas des pommettes. Lorsque ses trois clients résignés avaient de parfaites têtes de meringues, l'ami Satgé attaquait le premier d'entre eux. Il avait auparavant consciencieusement aiguisé son coupe-choux sur la grosse lanière en cuir patinée par les milliers d'aiguisages de sa redoutable lame. Son coup de rasoir était incomparable. Seul le petit crissement du rasoir mettant la joue à nu perçait le silence respectueux qui soulignait la noblesse du savoir-faire du maître. Le geste qui avait fait la réputation de ce talentueux barbier était sûr et souple à la fois, suscitant une absolue quiétude chez tous ceux qui lui confiaient leurs joues broussailleuses. Il était rarissime qu'il écorchât un tant soit peu l'un d'entre eux. Il récupérait la mousse sur la joue de son patient impavide, d'un geste ascendant légèrement tournant du poignet qui forçait l'admiration de tous. Ceux qui attendaient sagement leur tour lisaient ou faisaient semblant de lire *Le Messager*, le précieux journal local, où étaient abondamment développés tous les potins du pays que l'on ne se privait guère, ici, de commenter.

M. Cimeret, le chroniqueur en chef de ces potins éclos en plein salon, venait trois fois par semaine se faire raser

Le café du Pont

chez l'ami Satgé. Ce dernier, affirmait-il, était le seul capable de lui rendre les joues douces « comme des fesses de vierge ». Rebondies, tels les jolis renflements postérieurs des innocentes pucelles auxquelles il faisait allusion, ses joues l'étaient sans aucun doute. Le taquin bonhomme, qui pesait plus de cent quarante kilos, n'hésitait pas à rappeler à tout bout de champ qu'il vaut mieux faire envie que pitié. Personne cependant ne manifestait l'envie de l'imiter. Les outrances du personnage ne se limitaient hélas pas à son langage. Il lâchait régulièrement en plein salon et sans la moindre vergogne des chapelets de flatulences sonores qu'il lui était impossible de juguler, prétendait-il avec le plus grand sérieux. Grand amateur de gibier qu'il était, les fragrances de sauvagine qu'il laissait parfois échapper en soulevant légèrement une fesse de son fauteuil vidaient alors d'un coup le salon de tous ses clients. Les malheureux, au bord de l'asphyxie, aspiraient sur le trottoir de grandes goulées d'air qui les faisaient peu à peu revenir à la vie.

Les passants, souvent eux-mêmes clients de M. Satgé, connaissaient bien les détestables habitudes du gros monsieur sans gêne. En voyant s'échapper du salon les clients affolés, ils lançaient :

— Tiens, M. Cimeret a encore pété !

Face au comportement de cet individu pour le moins singulier, M. Satgé n'en avait pas pour autant l'humeur chagrine. Cimeret était un homme cultivé et nul ne savait mieux que lui raconter, avec cette drôlerie un peu méchante, ces fameux potins qui clouaient au pilori tous les petits travers des habitants du pays. Il disait cependant pour la forme au tonitruant Falstaff :

— Allons Auguste... un peu de tenue, que diable ! On n'est pas au cirque ici !

Et puis chacun réintégrait le salon, reprenant la conversation là où elle s'était interrompue.

Pour faire patienter ceux qui n'étaient pas encore « mousseux », Satgé leur nouait à eux aussi la grande serviette

Parfums d'enfance

autour du cou. Ainsi harnaché, même le plus impatient n'aurait jamais osé partir avant d'avoir confié sa barbe au maestro. Après avoir poudré les joues de celui pour qui l'opération était arrivée à son terme, il avait une façon bien à lui de retirer la serviette. Il en saisissait le coin entre le pouce et l'index, puis faisait une sorte de pirouette sur lui-même en entourant ses hanches du linge, virevoltant à la façon d'un torero qui vient d'accomplir une véronique. « Et voilà le travail ! » disait-il invariablement avant de conclure, en frôlant d'un revers de main la joue du rasé béat : « Un vrai cul de bébé !... Messieurs, au suivant ! »

Sur les étagères basses du salon, il y avait de très jolis flacons de parfum au sommet desquels une petite poire en caoutchouc, placée latéralement et comme emmaillotée d'un petit bas résille, servait de vaporisateur. Ces petites bouteilles cylindriques ou ventrues, le plus souvent de couleur rose ou verte, étaient séduisantes au possible. Elles intriguaient aussi mes narines, car j'ignorais totalement quelles fragrances pouvaient avoir le « cuir de Russie », l'« origan » ou le « santal ». Bien sûr j'en connaissais quelques-unes, comme la bruyère ou la fougère : maman ne les cultivait-elle pas dans ses plates-bandes, au milieu des œillets de poète, des roses et des capucines ? Mais lorsque M. Satgé pulvérisait un nuage de l'un de ces parfums sur le dos de ma main, l'odeur me semblait grisante et merveilleuse. J'aimais aussi beaucoup sentir le « Cheramy » dont l'avisé coiffeur parfumait ma nuque dégagée après m'avoir exécuté une coupe en brosse avec maestria.

— Alors Pierrot, disait-il chaque fois que nous nous apprêtions à quitter son salon avec papa, on n'a plus besoin de te courir après autour de la table de la cuisine à présent, pas vrai ?

J'aimais bien M. Satgé qui était un coiffeur si talentueux au dire de tout le monde. Mais j'aimais bien mieux sa fille Simone, qui avait les yeux verts et qui était belle comme une récréation...

Mobilisation – Les réfugiés – Mignonne – Mathé – Les Cavalli

J'ai le souvenir tout à fait limpide du 1er septembre 1939. Toute la ville avait accouru devant le mur d'entrée de la caserne, non loin de chez nous, pour y lire avec stupeur l'affiche fraîchement apposée annonçant la mobilisation générale. Je venais d'avoir cinq ans. Trouvant qu'il faisait doux, maman avait décidé de m'emmener me promener, vers six heures du soir. Certains pleuraient en silence autour de nous. Les yeux noyés de désarroi, frappées par ces mots lourds de malheurs futurs, les femmes lisaient en silence l'appel au sacrifice. On entendait de-ci, de-là quelques réflexions plus désabusées que patriotiques : « On finira bien par les avoir ces sales Boches »... J'ignorais bien sûr ce qu'était un Boche, mais j'imaginais que tout comme les poux, il était salutaire et urgent de s'en débarrasser. Je mentirais à coup sûr si j'affirmais ici que la tristesse m'accabla ce jour-là. J'étais à mille lieues de pouvoir prendre la mesure de la situation. Cette guerre annoncée ne représentait pour moi qu'une singulière aventure qui me laissait plutôt curieux de la suite.

Serrant ma main dans la sienne, maman pleurait elle aussi en rentrant à la maison pour guetter le retour de papa.

Les hommes mobilisés commencèrent d'affluer à la caserne, dans l'attente d'un hypothétique et tant redouté départ au front.

Parfums d'enfance

Je revois encore, quelques semaines plus tard, les tirailleurs sénégalais avec leur chéchia, leurs bandes molletières, le gros ceinturon sur leur capote bleue et leur grand sourire naïf. Ce sont eux, ou tout au moins leurs pères, qui avaient d'abord été envoyés en première ligne lors de la guerre précédente, en 1914. Les fils, tout aussi dociles – comme les tirailleurs marocains, d'ailleurs –, allaient connaître à leur tour le front de 1939, les tirs meurtriers et les assauts à la baïonnette, au beau milieu d'une abominable boucherie. Toutes ces morts inutiles n'empêchèrent cependant pas les Français de perdre cette guerre contre les envahisseurs teutons. Ils ne manquaient pourtant pas d'encouragements nos braves « négros », comme on les appelait alors. Lors de cette guerre de 1939-1940, le gouvernement leur octroyait une prime pour la paire d'oreilles prélevée au rasoir coupe-choux sur chaque tête d'ennemi. Ils revenaient du casse-pipe avec des musettes pleines et exhibaient volontiers leurs trophées en descendant du train avant de regagner la caserne, du moins les veinards qui étaient revenus de l'enfer.

— Ça pue, Mamadou, disait papa, en lorgnant dans la musette qui sentait franchement le pourri.

— Oui missié, répondait l'autre avec un éblouissant sourire, mais ça, c'est beaucoup d'arzent pou Mamadou, et il s'esclaffait en s'applaudissant lui-même.

Bien que déjà considérablement éprouvés par la guerre de 1914 et ses millions de sacrifiés, les « enfants de la patrie » de 1939 n'en demeuraient pas moins de virils patriotes, à l'esprit toujours aussi conquérant.

L'« exode » avait commencé. À la maison, à présent, papa en parlait souvent. Je compris la signification de ce mot lorsque des gens arrivèrent des contrées du Nord de la France, fuyant l'envahisseur.

Le café du Pont

— Vous avez de la chance, vous, dans le Sud, disaient-ils, les Allemands sont encore loin. Et puis, à ce qu'on dit, ils ne viendront peut-être jamais jusqu'ici. Là-haut, pour nos soldats, ça a été une sacrée débâcle ! L'exode aussi, bien sûr, pour des milliers de pauvres gens qui ont fui devant eux, sans savoir où aller, tout comme nous.

Notre région, qui accueillait déjà les Espagnols, les Portugais et les Italiens fuyant le fascisme de leur pays, vit donc encore affluer des Picards, des Chtimis, des Normands et des Lorrains qui avaient tout abandonné ou presque.

Sans doute aiguillée par le maire du pays, l'une de ces familles de réfugiés, originaire de la région parisienne, séjourna chez nous durant quelques mois, occupant, on ne peut plus discrètement, les trois pièces du rez-de-chaussée qui jouxtaient le garage. Je ne me souviens pas de leur nom mais j'ai toujours gardé en mémoire le prénom de leur fillette, un joli petit pruneau de sept ans qui s'appelait Mathé. Nous étions inséparables. Toujours trop courte, chaque journée auprès d'elle était délicieuse et surprenante. De longs cils noirs ne parvenaient pas à manger ses grands yeux et sa peau sentait bon la savonnette bébé Cadum. Le son de sa voix était ma musique préférée. Cet accent qu'avaient nos amis, qualifié par papa de parisien, était pour moi un pur enchantement. Ce que j'aurais aimé parler ainsi ! Je disais à Mathé :

— Je voudrais bien apprendre à parler pointu comme toi...

— Ça viendra, me répondait-elle en riant, mais il faut que tu discutes souvent avec moi... comme ça, ça te viendra tout seul...

A priori, j'avais de bonnes dispositions pour la palabre.

À l'école, je n'en usais que trop, selon la directrice, Mme Labia, amie de papa, même si entré à la maternelle dès l'âge de deux ans, beaucoup plus tôt que les autres élèves, j'étais de loin le plus jeune de la classe. Les réfugiés affluant de plus en plus nombreux de partout, elle m'avait

Parfums d'enfance

placé, pour calmer un peu mes incessants bavardages, entre deux sœurs jumelles polonaises, jolies blondinettes aux yeux bleus qui ne connaissaient pas un traître mot de français. Hélas pour notre bonne directrice, au bout de deux mois, grâce à mes soins empressés, les deux petites parlaient couramment notre langue, émaillée d'un accent du Sud-Ouest qui fleurait bon le vent d'autan.

Bien que mon aînée de deux ans, Mathé me laissait toujours décider de nos jeux. Ce sont eux qui occupaient la plus grande partie du temps que nous passions ensemble en dehors de l'école. Mathé prenait toujours ma défense si papa ou maman me cherchaient des poux dans la tête. Rien n'était jamais de ma faute. Elle s'accusait parfois même à ma place, de crainte de me voir puni. Tous les jours, nous allions nous promener en jouant tout au long du petit chemin. Nous nous arrêtions à la route de craie blanche – l'avenue de Courbieu –, formellement interdite par les parents, car il pouvait y passer une bicyclette ou, bien pire, l'une des premières autos. Nous y jouions aux billes, à la marelle, à sauter à la corde ou à faire le poirier. « Je vois ta culotte », lui dis-je un jour qu'elle était en pleine séance d'équilibre sur ses deux mains à plat. « Ça prouve que tu n'as pas besoin de lunettes », me répondit Mathé. Le naturel de sa réaction me laissa sans voix, car il exprimait une liberté, voire une certaine insolence, en tout cas, un ton dépourvu d'inhibition qui m'était alors inconnu. Cela, à l'évidence, ne pouvait me déplaire. Bien que blagueur, et amateur à l'occasion d'histoires lestes, papa était, comme maman et tous ceux que je connaissais alors, totalement respectueux d'une certaine morale ; ils lâchaient bien quelques gros mots, par-ci, par-là, mais il était inimaginable à l'époque qu'un enfant transgresse de quelconque manière cette forme de tabou verbal que chacun respectait. N'était-ce pas déjà celui contre lequel, plus tard, à travers mes chansons, j'allais me battre toute ma vie ? Par l'expression de son caractère au parfum libertaire, Mathé suscitait donc

Le café du Pont

chez moi une admiration sans bornes. Elle m'embrassait souvent sur les joues, sur le nez ou, par jeu, mettait insidieusement sa langue dans mes oreilles. Son odeur me laissait l'inexprimable sensation d'un vertige, d'un trouble qui m'étaient alors inconnus. M'attirant un jour derrière la haie qui nous séparait du champ mitoyen, elle me dit : « Viens, on va faire pipi ensemble. En même temps. Personne ne nous voit et personne n'en saura jamais rien puisqu'on ne le dira à personne. » J'obtempérai. J'aurais fait tout ce qu'elle me demandait. Lorsqu'elle repartit avec ses parents, je connus mon premier vrai déchirement, celui que tout être humain devrait avoir vécu au moins une fois dans sa vie. Je sanglotais comme un cabri à l'abattoir auprès de notre chienne-loup Mignonne qui séchait mes larmes à grands coups de langue. Elle semblait affectée elle aussi par le drame qui venait de me frapper et dont j'étais déjà en train de découvrir la cruelle nostalgie. Je venais de perdre mon premier amour.

Mignonne, notre chère gardienne de ce lieu isolé parfois fréquenté – on l'a vu – par des maraudeurs, était suffisamment redoutée pour les tenir éloignés. Moi qui, comme tous les enfants, abusais des jeux divers auxquels notre chienne n'était pas toujours prédisposée, j'en pâtis un jour par ma faute. Cela engendra une pénible mésaventure qui eût pu très mal se terminer. Chose à ne surtout jamais faire, j'étais allé farfouiller dans sa gamelle pendant qu'elle était en train d'engloutir consciencieusement sa pitance. Résultat des courses, Mignonne m'attrapa à la gorge et me renversa. À quelques pas de là, papa accourut pour me dégager des babines de la mémère. Elle n'aurait peut-être pas serré ses mâchoires autour de mon cou, mais allez savoir, comme le dit alors papa. Soucieux de ne pas prendre le moindre risque pour l'avenir, il ne voulut pas la garder plus longtemps auprès de nous. N'ayant pas le cœur de faire abattre

Parfums d'enfance

cette malheureuse bête par le vétérinaire, il la confia à l'un de ses copains mariniers qui l'embarqua sur sa péniche. Il lui demanda de la lâcher dans la campagne, juste avant que son bateau ne parvienne à Bordeaux par le canal latéral à la Garonne. Mignonne aurait peut-être la chance que quelqu'un l'adopte dans une ferme environnante. Mais quarante-huit heures plus tard, en pleine nuit, nous fûmes réveillés par les gémissements de la pauvre mémère. Elle avait couru plus de deux cents kilomètres sans s'arrêter pour retrouver sa maison. Morte d'épuisement, elle interrompait parfois ses halètements pour lécher la main de papa qui, tout étonné et bien sûr ému de la revoir ainsi, lui avait aussitôt apporté un saladier plein d'eau. Après cet épisode, elle acheva ses jours à la maison, bien des années plus tard. Nul ne pouvait s'approcher de nous lorsque maman lui disait : « Mignonne, je reviens dans dix minutes, tu gardes les enfants. »

M. et Mme Cavalli, de braves Italiens qui avaient fui eux aussi un dictateur et ses sinistres « chemises brunes », occupèrent à leur tour le rez-de-chaussée de notre maison durant quelques mois. Mme Cavalli était une jolie brune à la trentaine, avec laquelle maman partageait la solitude de ses longues journées, ainsi que l'angoisse de ces temps incertains. C'était un ange de gaieté et de douceur. Son adorable accent italien émaillé d'inflexions musicales était une fois de plus un bonheur pour mes oreilles. Il était pourtant bien différent de celui de Mathé. J'étais fou de joie et dévalais l'escalier illico lorsqu'elle m'interpellait de sa mélodieuse voix de Romaine : « Pierrot, descends manger avec nous, j'ai fait la polenta ! » Irrésistible, la polenta de Mme Cavalli. Et puis, je l'avoue, j'adorais qu'elle m'étouffe de poutous comme elle le faisait si naturellement dès le matin et cela plusieurs fois par jour. Elle sentait bon et je raffolais de cette odeur évoquant à la fois l'œillet et la capucine, que je n'ai jamais vraiment pu définir. Tout a une fin, hélas ! M. Cavalli, qui faisait le maçon chez un peu tout le monde, trouva un travail fixe dans une autre petite ville près de Toulouse. Ils s'y installèrent donc, presque aussi tristes que nous de leur départ. Nous ne les revîmes plus jamais.

Mathé envoya une carte postale de couleur bistre postée de Chilly-Mazarin, datée du 1ᵉʳ janvier 1941 et adressée à Maurice Perret, avenue de Courbieu à Castelsarrasin. Sur cette carte, il était mentionné tout en haut que « si le libellé n'était pas uniquement d'ordre familial, elle ne serait pas acheminée et serait probablement détruite ».

Recommandant « de ne rien écrire en dehors des lignes délimitées par des pointillés », il était opportun de dire clairement si on était (rayer les mentions inutiles) : En bonne santé, – malade, – blessé, – tué, – décédé, – sans nouvelles, – si on avait besoin de provisions, ou – si on travaillait...

Sur la carte était écrit : « Mathé est en bonne santé, la famille Dauge va bien. Mathé travaille bien à l'école. Elle parle de vous souvent et elle vous reverrait avec plaisir. Bons souhaits. »

Une autre carte postale rose prétimbrée arriva le lendemain, adressée cette fois-ci à Mme Perret. Craignant sans doute que la première ne nous soit parvenue, Mme Bonchet l'avait expédiée cette fois depuis la rue Haxo à Paris où elle semblait habiter (également ?) au 58 bis. Elle écrivait aussi succinctement que sur la précédente : « Nous sommes, ainsi que Mathé, en bonne santé. Nous vous envoyons nos meilleurs vœux pour 1941 ; espérant le retour de votre frère. » (Ce dernier souhait faisait allusion au frère de maman, mon parrain, Pierrot, qui avait été fait prisonnier depuis peu.)

Nous n'avons jamais eu d'autres nouvelles. Que sont-ils devenus ? Et les Cavalli ?

Le rez-de-chaussée de la maison allait de plus en plus céder la place au garage.

Le garage – Marainotte – Tonton Étienne – Le permis de maman

À une époque où un foyer sur mille – et encore ! – possédait une automobile, un garage pouvait paraître insolite
dans une maison. Eh bien, notre famille symbolisait pourtant
ce type d'exception qui confirme la règle. Papa adorait les
motos grosses cylindrées. Il était aussi, bien évidemment,
fou de voitures. Durant les années qui suivirent, il en
posséda des dizaines. Il les achetait d'occasion et se faisait
aider pour les retaper par son ami Hubert Argé, propriétaire d'un rutilant camion et fin connaisseur en mécanique.
Au gré de leurs journées de liberté, les deux compères complices réparaient les pistons ou les bielles. Je les entendais
parler de carburateur, d'allumage, de bougies, d'arbre de
transmission, de carter, de delco, que sais-je encore ? Papa
ne gardait jamais longtemps ses voitures, juste le temps de
faire une virée à la campagne pour voir si elles marchaient
bien. Une fois retapées, il les revendait. Dès qu'il dénichait
une nouvelle occasion « unique », elles ne l'intéressaient
plus guère. Plus tard, lorsque j'eus neuf ou dix ans, il commença à me laisser tenir le volant, sur les routes de campagne, sans que maman fût au courant, cela va de soi.

Pour l'heure, le garage était en partie occupé par une
grosse moto américaine de marque Indian, au guidon
largement évasé. Une bête ! Papa la bichonnait avec une
certaine maniaquerie. Avant la naissance de mon frère

35

Le café du Pont

Jeannot, il emmenait parfois maman en balade sur son bolide jusqu'au pont de Trescasses qui enjambe la Garonne à trois ou quatre kilomètres de notre maison. Ils en profitaient pour se baigner après m'avoir confié aux bons soins de marainotte, ma marraine Fernande, la sœur aînée de papa.

Prématurément veuf (papa n'avait aucun souvenir de sa maman, morte jeune), mon grand-père Gustave avait épousé en secondes noces, en 1920, Marie Jhilomissedaga, qui enfanta Fernande. Cette Marie-là tenait, avec Gustave, un magasin de confection, Aux Nouvelles Galeries, à Montauban. Surnommée « La Tante » par papa, elle se révéla être une distinguée peau de vache et d'une radinerie sans égale, y compris avec les siens. Ne m'inspira-t-elle pas la chanson *Non, j'irai pas chez ma tante* ?

Bien des années plus tard, on surnommera Fernande Zoé, je ne me souviens plus exactement pourquoi. C'était une petite bourgeoise bon teint. Elle pouvait être aussi drôle et généreuse que méchante et radine comme l'avait été sa mère. Elle se révéla par ailleurs totalement différente – en bien ! – lorsque, plus tard, nous traversâmes ensemble quelques-uns de ces passages difficiles qui jalonnent une vie. Pour lors, comme je l'ai indiqué, elle habitait une villa qu'ils possédaient, elle et son époux, à deux cents mètres de chez nous, au bord de la poudreuse avenue de Courbieu, à l'angle du petit chemin qui menait à notre maison. Tonton Étienne, son philosophe de mari, ne faisait que rarement partie du paysage.

Ce capitaine, qui effectuait sa carrière dans les spahis, était lunaire, affable et doux comme un agneau. Depuis plusieurs années déjà, il était cantonné en Syrie, à Alep, comme il le serait ensuite en Palestine. Le délicieux farniente de sa vie lui semblait de loin préférable aux cris incessants et aux digressions hystériques dont sa colérique épouse l'abreuvait durant ses permissions. Il n'était pas rare d'ailleurs qu'il

Parfums d'enfance

écourtât ces dernières, lorsque les casseroles commençaient à voler bas.

Rêveur contemplatif et poète à ses heures, tonton Étienne était aussi un inventeur. Il imaginait et créait de ses propres mains, car il était aussi habile qu'ingénieux, des jouets pour enfants qui étaient de pures merveilles. Je me souviens entre autres de deux pantins de bois peints en rouge et noir, accrochés chacun au bout d'une perche courbée. Ils pivotaient miraculeusement au-dessus d'un socle minuscule, sans jamais tomber. Tonton Étienne nous offrait ainsi tous ses derniers jouets, à mon petit frère et à moi, et nous faisait lui-même des démonstrations qui paraissaient l'émerveiller autant que nous. Évidemment, il ne déposa jamais aucun brevet. Bien entendu, ceux qui lui « empruntèrent » ses inventions oublièrent de lui en attribuer la paternité et empochent depuis lors les dividendes à sa place.

Je me suis toujours demandé comment tonton Étienne avait pu devenir capitaine. Lors de ses campagnes de Syrie, puis celles de Palestine, avait-il dû tuer des gens ? Des braves Bédouins, ainsi qu'il les appelait ? Je ne le voyais pas du tout dans la peau d'un de ces mercenaires conquérants. Le sabre de spahi qu'il m'avait montré un jour, l'extirpant soigneusement de son fourreau d'acier rutilant, avait-il lui aussi tranché des cous ? Comment savoir ?

Le capitaine Étienne semblait imprégné à la fois de la candeur du ravi de la crèche, de la distraction du professeur Tournesol et des naïves initiatives du sapeur Camember... Naïf, il l'était au-delà de tout ce que l'on peut imaginer. Ne parvenant pas à prendre un seul des gardons qui nageaient sous son nez dans le canal, il dit à papa qui lui apprenait à pêcher :

— Mais, mon pauvre Maurice, pourquoi t'embêtes-tu à perdre ton temps avec une canne à pêche ? Regarde, dit-il en saisissant l'épuisette, ça ira bien plus vite comme ça !

Il ratissait alors le canal à la poursuite des poissons, convaincu qu'il allait remplir sa bourriche en quelques

Le café du Pont

secondes. Papa, mort de rire, ne tenta même pas de lui expliquer l'absurdité de l'entreprise, tant il était stupéfait qu'il pût exister quelqu'un d'aussi candide que ce brave Étienne.

Redescendant de temps en temps sur terre, tonton Étienne se montrait perplexe, quoique stoïque, lorsque les « amis » de sa moitié se faisaient trop pressants à la porte de leur splendide salon. Ce dernier était meublé de poufs en cuir magnifique et de somptueux plateaux de cuivre ouvragés posés sur de rondes tables basses incrustées de nacre. Tout cela avait été rapporté d'Alep dans les cales d'un paquebot par le brave capitaine. Le concernant, cet adjectif revêt indubitablement ici le sens de peu subtil, et non de « courageux » – hormis sans doute au combat s'il en mena... –, car il ne le fut guère en abandonnant ses chers parents, le père et la mère Denis, aux griffes de son aimée. Ces doux et angéliques Morvandiaux, loin de leur fils chéri, qui portait haut les couleurs d'un patriotisme conquérant, vivaient pour leur malheur dans sa grande maison, en promiscuité avec son acariâtre épouse. Bien qu'essayant de se faire tout petits, ils n'en essuyaient pas moins les perpétuelles rebuffades, les attaques en tous genres et les coups bas de leur imprévisible bru, qui à l'évidence les détestait. Leur philosophie avait pourtant la couleur de la résignation. Ils se consolaient tant bien que mal avec la chatte Miquette qui ronronnait sur leurs genoux ou avec moi qu'ils couvraient de baisers, entre les centaines de questions dont ils adoraient être abreuvés. Le père Denis arborait une grosse paire de moustaches noires qui me chatouillaient lorsqu'il me faisait un poutou sur chaque joue. Selon la saison, et quand marainotte était absente, il m'invitait à cueillir les fruits au jardin. « Viens, on va voir si les fraises ont rougi... Goûte donc les abricots pendant qu'elle n'est pas là... et mets-en deux dans tes poches pour papa et maman. Ils sont très mûrs, c'est du miel, fais bien attention de ne pas les écraser. »

J'aimais beaucoup le père et la mère Denis. Marainotte,

Parfums d'enfance

heureusement, faisait montre avec moi de beaucoup plus de gentillesse qu'avec eux.

En tout cas, je sais gré à mon bon tonton de m'avoir offert, en plus de ses jouets magiques, les timbres qu'il avait rapportés de Syrie et de Palestine – je les ai toujours ! –, ils me décidèrent à commencer une collection.

Marainotte adorait me promener « en ville », bien peigné, tiré à quatre épingles, coiffé d'une casquette et chaussé de souliers neufs. Elle me présentait à ses amies, la modiste, la fleuriste ou la bouchère, la jolie Mme Benassac, sa meilleure copine. « Voici mon filleul Pierrot, il va avoir quatre ans. Il va aller bientôt à la grande école. Il est intelligent, il y serait déjà s'il avait l'âge. » Elle m'apprenait à dire devant ces dames : « Je suis un gentleman. » Cela pouvait donner l'idée d'un état d'esprit qui s'encombrait sans doute relativement peu des préoccupations du prolétariat.

Mes incessants bavardages à la maternelle me coûtaient souvent des « bons points ». Papa venait généralement me chercher à quatre heures et demie après la fin de la classe où l'on nous apprenait à compter avec des bâtonnets qui ressemblaient à des allumettes. Je l'attendais tout seul dans la cour, à l'ombre d'un marronnier, triste et parfois même angoissé lorsqu'il était en retard. J'ai le souvenir d'un terrible sentiment d'abandon quand l'attente se prolongeait. La poitrine oppressée, ce sentiment d'immense désarroi n'a jamais quitté ma mémoire. Et puis, il arrivait dans sa quadrillette Peugeot en donnant de brefs coups de sa trompe-klaxon à la voix éraillée. Je me précipitais alors et, tout en embrassant ses joues piquantes, je regrettais un peu que les copains fussent déjà partis. Arriver ou quitter l'école en automobile, à l'époque, ce n'était pas rien. Cette voiture était incontestablement la fierté de papa. Qui n'en eût rêvé en cette période d'avènement des Torpédo et autres Bugatti ?

Papa, qui adorait conduire, offrait volontiers à tous ceux qui en manifestaient le besoin les services de son véhicule

39

Le café du Pont

chéri. Emmener un voisin à l'hôpital, à la gare ou à dix kilomètres chez le rebouteux ne le rebutait pas une seconde. Il le proposait d'ailleurs lui-même spontanément sans qu'on eût à le lui demander. Tout au long de sa vie, du reste, fidèle à l'image de son caractère serviable, il fut là chaque fois qu'on eut besoin de lui. Nul ne pourrait aujourd'hui prétendre le contraire. La grande église était bien trop petite pour contenir tous ses amis, le jour où il s'en alla.

Papa voulait tellement faire partager son bonheur d'automobiliste à maman qu'il la fit inscrire d'office sur la liste des candidats au permis de conduire, lui permettant de devenir l'une des premières femmes à en posséder un dans notre petite ville de sept mille habitants. Elle dut s'y prendre à deux fois, à cause, nous expliqua-t-elle souvent par la suite, du petit centimètre de recul de cette « bourrique de voiture » lors du démarrage en côte qui la fit « caler » et par voie de conséquence recaler au premier tour. Papa l'inscrivit à nouveau malgré elle, car elle refusait de s'y représenter Elle obtint son permis la seconde fois, après avoir copieusement boudé l'inspecteur tout au long de l'examen.

— Je ne vois pas pourquoi vous me faites faire tout ça, bougonnait-elle, je sais que de toute façon vous ne me le donnerez jamais ce permis !

Eh bien, le monsieur sans doute peu rancunier le lui délivra tout de même avec un joli sourire.

— Le voilà, votre permis, madame. Félicitations et bon voyage.

— Elle est souvent nerveuse ainsi, votre femme ? demanda-t-il ensuite à papa quand ce dernier vint la chercher.

— Heu... ça lui arrive de temps en temps.

Oui, elle était nerveuse, ma pauvre maman, et certains jours en souffrait cruellement, parallèlement à la peine que nous éprouvions pour elle.

40

Parfums d'enfance

Après la naissance de Jeannot, papa, qui faisait toujours le représentant, mais à présent dans sa voiture, commença à manifester quelque lassitude. Il venait d'abandonner son dur travail de nuit à la poste et caressait doucement l'idée de tenir un petit commerce de tissus. Il avait, dans sa prime jeunesse – qui n'était pas si lointaine –, vendu du « blanc » dans un magasin, tout comme Gustave qui avait, lui, vendu de la confection à Montauban avant de devenir représentant dépositaire, 21, rue de la Constitution à Castelsarrasin, dans les années 1925. Papa avait aussi travaillé pour la compagnie d'assurances L'Abeille avant d'être engagé comme comptable à la Société Générale. Il n'avait pas son pareil pour trier les pièces. Il pouvait se glisser des anomalies dans la frappe et certains specimens étaient très recherchés par les numismates. Il comptait aussi les billets de banque entre le pouce et l'index à une vitesse vertigineuse. Les divisions, multiplications ou soustractions étaient résolues de même en quelques secondes. Et il ne se trompait jamais.

Mais tous ces antécédents ne pesèrent guère lourd lors de son choix, puisque le sort voulut que maman et lui devinssent cafetiers. Ne connaissant absolument rien à ce métier, leur pratique incertaine ne fut étayée que par leur courage, leur détermination et la volonté de ne pas gaspiller dans ce nouveau métier l'argent si durement acquis. C'est ainsi qu'ils vendirent leur maison pour acheter le café du Pont.

Entrée à la communale – Mémé et sa famille – Le café du Pont

Avant d'entamer notre nouvelle existence au café du Pont, nous habitions pour quelques semaines encore l'avenue de Courbieu quand je quittai la maternelle sachant déjà lire et écrire, ce qui me fit gagner du temps dans ma nouvelle école.

J'avais six ans et une poignée de semaines le matin de mon entrée à la communale. La menotte emprisonnée dans celle de maman, mes cils étaient noyés de pleurs. La complexité de l'existence telle qu'elle m'apparaissait soudain engendrait chez moi un pessimisme incontrôlable qui me semblait bien lourd à porter. Ce nouveau quotidien m'évoquait les piquantes bogues des marrons tombés au pied des marronniers du boulevard Flamens qui ceinturait une partie de la ville. Au sommet des six marches en ciment qui menaient au seuil de ce que je considérais comme ma future boîte à chagrins, était inscrit sur le fronton de l'entrée : École communale publique. Le directeur, M. Courdy, paraissait débordé au beau milieu du bataillon de mères inquiètes venues elles aussi escorter leur progéniture jusqu'à ce temple du savoir. Il s'approcha pourtant de maman, restée à l'écart de ce bourdonnement.

— Ne vous faites pas de souci, madame Perret, c'est toujours ainsi le premier jour. Ses larmes sécheront vite lorsqu'il aura fait la connaissance de quelques camarades. Il a

Parfums d'enfance

l'air bien gentil ce petit, ajouta-t-il en me caressant les cheveux.

— Pierre, on l'appelle Pierrot, monsieur le directeur.

Mes sources lacrymales taries, je faisais à papa et à maman, le soir même de ce jour de péripéties mémorables, un récit détaillé de ma journée si pleine d'étonnements de toutes sortes. Tel un nez qui coule, la plume sergent-major avait répandu ses gouttelettes plein mes phalanges que maman brossait déjà frénétiquement à l'eau et au savon de Marseille.

Selon le programme établi par une jolie et douce institutrice nommée Mme Mancini, nous allions faire des dictées, du calcul et même, plus tard, de l'histoire, de la géographie, du dessin, de la musique et bien d'autres choses encore... Comme mon voisin de classe, je disposais, enchâssé sur le rebord de notre bureau incliné, d'un encrier en porcelaine blanche empli d'encre violette pour moi tout seul. Nous allions pouvoir commencer à faire des pâtés. Tous les soirs, en rentrant à la maison, j'égrenais méthodiquement mes problèmes, plus graves les uns que les autres, devant mes parents qui m'écoutaient, attentifs et sans ébaucher le moindre sourire malgré l'envie qu'ils en éprouvaient.

Mon cartable était bien trop lourd à porter d'une seule main... Ne pourrais-je pas moi aussi, comme certains copains, l'atteler plutôt sur mon dos ? Mon plumier, qui abritait déjà mon porte-plume, mon crayon à papier, ma gomme, un appointe-crayon et deux plumes de rechange, ne pouvait évidemment pas contenir aussi mes crayons de couleur. Où donc les mettre, maintenant que j'avais écrasé par mégarde leur boîte en carton dans mon cartable, cassant les mines du crayon rouge, du crayon vert et du crayon jaune ? Tous ces drames bien réels égrenés, mes parents sauraient-ils m'en protéger à l'avenir ?

Tous les matins, avant que je parte à l'école, mémé aidait maman à préparer le petit déjeuner. J'adorais le café au lait avec des tartines. Composé de quatre-vingt-quinze pour cent

Le café du Pont

de lait et d'un doigt de chicorée qui remplaçait le café, il me semblait avoir de temps en temps un goût vraiment désagréable.

— Mémé, disais-je, il n'est pas bon le café au lait, ce matin. Tu y as rajouté quelque chose ?

À la façon dont elle me répondait « mais non, mon pitchou, il est comme d'habitude », je savais que mémé me mentait. Je lisais sur l'expression un peu fuyante de son visage la honte qu'elle éprouvait à me mentir. Je savais, j'étais certain même, qu'elle avait versé subrepticement dans mon bol un petit sachet de poudre de ce « bon vermifuge Lune » que je détestais tant.

Parmi tous les fortifiants, toutes les purges, voire tous les « médicaments » que l'on me faisait ingurgiter de gré ou de force, c'est assurément l'huile de ricin dont je garde le plus abominable souvenir. Je préférais encore l'horrible huile de foie de morue, on m'en faisait avaler une grosse cuillerée avant le bol de café au lait et l'envie de vomir me venait aussitôt. On me faisait avaler aussi de l'ipéca, contre les maux de ventre. On me mettait de l'huile goménolée dans le nez, lorsqu'il était bouché, ainsi que quelques gouttes d'huile tiède au fond des oreilles, lorsqu'elles « me faisaient mal ». L'exécrable calomel que je devais également ingurgiter était lui une autre sorte de purge que mémé mélangeait également à mon café au lait. Maman badigeonnait d'arnica les « bleus » que je me faisais. La « Jouvence de l'abbé Souris » était réputée faire du bien pour tout. Les maux de tête des adultes étaient vite interrompus grâce aux gros cachets ronds de Kalmine. Je revois encore leur boîte en fer bleue que je récupérais vide pour y ranger mes plumes sergent-major. J'aimais en revanche le parfum des onguents contre les foulures ainsi que le goût de l'incontournable Marinol. Ce fortifiant était le préféré de maman car, lui avait dit le docteur, « une cuillerée à soupe chaque matin et votre fils soulèvera des montagnes ! ».

Comme le disait papa, la santé n'a pas de prix !

Parfums d'enfance

La maternelle et les douces journées vécues dans la maison de l'avenue de Courbieu touchaient à leur fin. C'est désormais au café du Pont, dans le quartier de Saint-Jean-des-Vignes, qu'une nouvelle vie allait commencer pour moi.

J'allais y découvrir d'autres horizons, bien plus passionnants encore.

Papa acquit le café du Pont le 3 novembre 1941, pour la somme de neuf mille sept cent trente-sept francs, payés comptant à Me Cassaigneau Pierre-Maurice, lieutenant de la garde républicaine en retraite.

C'était pour mon père une bien grosse dépense, vu l'état de ses économies. La vente de notre maison ne suffisant pas, il emprunta tant bien que mal des sommes dont le remboursement « intérêts et principal », comme dit mon fabuliste préféré, les fit beaucoup transpirer maman et lui. À leur demande, mémé vint les aider à aménager ce lieu qui ne lui était pas totalement étranger. Anna Faure, que j'appelais mémé comme on m'avait appris à le faire, avait eu une de ces existences dont Zola aurait pu s'inspirer pour camper le personnage d'un de ses romans. Anna était née à Montauban en 1886 de Jeanne Faure, domestique de son état et fille mère comme on le disait alors communément des « filles perdues » qui avaient été « abusées » avant d'être délaissées par le coupable. Par quel concours de circonstances se retrouva-t-elle peu de temps après à l'Assistance publique, nul n'en parla jamais à la maison. Mémé, néanmoins, nous confia un jour que, placée dans une famille de fermiers, elle gardait les oies dès l'âge de sept ans et qu'à neuf, promotion oblige, elle passa aux moutons qu'elle emmenait paître au pied des « Épyrénées ». La naïve enfant qui conduisait tous les jours son troupeau dans la montagne intrigua le métayer de la ferme en lui demandant chaque matin un panier de provisions plus conséquent que celui de la veille. Ces victuailles lui paraissant bien trop copieuses

Le café du Pont

pour le corps si malingre de la petite Anna, il la suivit un jour sans se montrer. L'animal avec qui elle partageait son déjeuner et son goûter devait bien peser trois fois le poids de la gamine. Le fermier s'étrangla d'émotion en découvrant le singulier spectacle d'un loup qui mangeait dans la main d'une enfant. Ce comportement jugé un peu singulier par son patron, elle fut rendue à l'Assistance publique et se retrouva à l'âge de treize ans placée chez un médecin à Toulouse comme cuisinière, alors qu'elle n'avait jamais fait cuire un œuf de sa vie. Les « ragoûts » qu'elle se risqua à mitonner réjouirent assurément le palais de ces bourgeois gourmands, car ils eurent à cœur d'encourager les progrès du savoir-faire de cette enfant qui leur paraissait si douée. En ce temps-là, la bible des bonnes cuisinières s'appelait poétiquement *Le Cordon-bleu*. Mémé, à qui son épicurienne patronne avait confié un franc pour acquérir l'incontournable ouvrage afin de faire progresser son art, lui rapporta trois mètres de cordon bleu achetés à la mercerie du coin de la rue. Ma bécassine future grand-mère fut bien inspirée du reste car, n'ayant jamais appris à lire, elle eût été bien embarrassée pour décrypter les recettes du fameux livre.

Vers 1910, elle épousa un certain Pierre C., marchand ambulant domicilié à Decazeville, dans l'Aveyron. Elle donna cinq enfants à ce monsieur qui ne rentrait à la maison que pour lui taper dessus à bras raccourcis tant il était jaloux. Ils se réconciliaient souvent sur l'oreiller et mettaient derechef en route un nouveau rejeton. Mes futurs oncle et tantes – et maman – s'appelleront dans l'ordre Pierre (mon futur parrain), Blanche, Claudia (maman) et Marthe. Mémé perdra en couches un bébé de sexe féminin qui mettra un point final à ses grossesses ainsi qu'aux persécutions dont elle était l'objet à chacun des retours violents de son époux. Cet homme était, au dire de maman qui s'en souvenait fort bien, une force de la nature. Une grosse paire de moustaches noires en guidon de vélo lui donnait un air bravache. C'était un sanguin qui ne connaissait pas sa force.

Parfums d'enfance

Il revenait de chaque expédition, la poche ventrale de cuir qu'il portait toujours sur lui remplie de louis d'or, ayant auparavant testé l'authenticité de chacune de ces pièces entre ses puissantes molaires. Gare à celui qui essayait de le duper ! Assumant la fonction de roulier, il se déplaçait de village en village dans sa grande carriole bâchée qui recelait des trésors. Il y avait là de grandes chaufferettes en cuivre qu'on emplissait le soir de cendre chaude avant de les glisser dans le lit, des batteries de cuisine en cuivre étamé, des louches, des chaudrons, de la coutellerie, des écumoires, des marmites, des poissonnières... et même des services en vermeil pour les mariages des gens riches.

Il dormait la plupart du temps dans sa carriole afin de protéger ses trésors de la convoitise des tire-laine et voleurs de tout poil qui sévissent depuis que le monde est monde. Il en fut bien inspiré. Son voleur, lui, sans doute moins. En effet, par une nuit obscure, propice aux « bijoutiers du clair de lune », un malheureux cambrioleur avait glissé ses deux mains sous la bâche pour se hisser sur les ridelles du chariot afin d'y pénétrer. Il poussa un hurlement atroce avant de s'affaler dans l'herbe où, incrédule, il contempla sa main sanguinolente. Il lui manquait l'index. De l'intérieur, Pierre C. le cracha par terre aux pieds du voleur puis, s'essuyant la bouche d'un revers de main, dit à travers la toile à ce rat de chariot malchanceux : « Reviens quand tu voudras, il te reste neuf doigts et j'ai encore trente-deux très bonnes dents. Nous pourrons continuer le jeu. »

Il dépensait presque tout ce qu'il gagnait sur les champs de courses et avec les filles qu'il rencontrait dans les « maisons ». Il ne donnait presque jamais rien à sa femme pour faire vivre sa famille, contraignant mémé à élever ses enfants comme elle le pouvait. Parfois, elle les mettait au travail, bien qu'ils fussent encore bien trop jeunes. C'est ainsi que maman se retrouva embauchée à l'âge de neuf ans dans une usine où elle triait de la plume pour un salaire de

47

Le café du Pont

misère. Quand survenait l'inspecteur du travail, le contre-maître la faisait vite cacher entre les balles de duvet. On faisait boire du lait aux ouvriers pour conjurer les effets de ces insalubres poussières qu'ils avalaient à longueur de journée.

Déjà à moitié saoul lorsqu'il rentrait à la maison, ce grand-père maternel que je n'ai jamais connu avait coutume d'insulter copieusement tout le monde, à commencer par sa femme, à qui il reprochait des heures durant, de façon récurrente, des infidélités imaginaires. Cette logorrhée n'avait à l'évidence d'autre but que de faire oublier tous les coups de canif dans le contrat dont il ne se privait pas de son côté. Il éprouva, paraît-il, un réel chagrin, le jour où il envoya malencontreusement maman au tapis. (C'était sa fille préférée.) S'étant interposée entre sa mère et cette brute, Claudia reçut en pleine tempe le fer à repasser que le colérique poivrot destinait à sa femme. Elle resta deux bonnes heures dans le coma. Quand elle revint à elle, son tendre papa était parti. Il avait glissé deux louis d'or dans le creux de sa main, pour se faire pardonner. La multiplication des scènes de ce genre lassa la famille Faure, qui redoutait comme la peste le retour de ce papa câlin. C'est sans doute pour l'une de ces multiples raisons que ce délicieux époux et père de famille se retrouva définitivement interdit de séjour dans le département. Dans le langage argotique qu'il connaissait fort bien, on appelle ça un tricard. Nul ne sembla le regretter.

Désormais en âge de gagner leur vie, selon mémé, Blanche, maman et leur frère Pierrot apprirent à faire les colporteurs dans les foires du pays, guidés par mémé elle-même, à qui le monde des forains était familier. Son mari n'en était-il pas un ? De luxe, sans doute, mais un forain tout de même, qui ne se privait pas d'aller faire la « riboul-dingue » avec ses collègues ! Mémé apprit donc à ses enfants à vendre des lacets, des bas et autres articles de mercerie dans les foires du pays.

Parfums d'enfance

Elle leur enseignait comment attirer le chaland par de hardies annonces verbales, formulées à la cantonade. La population, au sein de laquelle les Espagnols tenaient alors une place importante, était parfois même informée dans sa propre langue des mérites de tel ou tel objet, peigne en corne d'ivoire, bas de soie, etc. C'est ainsi que mémé, croyant maîtriser l'espagnol, proposait en guise de bas de bonne qualité des *mierdas bonitas* au lieu des *medias* ibériques, et elle voyait s'éloigner, accablée, les clients qui en aucun cas ne se sentaient attirés par sa « jolie merde » !

Les nombreux pickpockets qui fréquentaient ces lieux n'eurent guère de mal à détrousser, à plusieurs reprises, ces jeunes marchands si inexpérimentés. La malheureuse Claudia se fit voler sa recette et le pauvre Pierrot, son maigre stock de lacets. Mémé trouva alors bien plus commode et moins risqué de les faire travailler en usine. Lorsqu'on a neuf, douze et quatorze ans, il est grand temps pour chacun, pensait-elle, d'assumer son destin !

Ironie du sort, toute jeune mariée, mémé avait été serveuse au café du Pont (anciennement café des Alliés) que papa venait d'acquérir. La jalousie maladive de son mari était née là, lorsque quelque client avait le geste un peu leste envers le fessier de l'accorte Anna. Que, quelque vingt ans plus tard, sa fille Claudia devienne la propriétaire de ce lieu où elle-même « essuyait les verres au fond du café » fut pour elle une sorte de revanche.

Comme son nom l'indique, le café du Pont était proche d'un pont sous lequel passait le canal latéral à la Garonne. De l'autre côté de ce canal s'étirait sur près de huit cents mètres la fameuse usine de « métaux non ferreux ». On y fabriqua pendant la guerre les premières pièces de monnaie en aluminium frappées de la francisque du maréchal Pétain. Hélas ! pourrait-on dire, mais l'occupant, seul, commandait. Et puis, cela donnait du travail à tout le pays puisque l'usine employait alors quelque treize cents ouvriers, dont certains étaient évidemment les principaux clients du café.

Le café du Pont

Les mariniers qui remontaient le canal jusqu'à Bordeaux sur leurs péniches bourrées d'huile, de blé ou de cacahuètes formaient une clientèle moins régulière que celle des ouvriers de l'usine, mais tout aussi fidèle. Un peu bourrus, taciturnes, volontiers bagarreurs, les mariniers étaient presque tous des copains de papa. Ils venaient souvent troquer des fruits secs provenant d'Espagne, de Grèce ou d'îles du bout du monde qui nous faisaient rêver. Ils apportaient également des céréales, des objets insolites comme des poignards malais ou même des animaux exotiques du Brésil ou d'Afrique. Ils échangeaient par exemple avec papa un sac de dix kilos d'arachides, un couple de perroquets ou deux régimes de bananes contre une bonbonne de vin blanc. Nous avalions ainsi des montagnes de cacahuètes ou de bananes, mes copains du quartier et moi, jusqu'à l'écœurement. Le grand marinier Fernand, qu'on avait surnommé « la Rame » – jeu de mots à double sens qui faisait allusion à son métier de batelier et au fait qu'il soit un peu *ramier* [paresseux !] –, nous rapportait souvent des perruches, des canaris, des perroquets, des hamsters et même un jour un boa auquel les clients firent boire du muscat de Frontignan. Parmi les plus démonstratifs d'entre eux, les « phéno-mènes » – et ils étaient nombreux –, il y avait Jenny, la femme d'Hervé, qui avalait les oursins tout crus avec leurs piquants. Accoudée au comptoir, elle les broyait d'un coup de dents tout en buvant de petites lapées de vin blanc, pour faire glisser, disait-elle. Hervé, tout aussi cabotin que sa femme, mangeait, lui, un canotier en paille en sirotant une bière. Il partageait d'ailleurs généreusement son chapeau et sa bière Montplaisir avec son poney qu'il emmenait jusqu'au comptoir. Lorsqu'il avait fini sa chope, le petit cheval lui donnait des coups de tête sous le bras pour en obtenir une autre.

Un marinier bordelais offrit une fois à papa des flèches empoisonnées d'Amazonie qui épatèrent les clients, ainsi qu'une taupe, venue, elle, d'on ne sait où. Il l'avait baptisée

Parfums d'enfance

Germaine. La pauvre bête mourut d'étouffement dans une boîte à sucre. Il avait aussi un ouistiti prénommé Bébert qui léchait ses doigts après les avoir trempés dans le Cinzano de son maître. Quant au perroquet Jacquot, des clients lui avaient appris à dire à tout bout de champ : « Putain de Pétain, putain de Pétain ! » Il fut bien entendu urgent de s'en séparer en 1942 à l'arrivée des Allemands lorsqu'ils franchirent la ligne de démarcation.

Ce café était le creuset de toutes mes émotions, de mes petits bonheurs, de mes découvertes, de mes étonnements. L'école, certes, me plaisait bien, m'intéressait, mais je n'eus jamais les yeux ni les oreilles aussi ouverts qu'en ce lieu. La complexité de la nature humaine et les contradictions qu'elle engendrait me laissaient parfois songeur, perplexe. Elles m'irritaient ou m'attristaient mais me faisaient souvent rire aussi. Le guignol était permanent. La dramaturgie qui fleurissait quotidiennement au seuil du comptoir n'était jamais « ni tout à fait la même, ni tout à fait une autre »... que celle de la veille. Elle s'apparentait désormais pour moi à un besoin quotidien vital.

Dame, nous étions encore bien loin du doux asservissement télévisuel des années 2000. Ici, le spectacle vivant était *in situ*.

Comme dans leur atelier ou à l'usine, les protagonistes de cette commedia dell'arte avaient presque tous un sobriquet. Il y avait Pibale le Bordelais, Arendo, son inséparable copain de Moissac, Cekom, ainsi surnommé car il interrompait sans cesse son interlocuteur en lui disant « c'est comme moi » !... Nous écoutions bon gré mal gré les interminables litanies de La Sardine, si petit et si maigrichon, celles de Camembert – parce qu'il en mangeait un par jour –, ou de Ficelle – parce qu'il en avait toujours plein les poches, qu'il était malin et qu'il faisait des démonstrations de nœuds marins aux clients épatés. Il y avait aussi La Châtaigne, toujours prêt à en découdre avec le premier qui le contredisait, L'Avocat, un moulin à paroles qui faisait des

Le café du Pont

digressions sur tous les sujets. Il y avait Durandal – une épée, pour laquelle selon lui les dames avaient un grand respect – ou encore Poulet, un ancien rugbyman qui mesurait 1,90 mètre, pesait cent dix kilos et avalait six œufs au plat et six tranches de jambon tous les matins, avant de pointer à cinq heures à l'usine. Les bagarres tournaient vite court lorsqu'il était là. Il y avait enfin Lulu et Magda. Lui jouait de l'accordéon, assis sur une table à l'heure de l'apéritif, rien que des valses et des javas, c'était son truc. Pendant ce temps, sa belle, peu farouche, allait parfois se faire caresser par un beau brun derrière le café entre les barriques entreposées dans le grand chai, lieu propice aux ébats, on le verra plus loin. Le long du comptoir, la convivialité s'installait vite. Tant de gens ont tant de choses à s'y raconter ! C'est pour cela qu'on vient au café. Pour y égrener les péripéties de sa vie, la misère morale, les petits chagrins et les grosses injustices qu'elle engendre. On y vient pour y exposer sa vision personnelle de la politique sur laquelle bien sûr on a beaucoup à dire. Pour y rire, aussi, et surtout pour essayer de faire rire les autres. C'est très important un auditoire disponible, gai, attentif, qui s'esclaffe à la chute d'une histoire un peu leste. Cela suscite un court mais fort instant de bonheur au conteur qui en est le héros. Quand il se retrouvera chez lui, dans son foyer, il en savourera longtemps les bienfaits, silencieux au milieu des siens à qui il n'a plus grand-chose à dire, parce qu'il pense qu'il leur a déjà tout dit depuis longtemps. Sa pauvre femme, elle, n'a plus rien d'intéressant à lui apprendre non plus, sinon à proférer les jérémiades habituelles qu'elle débite sans illusions. « On n'a plus de sucre... les gosses n'arrêtent pas de faire des bêtises, tu ne t'en occupes pas assez, il faudrait un peu de viande, l'épicier rouspète, on lui doit trop de sous, le boucher non plus ne veut plus nous faire crédit », etc.

Et puis, bien évidemment, il est des sujets qu'on ne peut aborder chez soi, devant la mère de ses enfants – des sujets scabreux, des histoires coquines, voire franchement

Parfums d'enfance

cochonnes qu'on ne peut se raconter qu'entre hommes, cela va de soi. C'est pour retarder un peu ce pénible retour qu'on s'attarde le soir au comptoir. Bien sûr, on y boit aussi, au café, faut pas croire, ça fait partie du plaisir. C'est tellement plus agréable de déguster son pastis, sa bière, son mandarin entre copains. Il y a les habitués, ceux que l'on retrouve tous les jours à midi, à la sortie des ateliers ou le soir à six heures quand la journée de travail est achevée. Ceux-là ne font jamais faux bond. Ils finissent par faire partie de la famille.

Les autres, les vrais habitués devenus à présent des amis, s'appelaient Jo le Bombé, parce qu'il était un peu bossu, Fifi les Bretelles, parce qu'il en avalait de temps en temps une paire après l'avoir découpée en morceaux avec des ciseaux. Une bonne dizaine de Mandarin étaient nécessaires à son gosier pour faire glisser tout ça ! Il y avait aussi Picon, parce qu'il en buvait dix à quinze par jour avant qu'on ne l'enferme chez les fous à l'asile de Montauban, Ali, l'Algérien, renifleur et célibataire endurci. Il n'était pas rare que, passé le seuil des heures « décentes » de retour au bercail – entre neuf et dix heures du soir – les mamans envoient leurs rejetons rappeler à leur papa qu'il avait un foyer où il était attendu. L'enfant de sept ou huit ans – c'était souvent le benjamin qui venait tirer son père par la jambe de son bleu de travail – était selon le degré de « charge » dudit papa plus ou moins bien reçu. Souvent, plutôt moins que plus...

« Va dire à maman qu'elle m'emmerde ! » ou « Dis à ta mère que celui qui commande, c'est encore moi ! » ou bien « Dis à la vieille que si elle continue à me faire "tartir", elle peut retourner chez sa mère ». Le gosse repartait penaud, seul et en larmes. Le père, à la fois sentencieux et blagueur, prenait alors ses copains hilares à témoin : « Ah ! ces femmes ! »

Il y avait aussi M. Benoît, qui venait s'asseoir tous les soirs au pied du guéridon en fonte au plateau de marbre rond cerclé de laiton. Dans ce coin, tout au fond du café, hormis

Le café du Pont

parfois les amoureux, il n'y avait jamais personne. Il n'est pas impossible que M. Benoît ait choisi cet endroit pour cette raison. Dès son arrivée, tout en posant devant lui la petite musette de cuir rigide qu'il portait avec la courroie en bandoulière, il commandait un vin blanc. La plupart du temps, son verre était déjà servi avant qu'il n'eût formulé sa commande, tant elle était, au fil des jours, immuablement semblable à celle de la veille. M. Benoît, lui, ne s'en apercevait même pas. Le geste délicat et précautionneux avec lequel il extirpait la rame de feuilles de papier quadrillé que recelait sa musette eût volontiers laissé à penser qu'il s'agissait là de la Déclaration des droits de l'homme. Pourtant, ces feuilles étaient vierges de toute écriture. Afin probablement de pallier cette carence d'imagination, il disposait sous son nez le porte-plume qu'il ôtait de son étui, ainsi que le petit flacon d'encre bleu outremer. Il le contemplait ensuite d'un air rêveur durant dix bonnes minutes, avant de tremper dans l'encre la plume sergent-major en poussant un soupir abyssal. Des semaines durant, d'aucuns parmi les clients pensaient que M. Benoît n'assumait là ni plus ni moins que la rédaction de son journal intime. Il n'en était pourtant rien. Tous les habitués se perdaient désormais en conjectures quant au contenu de la lettre qu'il semblait rédiger tous les soirs.

— Oui, avait affirmé L'Avocat, il ne peut s'agir que d'une lettre, car en l'observant de loin, j'ai quand même bien vu qu'il n'écrivait qu'une courte formule en tête de page, avant de passer à la ligne en dessous, mais après, il ne continue jamais !

Par ailleurs, le fait de voir M. Benoît froisser sa feuille avant de l'enfouir en boule dans la poche de sa vareuse déconcertait au plus haut point les clients attentifs au cheminement de cet étrange comportement. Seule maman eut un jour connaissance des mots que contenait l'une des mystérieuses boules tombée de la poche de l'énigmatique M. Benoît. Je ne l'appris, quant à moi, que bien des années

Parfums d'enfance

plus tard. Elle n'en avait jamais parlé à personne, connaissant trop l'esprit moqueur des habitués. D'une belle écriture toute ouvragée de pleins et de déliés en haut de la page blanche, on pouvait lire ces deux seuls mots suivis d'une virgule : « Ma chérie ».

Plus de vingt ans après, cette histoire a inspiré ma chanson *Jeanine*.

L'un de nos plus fidèles clients, Marceau, venait, lui, tous les dimanches, vers onze heures du matin. Il descendait de son vélo et venait s'accouder au comptoir. Là, souvent seul, il sirotait gentiment une bonne demi-douzaine de petits blancs. Il embrayait une heure plus tard sur le Pernod fils avec les clients qui affluaient sur le coup de midi. Papa, qui l'aimait bien, essayait de le modérer un peu, mais sans grand succès. Marceau était breton. Dire qu'il était parfois obstiné relèverait de l'euphémisme. Deux grands cabas en ciré noir, contenant chacun quatre litres de vin rouge, étaient accrochés de part et d'autre du guidon de sa bicyclette, avant qu'il n'entreprenne le retour chez lui, pour y retrouver Mauricette. Bien que le bon sens inhérent parfois aux ivrognes lui eût dicté de ne pas enfourcher son vélo, le retour à pied, appuyé sur les poignées du guidon, n'en était pas moins périlleux. C'est ainsi que, titubant, il quitta le café un dimanche vers trois heures de l'après-midi pour aller « dîner » avec sa dulcinée. Cette dernière arriva affolée au café vers six heures du soir, sous une épaisse tempête de neige qui avait déjà recouvert routes, prés et toits des maisons.

— Vous n'avez pas vu Marceau ?

Tout le pays chercha Marceau qui n'avait laissé nulle part la moindre trace de son passage.

C'est le lendemain, le lundi matin que, partant à la communale avec Simon Costes, nous aperçûmes l'extrémité du garde-boue de sa bicyclette qui perçait la neige. Marceau

55

Le café du Pont

dormait paisiblement sous ce manteau blanc. La veille, après être sorti du café, à deux cents mètres de là, il s'était endormi debout en pissant, avant de tomber à plat ventre dans le fossé où il avait continué son somme. La neige les avait recouverts lui, son vélo et ses huit litres de vin rouge. Le docteur lui dit le lendemain que sans la quantité d'alcool qu'il avait ingurgitée, il serait sans doute mort.

— Voyez, dit-il de retour au café, si j'avais pas bu autant, je ne serais plus de ce monde. Allez, une tournée générale !

Et puis, il y avait aussi, bien entendu, un habitué qui ne ressemblait pas vraiment aux autres. Tout à fait sobre, lui, notre ami M. Corazza, qui était le papa de Rémy. Ce dernier allait devenir mon copain inséparable, un frère, que je retrouverais plus tard vers mes quatorze ans, pour ne plus le quitter des années durant.

Les totos – Les habitués du café –
Le billard – Les jeux

Ainsi que l'avait subodoré le directeur de l'école communale, M. Courdy, j'avais pris une certaine assurance au bout de quelques semaines de scolarité. L'école primaire était fréquentée par les enfants des artisans et des commerçants de la ville ainsi que par ceux de nos voisins, les ouvriers de l'usine – souvent clients du café –, qui vivaient dans ce que l'on appelait les baraquements. Ces derniers étaient alignés sur un côté du pont, un peu tristounets mais le plus souvent propres et dignes. De l'autre côté, des bâtiments uniformes en briques rouges composaient ce que l'on appelait la cité de l'usine. Ils étaient d'apparence plus accueillants que les baraquements gris plus proches du café. C'est là que presque tous mes copains habitaient. Un bon nombre d'entre eux avaient le crâne rasé, tant les poux s'en étaient donné à cœur joie dans leur chevelure. En ce temps-là, nul n'était à l'abri de ce fléau. L'hygiène parfois précaire qu'engendraient le manque de savon, l'absence de douches, etc., favorisait non seulement l'expansion de ces indésirables petites bêtes, mais aussi, hélas, toutes sortes de maladies de peau. Un certain matin où il gelait à pierre fendre, un peu avant d'entrer en classe, j'assistai au spectacle terrifiant d'un instituteur traînant par l'oreille mon copain Ferdinand, de la cité, avec lequel j'allais souvent pêcher les ablettes « à la volante » avec un petit bout du pompon de mon béret noir accroché à l'hameçon. L'instit

Le café du Pont

l'obligea malgré ses gémissements et ses larmes à s'agenouiller et à mettre sa tête sous le robinet d'eau glacée. « Nous allons, lui dit-il, éliminer une fois pour toutes les poux qui pullulent sur ton crâne. » Les enfants rassemblés autour de ce pitoyable et cruel spectacle n'en menaient pas large. Nous risquions tous de subir un jour le même sort. On sentait bien, aussi, que bien qu'elle n'en parlât pas, notre chère Mme Mancini n'approuvait pas vraiment les méthodes de son collègue. Un jour, forcément, ce qui devait arriver arriva : mon béret en abritait une colonie !

Après ma toilette matinale, j'allai embrasser maman qui, stoppant net mon élan à dix centimètres de son regard plongeant, s'écria catastrophée :

— Mais ma parole, tu as des totos !

Les totos, oui, c'est ainsi qu'on appelait les poux dans la cour de récré. Ces fameux totos s'imposaient en maîtres dans nos broussailleuses tignasses, à l'image des Allemands qui, bien que n'étant pas arrivés chez nous, occupaient chaque jour davantage notre pays.

Tous les matins, j'employais mille ruses de Sioux pour échapper à l'inspection maternelle de ma tignasse suspecte. Mais elles n'empêchaient pas qu'ils étaient là et bien là, ces totos de malheur ! Je les devinais. Je percevais avec une douloureuse acuité leur indicible frémissement, le témoignage certain de leur diabolique villégiature dans mon cuir chevelu. Leur cheminement en rangs serrés tels que je les imaginais me pétrifiait. Je les supposais bien alignés côte à côte, partant à l'attaque pour une conquête méthodique du nord, au terme de laquelle une effrayante relève était assurée. N'avaient-ils pas déjà pondu ces lentes si redoutées de ma vigilante maman ? Et que dire de la zone sud, alors !... Si j'en croyais les démangeaisons catouillantes auxquelles mon chef était cruellement soumis du côté de ma nuque, leur campement devait y être à présent aussi solidement

Parfums d'enfance

implanté. Oui, ces malfaisants occupaient le terrain et c'est évidemment à cause de leur insidieuse présence que ma douce mais ferme maman me cherchait, si j'ose dire, des poux dans la tête.

En de telles circonstances, il relevait de l'extrême urgence d'organiser une résistance sérieuse et méthodique. La période d'occupation que nous nous apprêtions à vivre ne nous forçait-elle pas à élaborer un plan de défense ? Il fallait agir vite, et sur tous les fronts, sans mauvais jeu de mots.

Il est des fragrances volatiles dont la mémoire danse encore au seuil de mes narines. En fermant les yeux, je sens toujours cette odeur sucrée et vinaigrée à la fois. Je revois ces petites bulles mousseuses affleurant au sommet du flacon que maman agitait devant mon nez d'un air menaçant.

— Assieds-toi, on va les avoir ces salauds ! disait-elle en commençant par trucider quelques spécimens entre les ongles de ses pouces.

Papa était revenu de la ville où il avait acheté chez le pharmacien, M. Rouquette, la fameuse Marie-Rose – *la* Marie-Rose, la vraie, l'unique, la seule qui foudroie l'assaillant le plus coriace, la justicière aguerrie aux tignasses les plus impénétrables, mais aussi les plus soumises à l'occupant.

Sans l'ombre d'un doute, ce label de guerrière digne des combattantes de Lysistrata en imposait alors. Qui eût mis en doute les qualités mortifères de cet aguichant liniment ? Douceâtre tel un bonbon anglais, l'acidité attractive et sournoise de mademoiselle Marie-Rose plongeait à coup sûr les perfides totos dans un bain vitriolé à souhait. Elle mettait à l'évidence maman dans un état d'intense et vengeresse jubilation. J'imaginais de mon côté les divisions Panzer de mes hôtes indésirables décimées en titubant tels les clients quittant le café après la énième tournée. Ces affreux totos allaient crier pitié jusqu'à ce qu'ils aient rendu gorge, telles ces malheureuses tortues du Pacifique renversées sur le dos et gisant à l'agonie sur la plage après un terrible ouragan !

Il n'est pas superflu de préciser qu'on n'entreprenait pas

Le café du Pont

à la légère de détruire un tel bataillon d'assaillants si rusés. Maman extirpait au préalable de sa magnifique boîte en merisier sculpté le large peigne à poux en corne grise aux fines dents beaucoup plus serrées d'un côté que de l'autre. La partie opposée, celle aux dents plus écartées, était réservée à un premier débroussaillage au cours duquel maman n'y allait pas de main morte.

Crac ! Était-ce bien le cri du pou, soudain prisonnier des dents serrées de l'impitoyable peigne et sacrifié sans pitié entre les ongles des pouces de maman ?

— On en a quand même eu neuf, sans compter les lentes qui engorgent le peigne fin.

Ce côté-là, appelé le peigne fin, était réservé aux grandes rafles de cette tenace vermine. Rien de commun avec le peigne ordinaire dont on se servait le matin pour ordonner les épis rebelles avant de partir vers l'école. Celui que certains gandins gominés, des « grands » de quinze ans ou plus, plaçaient dans la poche revolver de leur pantalon, prêts à dégainer leur petit râteau embellisseur quand une brunette passait à portée de prunelle...

Et puis c'était la décoction, l'inondation de Marie-Rose. Maman, plus déterminée que jamais, brandissait alors le flacon au-dessus de ma tignasse. Elle laissait échapper du goulot des giclées successives jusqu'à l'anéantissement total de l'invisible troupeau. Elle frottait alors ma pauvre tête endolorie avec la même ardeur qu'elle mettait à astiquer les lourdes plaques d'acier de sa cuisinière avec le Zébracier et la fameuse huile de coude qu'elle évoquait en riant. Mes yeux piquaient malgré la protection des paupières closes bien abritées sous mes phalanges.

— La peau de la tête me démange, maman...

— Ne t'en fais pas, mon petit, ce n'est pas grave, eux aussi ça les démange... et pas que la tête, crois-moi. Allez, approche-toi à présent, je vais repasser tout ça au peigne fin pour éliminer les cadavres. Cela m'étonnerait bien qu'ils reviennent nous embêter, tout au moins ceux-là !

Parfums d'enfance

Telle était la philosophique conclusion qu'inspiraient les sournois totos à maman, métamorphosée pour la circonstance en Jeanne d'Arc face à l'envahisseur.

Les clients m'apprenaient à jouer à la belote, à la manille ou encore au loto sur des cartons numérotés que l'on marquait au moyen de fèves séchées ou de haricots secs. Les heureux gagnants, comme on dit, emportaient des dindons, des porcelets, des jambons ou bien une paire de poulets, de pintades ou d'oies. Lorsque les haricots recouvraient la totalité des numéros, le gagnant criait fort « Quine ! » en levant le bras. La salle entière manifestait alors sa déception de voir encore un lot lui échapper. L'heureux élu, quant à lui, exultait sans la moindre vergogne. Proclamant à la cantonade qu'il avait gagné le cochon, il buvait du petit-lait en remerciant les quelques hypocrites qui le félicitaient malgré tout. Ils jugeaient peut-être passablement exagéré de lui en vouloir. Après tout, ça n'était pas sa faute s'il avait gagné, le hasard l'avait voulu ainsi. Et puis, peut-être qu'emporté par sa bonne humeur soudaine, il payerait la tournée pour fêter sa « veine de cocu » !

Sur la pointe des pieds – car j'étais trop petit – j'apprenais aussi à jouer au billard avec les clients, que ce jeu passionnait. Pour marquer les points sur le boulier, on le faisait de loin, du bout de la longue queue incrustée de nacre. Il fallait graisser de temps en temps la pastille de cuir collée à l'extrémité de la queue : le « procédé », ça s'appelle. D'un geste tournant appliqué de professionnel, on le frottait de craie bleue, afin d'éviter de faire, en jouant, la fausse queue tant redoutée. L'accroc dans le tapis eût été, évidemment, la totale catastrophe, remplacer ce dernier étant bien sûr impossible en cette époque de restrictions. Je progressais chaque jour en appliquant de mon mieux les conseils des vrais joueurs. Je réussissais parfois de petites séries de cinq à dix points. Ridicule, bien sûr, comparé aux vingt, trente

Le café du Pont

ou même cinquante points d'affilée qu'alignaient les plus grands des champions qui jouaient chez nous. Cela dans le seul but de montrer leur talent, cela va de soi, mais aussi pour se faire offrir par l'adversaire ou les spectateurs admiratifs les tournées de Martini ou de pastis qui s'ensuivaient. J'ai toujours aimé ce jeu qui exige beaucoup de finesse, d'observation et de préparation. Trente ans plus tard, je m'offris un billard en même temps que ma première maison, lui consacrant la plus grande et la plus belle des pièces : ma bibliothèque. Il me reste une boîte de douze véritables « craies bleues de Saint-Martin » – héritée de papa –, avec lesquelles je graisse toujours le procédé de ma queue de billard.

Les habitués du café du Pont avaient tous de petites attentions pour mon frère Jeannot et pour moi. Ils nous rapportaient de l'usine de petits palets ronds de métal – que nous appelions des palettes – avec lesquels nous jouions aux billes. Ces dernières, placées dans un nid creusé dans la terre le plus souvent par nos talons de chaussures, devaient être délogées de ce bol improvisé par ces fameuses palettes au profit du plus adroit. Selon la mise, chacun plaçait une, deux ou trois billes dans le nid. À six pas de distance, le plus habile empochait toutes les billes qu'il avait réussi à chasser du « bol ». Nous jouions aussi avec des galets plats de la Garonne. Cependant, posséder une palette en acier de l'usine, aux bords plats bien arrondis, était véritablement le fin du fin. Papa, qui suivait en pointillés mon cheminement scolaire, m'avait formellement interdit d'aller jouer avant d'avoir terminé mes devoirs en rentrant de l'école. Il n'appréciait pas du tout non plus que je manque cette dernière sans avoir un prétexte en béton.

Le faux croup – Les ventouses – Les voisins

Chaque année, pourtant, invariablement, au beau milieu de mon studieux labeur d'écolier, j'attrapais ce que notre bon docteur Fourgeau appelait le faux croup. La sentence tombait aux alentours de la mi-novembre. Parlant un peu du nez, sur un ton semi-confidentiel, son diagnostic ne variait guère d'une année sur l'autre : « Sa toux lui arrache la poitrine, il a 38,5 °C, il faut le garder au chaud, disait-il à maman. Ce gosse est fragile de la gorge et des bronches, il a encore attrapé le faux croup, vous savez ce qui vous reste à faire. Je vais vous délivrer une ordonnance. »

L'effrayante et douloureuse toux rauque qui sortait de ma poitrine ressemblait étrangement aux sons graves du vieil orgue de l'église Saint-Jean, proche de l'école communale. Le seul aspect positif que je trouvais à cette maladie saisonnière était que, pour un temps, les redoutables problèmes d'arithmétique posés en classe ne seraient plus mon principal souci.

Acoucouné au fond de mon lit, j'attendais stoïquement l'application des tortures censées engendrer ma guérison. L'énorme édredon de plumes sous lequel j'étais enfoui me cachait la vue de la porte d'entrée de ma chambre. Les flammes bleutées du feu dans la cheminée faisaient gambader mon imagination tout en me distrayant un peu de la lecture du *Petit Chose* ou de *Mathias Sandorf*, dont les aventures me fascinaient.

Tout en aboyant par intermittence comme un loup de

Le café du Pont

Sibérie, je guettais le bruit des pas de maman. Sur la grosse boîte en carton qu'elle ouvrait sur mon lit, la réclame vantant les vertus bienfaisantes de la ouate thermogène me paraissait terrifiante. Le dessin d'un grand diable sarcastique aux traits noirs qui tambourinait sur sa poitrine en feu, tel le gardien de l'enfer lui-même, n'avait rien pour me rassurer.

L'offensive contre ce maudit mal commençait alors – selon l'ordonnance illisible du docteur Fourgeau – par l'application du gros paquet de coton aux couleurs pourpre orangées. Je gardais stoïquement sous ma chemise en pilou ce petit matelas brûlant sur la poitrine dans l'unique but de ne pas faire de peine à maman. Je savais très bien, depuis longtemps, que le thermogène sentait mauvais, que ses émanations piquaient les yeux et le nez et que ce diable-là, évidemment trompeur comme tous les diables, n'avait jamais guéri personne !

Mémé Anna, lorsque j'étais malade, ne manquait pas de venir me caresser la joue. Au moment de partir de chez elle, elle avait emprisonné son lourd chignon dans une bonne douzaine d'épingles à cheveux avant d'y fixer au moyen de deux fines aiguilles à tricoter son beau chapeau de paille noir et luisant qui me plaisait tant. Elle quittait sa demeure située de plain-pied dans la rue des Écoles et traversait toute la ville à pied, pour venir me cajoler dans la petite chambre au premier étage du café.

Sa lèvre supérieure était ombrée d'une légère moustache en duvet qui rendait doux ses baisers. Du dos de sa main à la fine peau parcheminée, elle me caressait la joue en répétant : « *Pécaïré, pécaïré* » [le pauvre, en patois].

— Tu vois bien, ma fille, disait-elle à maman, que cette espèce de coton ne sert qu'à le faire souffrir inutilement. Tu as essayé les cataplasmes ?

Et alors, on m'appliquait aussitôt sur le thorax cette molle galette de graines de moutarde après l'avoir étalée sur une moitié de torchon repliée en quatre, telle une bouse de

Parfums d'enfance

vache fraîche répandue dans le pré ! Ces fragrances me rappelaient inévitablement le bouilli (pot-au-feu de bœuf ou de poule – que papa n'appréciait jamais complètement sans le gros sel, les cornichons ou un radis noir, et, bien entendu... « sa » moutarde forte). Maman, l'inquiétude au front, redescendait ensuite du premier étage au café où les clients réclamaient impatiemment leurs consommations.

De sa même main à la peau brunie par le soleil et ornée d'une alliance d'or rouge, mémé continuait de me caresser le bras, tout en serrant doucement mes doigts de l'autre et en répétant : « *Pécaïré, pécaïré...* »

Devant l'inefficacité de ces thérapies modernes ou ancestrales, elle savait tout comme moi que nous aurions forcément recours, après le cataplasme de moutarde, à l'incontournable et si redouté « rigolo ». Celui qui avait attribué ce nom à cet infernal et brûlant sinapisme ne pouvait avoir qu'un humour très développé. On poussait parfois le raffinement jusqu'à humecter de quelques gouttes d'eau ce cataplasme avant son application, ce qui avait le pouvoir de décupler son incandescence. Lorsque, des années plus tard, je vis pour la première fois dans les brasseries parisiennes des steaks crus posés à même la plaque brûlante du fourneau, cela me remit fatalement en mémoire le fameux rigolo de mes faux croups ! Cette sorte de brûlante méduse tant abhorrée me transformant littéralement en homard des épaules à la taille, papa manifestait quelque agacement devant la barbarie de ce traitement qui, de plus, ne semblait pas très efficace.

— Si ces foutus rigolos le mettent dans un état pareil, je ne sais pas s'il ne vaudrait pas mieux laisser tomber cette saloperie ! Donnons-lui plutôt une tisane de mémé avec une bonne aspirine, et il sera vite guéri, moi je vous le dis !

Maman, qui de son côté n'accordait que peu de crédit aux solutions préconisées par son Esculape amateur de mari, n'hésitait pas une seconde :

— Puisque rien n'y fait, nous allons rappeler Fourgeau.

Le café du Pont

Il faut préciser qu'en ce temps-là on y réfléchissait à deux fois avant de faire venir le « docteur ». Le prix relativement élevé des visites n'était alors pas remboursé par la Sécurité sociale à mes parents commerçants.

Le docteur descendait de sa petite Simca grenat, toujours souriant, sa serviette en peau de porc fauve à la main. M'aidant à me redresser sur mon lit, il m'invitait gentiment à tirer la langue, à dire *ahéhahéa... glup*, déclenchant immanquablement cette toux de loup qui avait le don d'épouvanter mémé. Elle plaquait alors ses mains sur sa bouche et me regardait m'arracher les bronches, avec des yeux épouvantés. Fourgeau faisait sautiller son stéthoscope de place en place sur ma poitrine qui arborait à présent la couleur d'une *muleta* de torero. Ménageant un suspense de dix bonnes secondes qui duraient des siècles, il laissait tomber d'une voix solennelle en regardant maman droit dans les yeux : « Ça n'est pas grave, ce serait même en cours d'amélioration. Mais, puisque cela persiste, il ne reste plus que les ventouses ! Je vais lui en poser moi-même une bonne douzaine avant de partir... On aurait dû commencer par ça. » Cela tombait très bien, J'ADORAIS LES VENTOUSES !

De plus, je n'ignorais pas que ces sortes de pots de yaourt renversés extirperaient de ma poitrine et de mon dos toutes les humeurs incongrues qui encombraient mes satanées bronches.

Maman, grimpant sur une chaise, allait alors chercher en haut de l'armoire la boîte en carton cloisonnée par douze casiers contenant autant de petits pots de verre. La baguette en bois au bout de laquelle mémé avait entortillé une petite écharpe de coton blanc allait servir de torche. Trempée dans un bol d'alcool à brûler avant d'être enflammée, cette minuscule poupée de flamme chassait l'air du pot avant que celui-ci fût plaqué fermement sur la peau de mon torse. La boursouflure qui se formait à l'intérieur rappelait les tartes sablées couvertes de moitiés d'abricots aux devantures des pâtisseries. Ma poitrine n'était plus qu'un paysage vallonné

66

Parfums d'enfance

de ces fruits ronds. Les petits pots renversés évoquaient, eux, ces cloches de verre qui abritent les jeunes pousses dans les jardins des maraîchers. Lorsque l'opération torse était terminée, au bout d'une petite demi-heure, on ôtait les pots, avant de me faire mettre à plat ventre et d'en appliquer autant sur mon dos.

— Ça pince, ces ventouses, mémé...

— Il le faut mon pitchou, elles tirent le mal par les cheveux.

J'imaginais alors le diable tiré par les cheveux sous chaque ventouse et grimaçant à son tour de douleur. Cette situation, finalement plus douillette et plus supportable que l'application des effroyables rigolos, me paraissait de même bien plus enviable que les problèmes d'arithmétique à résoudre au tableau devant les copains ricaneurs.

Pfuitt... c'est ce petit bruit libérateur qu'on entendait, lorsque maman insinuait délicatement son pouce sous le bord de la ventouse qu'elle tirait à elle de l'autre main.

De cette petite pression sur mon épiderme résigné, elle me délivrait enfin des encombrantes sangsues de verre qui avaient fait naître sur ma peau autant de balles de ping-pong renfermant chacune Belzébuth !

— *Paouré pitchou, pécaïré* ! s'apitoyait mémé. Je vais t'apporter un bol de bouillon bien chaud. Allez, c'est presque fini. Après ça, il y a de grandes chances pour que tu sois complètement guéri.

Les ventouses étaient vraiment une invention géniale ! À vrai dire, au seuil de chaque hiver, je les attendais comme on attend la première rose au printemps.

Ainsi que le faisaient papa et maman à longueur de journée, je servais parfois les consommations aux clients, derrière le comptoir, en rentrant de l'école. Ceux d'entre eux qui me gâtaient en m'offrant de temps en temps des billes ou des palettes étaient récompensés à l'aune de leur

Le café du Pont

générosité, le niveau de leur verre de vin blanc ou d'apéritif étant confortablement accru par mes soins. L'opération se déroulait en silence, ponctuée d'un simple coup d'œil complice. À l'évidence, les clients préféraient que je les serve moi-même. Pardi !

Le vieil Ali venait tous les jours manger une omelette et siroter des cafés, il ne prenait jamais rien d'autre. Il reniflait continuellement au-dessus de ses grosses moustaches humides, ce qui dégoûtait profondément maman, laquelle ne se gênait pas du reste pour lui lancer : « Mais Ali, vous ne pouvez pas vous moucher de temps en temps, au lieu de renifler comme un cochon ? » Ali, qui connaissait bien le (trop !) franc-parler de maman et que cela faisait sourire, extirpait de sa poche un infâme tire-jus de Cholet à carreaux bleus. Il devait, vu sa couleur, l'utiliser depuis une semaine dans le meilleur des cas. Il sonnait un grand coup de trompette là-dedans et, accoudé sur le guéridon de marbre cerclé de laiton, continuait tranquillement de téter son caoua comme il disait. Il vivait seul et se considérait un peu comme chez lui au café. Il m'emmenait de temps en temps avec lui pêcher les anguilles au canal. Il me fallait pour la circonstance déterrer de gros vers d'un fossé du jardin. J'avais aussi, près du lavoir de maman, ma réserve de vers, agglutinés sous un sac de jute collé au sol par les arrosoirs d'eau que j'y versais quotidiennement. On surnommait les plus gros de ces gigoteurs rouge-brun de vingt à trente centimètres des roujeannes. Les anguilles en étaient très friandes. Nous allions tous deux à la tombée de la nuit « poser des cordes » au bout desquelles les fameuses roujeannes piquées dans de gros hameçons numéro 4 alléchaient les anguilles qui se faisaient prendre. Au petit matin, nous en rapportions parfois du canal quatre ou cinq frôlant ou dépassant le kilo. Maman les dépouillait aussitôt, maîtrisant facilement leurs tortillements dans *La Dépêche* – le papier journal est le seul moyen de les neutraliser en les y emprisonnant. Elle accrochait ensuite la tête de la bestiole

Parfums d'enfance

à un clou fiché dans le mur des cages à lapins – comme elle le faisait pour ces derniers et pour saigner les volailles. D'une entaille cerclée bien nette, elle incisait la peau sous la tête de l'anguille et tirait jusqu'en bas comme on retourne une chaussette. Elle nous les préparait tronçonnées frites en persillade pour le souper. Encore un régal de mes jeunes années.

Les enfants, de nos jours, par le biais de la télévision, d'Internet, etc., sont confrontés à une violence sans bornes à laquelle ils finissent généralement par s'accoutumer, faute de pouvoir faire autrement, tout au moins dans la plupart des cas. Ils semblent en revanche traumatisés par l'apparente « cruauté » qu'engendre le sacrifice d'un lapin, d'un poulet ou d'un dindon, que la fermière décapite, plume et vide avant de le mettre au four. Maman, qui n'eût pas fait de mal à une mouche, comme on dit, n'en saignait pas moins les poulets ou les pintades qu'elle achetait vivants au marché, sans éprouver de sadisme le moins du monde, pas plus que de culpabilité, de cruauté ou de remords. Nécessité fait loi. Comment se nourrir si le porc, le mouton ou le bœuf ne sont pas sacrifiés par une main « humaine » ? « Laissons-le faire aux autres » est un discours bien hypocrite. Maman m'avait donc initié à ce rite naturel, qui consistait à maintenir une assiette « calotte » sous le cou de la volaille qu'elle saignait afin d'en recueillir la délicieuse sanguette qu'elle nous faisait déguster le soir même, après l'avoir poêlée. La merveilleuse cuisinière qu'elle était avait au préalable répandu une fine et parcimonieuse persillade au fond de l'assiette ainsi qu'un peu de pain rassis émietté, avant de recueillir le sang du sacrifice, ce qui, une fois cuit, ne faisait qu'en décupler les saveurs.

Oui, les lois apparemment dures qu'imposait la vie à la campagne, particulièrement en ces temps d'occupation que nous allions affronter, étonneraient sans doute aujourd'hui les douillets admirateurs d'Harry Potter.

Le café du Pont

Ma vie était alors partagée entre le café, l'apprentissage de la musique et l'école. À la communale, les cours de Mme Mancini suscitaient chez moi un intérêt passionné pour toutes les matières... ou presque ! Les petites expériences de chimie que nous faisions le mercredi après-midi me laissaient béat de curiosité admirative. Je rebattis les oreilles de mes parents, une semaine durant, après l'exploit considérable que je venais d'accomplir : avec un bout de ficelle et de la paraffine, j'avais fabriqué une bougie de mes propres mains ! Mais la calamité s'abattait sur moi le lundi matin avec l'énoncé du problème incommensurable que représentait un satané train parti avec du retard et avançant à soixante-huit kilomètres à l'heure, cependant qu'un robinet de lavabo qui fuyait perdait vingt-trois centilitres à la minute. Sachant que le lavabo pouvait contenir cinquante-deux litres, combien de temps mettrait-il à se remplir ? Quant au train, qui devait couvrir quatre-vingt-treize kilomètres à la vitesse susdite, arriverait-il à destination avant ou après que le lavabo fût plein ? Seules les dictées et les rédactions me consolaient de la déprime suscitée par les problèmes d'arithmétique du lundi. Je faisais naturellement très peu de fautes dans les dictées. Je bénéficiais de ce que l'on appelle l'« orthographe naturelle ». La syntaxe, les tournures de phrases engendraient même une certaine jubilation lors de mes imaginatifs devoirs de rédaction. Ces dernières, qui à l'évidence étonnèrent et séduisirent mes institutrices et instituteurs successifs, étaient même parfois lues en fin de cycle scolaire devant le recteur d'académie et en présence de l'instituteur et des élèves de notre classe.

Maman éprouvait une visible satisfaction devant ces distinguos honorifiques. Papa, moins démonstratif, manifestait plus volontiers son mécontentement lorsque mes notes n'étaient pas très bonnes en calcul.

Depuis notre arrivée au café du Pont, je m'étais fait de nombreux copains dans le quartier. Les quatre familles que

Parfums d'enfance

formaient nos voisins immédiats habitaient, non loin de chez nous, une sorte de petite cité où les minces murs de briquette étaient mitoyens d'une maison à l'autre. Les Muñoz, les plus proches, étaient cinq. Manuel et Isabelle avaient fui l'Espagne fasciste de Franco avec leurs trois enfants : Laurent, l'aîné de quinze ans, François, neuf ans, et Marinette, sept ans. Nous nous voyions tous les jours et, pour Jeannot et moi, ils étaient comme nos frères. Derrière leur cloison vivait la famille Tabas : le père, un grand brun moustachu, la mère, toujours de noir vêtue, et leurs deux grands fils René et Michel, deux solides gaillards de dix-huit et vingt ans. Tous les quatre avaient fui eux aussi le fascisme et son *leader* Mussolini qui faisait des ravages, lui, en Italie. Toujours prêts à donner un coup de main, ces amis-là nous furent très précieux, surtout après l'arrivée des Allemands. Derrière la porte à côté, vivaient le père Costes et ses trois fils, Arthur, Simon et Édouard. Ce dernier, qui avait dix-sept ans, travaillait à l'usine, tout comme son père.

Arthur et Simon, eux, avaient sensiblement le même âge que moi et allaient aussi à l'école communale du quartier Saint-Jean, non loin de l'église. Ils attrapaient souvent des poux ou la gale en même temps que nous. Leur père, un colosse sanguin de cent kilos, leur tapait régulièrement dessus. Ils passaient leur temps à mentir aux instituteurs lorsque ces derniers leur demandaient d'où leur venaient ces bleus et ces ecchymoses qu'ils avaient sur le visage et sur le cou. Ils ne voyaient hélas pas les marques que laissaient les coups de ceinturon sur la poitrine et sur les reins de mes deux malheureux copains. Je me dis aujourd'hui que les courageux enseignants de la communale auraient certainement pu en savoir plus s'ils l'avaient voulu. Arthur ou Simon répondaient : « Je me suis cogné dans la porte », ou « J'ai reçu une branche dans l'œil » ou encore « Je me suis battu dans le quartier avec les copains ». Les maîtres se contentaient de ces explications qui les arrangeaient bien... et fermaient les yeux.

Le café du Pont

M. et Mme Gonzales et leurs deux filles, l'une de quinze ans qu'on appelait Poupée tant elle était belle – et gentille –, et sa non moins jolie sœur Marie-Louise, étaient les derniers occupants sympathiques, discrets, serviables et toujours disponibles eux aussi. M. Gonzales prenait chaque semaine un billet de la Loterie nationale. Il gagnait parfois de petites sommes, ce qui incitait les voisins à tenter leur chance la semaine suivante. Maman, qui prenait parfois un billet et qui perdait aussi régulièrement qu'eux, avançait : « Ce M. Gonzales, il doit avoir un truc qu'il ne nous dit pas. Ce n'est pas possible de gagner ainsi cinquante mille francs, comme il l'a fait, par l'opération du Saint-Esprit. » Et elle tentait derechef sa chance la semaine suivante... pour des prunes, comme elle disait en riant.

Devant chaque porte de cet unique bâtiment édifié tout en longueur, de petits jardins individuels, où poussaient salades et fines herbes, s'arrêtaient à la petite route qui menait au pont du canal. Ce décor et les acteurs de ce théâtre quotidien représentaient pour moi un corollaire familier de l'univers du café. Ces voisins allaient tous devenir à la longue des amis et parfois même les complices des singuliers événements que nous allions vivre durant les sombres jours qui s'annonçaient.

Bien avant d'avoir mon vélo que papa ne m'offrirait que pour mes douze ans, j'allais à l'école à pied (quatre fois par jour un kilomètre), et en culottes courtes. Je pêchais des petits poissons dans le canal ; j'allais parfois dormir rue des Écoles chez mémé, qui m'emmenait cueillir des pissenlits, des champignons, des asperges ou des poireaux sauvages ou encore ramasser les escargots selon le temps qu'il faisait au fil des saisons. Elle en connaissait par cœur les lunaisons qui – affirmait-elle – ont tant d'influence sur tant de choses. J'ai pu le vérifier mille fois depuis lors.

72

Parfums d'enfance

En plus des Muñoz, mon voisin Simon était lui aussi un bon copain. Cadet des trois fils du père Costes – peut-être son préféré, en tout cas, celui sur lequel il tapait le moins –, il venait pêcher les goujons avec moi dans le canal, ou les grenouilles dans le merdaillou au fond du jardin. Ce petit ruisseau limpide – dont le nom signifiait pourtant clairement de quelles matières il était nourri – n'en fournissait pas moins, hormis les délicieux batraciens que nous pêchions, un excellent cresson que je cueillais pour le déguster avec le poulet rôti que faisait maman le dimanche. Nous rapportions parfois vingt ou trente de ces belles grenouilles qui terrorisaient maman car elles étaient encore vivantes. C'est sous l'ombrage du figuier qui jouxtait ma chambre, au fond du bassin de ciment dans lequel été comme hiver ma vaillante mère lavait son linge, que nous avions mis les bestioles pêchées en attendant. Elles sautillaient comme des puces et bien sûr s'échappaient. Elles entraient en bondissant dans la cuisine, dans le couloir et jusque dans la salle du café. Les clients, que ce spectacle inattendu réjouissait, se mettaient eux aussi en chasse pour récupérer à quatre pattes les batraciens qui bondissaient tous azimuts. Un jeudi où pour une fois mes devoirs étaient finis et où papa ne me demandait pas de l'aider à trier ses bouteilles vides d'apéritif de marque Cusenier (mon cauchemar !), je proposai à Simon une partie de billes.

— D'accord, me dit-il, mais après, on ira « à la côte » voir s'ils veulent nous prêter leur traîneau.

« Ils », c'était les copains des baraquements voisins qui en possédaient un, bien sûr. La fameuse côte goudronnée n'était autre que celle de l'usine, si dure à grimper pour les ouvriers qui se rendaient tous les jours au boulot à vélo. Pour se venger, sans doute, ils la descendaient à tombeau ouvert, à midi ou à six heures, contents de rentrer plus vite chez eux quand ils ne s'arrêtaient pas au café. Cette montée pénible que le pont du canal reliait à l'usine était aussi familière aux enfants du quartier. L'été, d'ailleurs, les

73

plus téméraires d'entre eux n'hésitaient pas à plonger dans le canal, en prenant leur élan de six mètres de haut, du sommet de l'arche du pont. Arthur, Simon et même François venaient eux aussi s'essayer au traîneau, ainsi que quelques autres petits copains de la communale. Ceux-là arrivaient des baraquements ou de la cité, de l'autre côté du canal. Il y avait là de nombreux camarades de classe qui formaient une bande redoutable. « Ceux de Saint-Jean » se battaient avec des frondes contre « ceux de Saint-Sauveur », ces deux églises du pays situées à l'opposé l'une de l'autre. Il y avait souvent du sang au terme de ces bagarres. Maman m'interdisait formellement de me mêler à ces « voyous », qui étaient pourtant presque tous mes copains.

Pour le compte de l'usine, le père Costes montait et descendait chaque jour la côte dans une carriole bâchée de toile verte, tirée par le cheval Pompon. Il allait livrer toutes sortes de colis un peu partout dans le pays. La Mado, elle, le guettait. Elle habitait avec le Raoul, son bonhomme, une vétuste maison en bois au bas de la côte. Ils se saoulaient régulièrement ensemble le dimanche. Tous les jours de la semaine, elle allait à pied vendre ses journaux dans toute la ville. Dès qu'elle apercevait Pompon, elle se mettait à suivre la carriole avec un seau et une pelle pour récupérer le crottin du percheron ainsi que celui des autres mulets ou « bourricots », qui en ce temps-là n'étaient pas rares. Elle en remplissait quelques seaux et vendait ce précieux engrais au maraîcher pour fumer ses salades. L'aimable jardinier lui achetait en outre *La Dépêche* tous les jours : elle était gagnante sur tous les tableaux. Tout en remplissant ses seaux, elle criait à la cantonade : « *La Dépêche*, demandez *La Dépêche*... et aujourd'hui, mercredi, *Le Canard enchaîné*... *La Dépêche*, qui veut *La Dépêche* ? »

Leurs huit litres de vin rouge répartis en deux cabas – les mêmes que ceux de Marceau –, le Raoul et la Mado les emportaient aussi chez eux et commençaient de « prendre

Parfums d'enfance

un acompte », comme ils disaient, dès le samedi soir. Ils venaient parfois même « se ravitailler » le dimanche après-midi, après avoir vidé tous leurs flacons la veille. Ce n'est que vers sept heures du soir qu'ils commençaient à se chamailler et parfois même à se taper dessus, sans conviction toutefois, avec le peu d'énergie qu'il leur restait. Ils s'endormaient alors à même le sol en terre battue sur lequel ils se réveillaient le lendemain matin sans trop savoir ce qu'ils faisaient là. En revanche, les membres perclus de douleurs et une gueule de bois carabinée, ils en avaient l'habitude.

Deux autres clients assidus, les deux frères polonais Michel et Léon, se démolissaient consciencieusement le portrait eux aussi, avec une régularité et un acharnement peu communs ; on les avait surnommés Boum et Paf car ils n'arrêtaient pas de se battre. Ils logeaient dans les baraquements à deux pas de chez nous.

Ils se saoulaient tous les soirs méthodiquement, en rentrant de l'usine où tous deux travaillaient à la fonderie. Ils ne buvaient quasiment que de la blanche – la gnôle ! –, l'eau-de-vie à quarante-cinq degrés. Ils arboraient des lèvres fendues ou des arcades sourcilières éclatées, expliquant en rigolant qu'ils s'étaient mis la veille une « bonne frottée ». Ils ne connaissaient guère d'autres manières de résoudre leurs problèmes ; éthylique au dernier degré, Paf partit un jour à l'asile de fous, d'où il ne revint jamais. Son frère Michel, ne sachant plus sur qui taper désormais, dépérit tant qu'il en mourut aussi, après avoir absorbé une bouteille de « schnaps » au goulot.

Le père Costes s'arrêtait parfois sur la route pour nous amener jusqu'aux abords de l'école lorsque le vent glacial de l'hiver mordait cruellement nos mollets nus. Les culottes courtes au mois de janvier étaient bien trop insuffisantes pour nous protéger des moins cinq à moins dix degrés qu'il faisait souvent. Capable d'une violence inouïe avec ses

Le café du Pont

enfants, le père d'Arthur et de Simon était toujours calme et gentil lorsqu'il nous embarquait dans sa carriole. Il faut toutefois préciser que le bonhomme souffrait chroniquement d'horribles crises de coliques néphrétiques qui lui faisaient perdre toute raison. Ses enfants avaient si souvent le visage couvert d'ecchymoses qu'ils faisaient hocher la tête de pitié à tous les voisins du quartier. Papa alla d'ailleurs un jour neutraliser leur brute de père alors qu'il cognait à coups de ceinturon sur la tête de son deuxième fils. Arthur, qui avait reçu un coup de boucle dans l'œil, criait comme un goret qu'on saigne. Papa, qui l'avait entendu du café à cinquante mètres de là, se précipita et, par-derrière, immobilisa ce père si câlin, en le ceinturant fermement.

— Monsieur Costes, lui dit-il, si vous ne vous calmez pas, si vous vous acharnez sur ce gosse, si vous retouchez à un seul de ses cheveux ou à ceux de son frère, je vous fends le crâne d'un coup de bûche.

Tel un taureau furieux, le violent mastodonte expira rageusement à plusieurs reprises avant de se relâcher enfin. Papa desserra progressivement sa prise tout en restant sur le qui-vive.

À partir de ce jour, le visage de mes copains retrouva un aspect humain. Leur redoutable père n'osa jamais récidiver – sauf une fois, après la Libération.

Bien des mois après cette pénible scène d'un autre siècle, après l'arrivée des Alliés, Arthur et Simon découvrirent, ahuris, sans comprendre, le secret que renfermait leur cuisine. Leur père avait oublié de fermer à clef le placard aux fameuses réserves dont ils n'avaient jamais vu la couleur aux plus durs moments des restrictions. Il recelait au moins une cinquantaine de grosses tablettes de chocolat noir, des kilos et des kilos de nouilles, de riz, de farine et de sucre. Leur imbécile de père avait stocké et laissé périr en partie sous la dent des rongeurs les trois quarts de ce à quoi les fameux tickets leur avaient pourtant si chichement donné droit pendant l'Occupation. Ils pleurèrent longtemps après

Parfums d'enfance

la correction qu'ils dégustèrent, pour avoir avoué qu'ils avaient vu tout ce qu'ils n'auraient jamais dû voir, comme dans la terrible histoire de Barbe-Bleue.

Ce fameux traîneau dont Simon m'avait parlé comme d'un objet familier, j'ignorais totalement à quoi il ressemblait. C'était ni plus ni moins que deux grosses planches jointes de un mètre de long sur cinquante centimètres de large ; une barre clouée à l'arrière et une autre de direction à l'avant permettaient à ce diabolique engin de se mouvoir. Il filait naturellement sur la pente goudronnée, grâce aux roulements à billes fixés à ses quatre extrémités. On pouvait s'asseoir dessus ou, pour les plus casse-cou, s'y coucher à plat ventre. Lorsqu'on descendait la côte à fond la caisse, il y avait généralement du sang répandu bien avant l'arrivée en bas. Maman ne mit évidemment pas longtemps à m'interdire ce jouet dangereux qui pourtant me plaisait tant. C'est Victor, l'un de mes plus fameux copains des baraquements, qui me prêtait le sien. Par la suite, je lui fournis, en échange du prêt de son traîneau, des roulements à billes que les clients du café – récompensés en vin blanc – chapardaient pour moi sans vergogne à l'usine.

Le bonheur chez mémé –
Leçons de saxophone – Les goujons

Le mercredi soir, après avoir fait mes devoirs, j'adorais aller dormir chez mémé rue des Écoles, dans le quartier de l'église Saint-Sauveur. Son modeste logis se situait au coin d'une petite sente qui conduisait au boulevard ombragé de marronniers en fleur, si parfumés dès le mois de mai. Ce lieu était pour moi source d'un bonheur bucolique et contemplatif. Les abeilles qui butinaient les fleurs roses, les hannetons, les cigales, les libellules bleues, les petits lézards accrochés aux murailles ensoleillées me faisaient pénétrer dans un jardin dont les fragrances et les couleurs m'émerveillaient. Il y avait, donnant sur le boulevard, une petite villa de pierre, habitée par des retraités que connaissait mémé. Sur la porte en bois clair ouvragé étaient sertis de jolis carreaux en mosaïque rose et bleue. Assemblées en un jeu de notes de musique charmant, ils témoignaient de la félicité des propriétaires, sans doute mélomanes :

DO MI SI LA DO RÉ

SOL FA SI LA SI RÉ

Mémé, bien qu'ayant été pauvre toute sa vie, me gâta toujours bien au-delà du raisonnable. Elle m'achetait toutes sortes de petits cadeaux tels des kaléidoscopes, des canifs ou encore ce petit appareil tout nouveau que l'on plaçait devant ses yeux pour y voir la tour Eiffel ou l'Arc de Triomphe en faisant défiler les photos protégées par du mica. Presque tous les jeudis – jour sans école en ce temps-là, si prometteur quand j'allais le partager avec elle –, elle sollicitait de maman ce morceau de bonheur à vivre avec son petit-fils.

Ce dépaysement était à l'avance pour moi un pur enchantement. Je me retrouvais soudain sur une planète qui, pour les enfants du IIIe millénaire, doit correspondre à l'idée qu'ils se font de l'époque mérovingienne. Chez mémé, il n'y avait pas d'électricité, pas d'eau courante, pas de chauffage. C'est dans un cagibi près de la souillarde, sur un socle en bois circulaire à quatre-vingts centimètres de hauteur percé d'un trou, qu'on « faisait ses besoins ». Quand nous allions cueillir des asperges sauvages, des champignons de rosée ou des pissenlits, mémé, lorsqu'elle était prise d'un besoin pressant, se soulageait debout, les jambes écartées sous son jupon de coton écru, à la lisière dentelée. Sans s'isoler le moins du monde et sans la moindre vergogne, elle écartait les cuisses en compas et arrosait copieusement le gazon à travers sa culotte fendue avec un air d'évidente satisfaction. « Ah ! soupirait-elle d'aise, au terme de l'opération, *ba pla aro* ! [ça va bien maintenant !]. »

Que de captivantes escapades sylvestres n'avons-nous faites mémé et moi dès cinq heures du matin !

Au fond de son logis, dans la souillarde obscure, posée à cheval sur deux murets hauts d'un mètre, une large pierre d'évier taillée à la main et creuse de dix centimètres servait à mémé à faire sa toilette... ainsi que la vaisselle et sa petite lessive. Empruntant sa brouette au chevrier son voisin pour sa grosse lessive hebdomadaire, elle allait encore laver ses draps dans la rivière de l'Azinc qui coulait à un kilomètre de chez elle. Que ce soit pour faire la soupe ou pour laver ses vêtements, elle charriait plusieurs fois par jour de lourds seaux en fer galvanisé qu'elle remplissait d'eau à la pompe de sa rue, située à cinquante mètres de sa maison. Je pensais l'aider en tenant l'anse d'un côté, ce qui rendait bancal le seau que nous portions à deux et fatiguait trois fois plus la

Le café du Pont

malheureuse, qui ne l'avouerait jamais. Elle demeura à peu près la seule dans tout le quartier à porter à bout de bras, hiver comme été, ces seaux pleins qui pesaient bien leurs dix kilos. Lorsque, après la Libération, on éventra la rue afin d'y installer des conduites d'eau ainsi que des lignes électriques, mémé, elle, refusa tout en bloc.

— Mais, madame Anna, plaidaient ensemble les agents de l'EDF et du service municipal des eaux, ça va vous changer la vie d'avoir l'électricité... et l'eau courante ! Vous ne vous rendez pas compte ? Il y a juste un branchement à faire, ça ne vous coûtera pas cher. Et puis, cela vous économisera de la fatigue...

— La fatigue, ça me fait pas peur... tout ça, c'est des attrape-nigauds pour vous dépouiller de vos sous !

Mémé était réfractaire à toute innovation. Elle refusait même d'absorber le moindre médicament. « J'ai toujours guéri avec les herbes » était son argument incontournable. Elle balança un jour dans la cheminée du café une poignée de pilules rouges, vertes et bleues prescrites par le médecin qui se mirent à crépiter en sautant comme des démons dans toute la pièce. « Tu vois, dit-elle à maman, si elles avaient fait ça dans mon estomac, à l'heure qu'il est, *sério crébado* ! [je serais morte !] »

À proximité des quelque trente mètres carrés qui abritaient mémé, dans la maison mitoyenne de la sienne, vivait la Jeanne, son inséparable ennemie. Sensiblement du même âge qu'elle, rebouteuse à ses heures, elle était spécialiste des foulures, luxations diverses, eczémas et zonas qu'elle guérissait infailliblement. Un onguent de sa fabrication, des massages et quelques signes cabalistiques pour faire bonne mesure avaient immanquablement raison de la passagère défaillance d'une cheville, d'une malencontreuse entorse ou d'un poignet foulé ; cela m'arrivait, hélas, plus souvent qu'à mon tour : les escalades de murailles et de barrières ne me faisaient pas peur, pas plus que d'enjamber en courant fossés et ruisseaux. J'eus d'ailleurs recours à trois

Parfums d'enfance

ou quatre reprises aux douces et bienfaisantes pratiques de cette guérisseuse occasionnelle.

Au fil des semaines et au gré des lunes, mémé et la Jeanne passaient le plus clair de leur temps à se disputer, voire à s'insulter avec une méthodique détermination. Cela me rendait évidemment rouge de honte mais finissait le plus souvent par m'amuser. Selon leur humeur, elles pouvaient également se répandre en exquises politesses qui cédaient même parfois la place à des compliments. Des digressions sucrées venaient tout aussi bien fleurir leurs lèvres à propos de leur bonne mine ou de leur dernière tenue vestimentaire.

— *Eh bé ! es pla poulit aquel tablier...* [il est bien joli ce tablier].

— C'est de la satinette, c'est mon neveu qui me l'a offerte.

— Ah, c'est ça ! *mais cal abé d'argèn per croumpa aco ! Toutis l'abem pass !* [mais il faut avoir de l'argent pour acheter ça, tout le monde n'en a pas !]

C'est ce que répondait mémé les jours fastes où l'on n'échangeait que vocables enrobés de miel. Tout en tricotant assises chacune devant chez soi, elles rapprochaient leurs chaises de temps en temps, histoire de dispenser à mi-voix quelques coups de patte à une étrangère au quartier qui passait dans la rue.

Quand j'arrivais chez mémé, après l'avoir embrassée, je me précipitais pour frapper à la porte de la Jeanne et l'entendre me dire : *Adiou pitchou ! ba pla ?* [Adieu[1], petit, ça va ?]

S'il s'avérait qu'elles étaient en froid, mémé me freinait dans mon élan pour aller faire un poutou à la traîtresse.

— *Restoté aquiou ; cal plus parla à ma quello puto ! Aquello garço à la narri pouyrito !* [Reste ici ; il ne faut plus parler avec cette pute. Cette garce, qui a la narine pourrie !]

Cette pauvre Jeanne étant affublée d'une malencontreuse

---

1. On dit adieu pour bonjour, chez nous.

Le café du Pont

verrue plantée sur le côté du nez, ma sadique grand-mère ne manquait jamais l'occasion de le lui rappeler en ricanant lorsqu'elles étaient fâchées. Mémé répandait tous les matins le carbure brûlé de sa lampe à acétylène tout au long de sa maison pour décourager les chats et les chiens du quartier de venir lever la patte contre son mur. Elle me semblait toutefois plus particulièrement vigilante, pour ne pas dire teigneuse, en ce qui concernait le chat de la Jeanne, n'hésitant pas une seconde à le noyer sous le contenu de son pot de chambre, lorsque imprudemment le malheureux matou se risquait à passer sous sa fenêtre.

— *Allez, baï ten, saloupario !* [Allez, va-t'en, saloperie !]

Les voisins, à droite de l'habitation de la Jeanne, étaient quant à eux pour le moins rustiques et sans aucun doute foncièrement gentils, bien qu'imprégnés des fragrances de leur étable, un vrai plaisir ! Albertine et Ernest étaient en effet chevriers de leur état. Ils possédaient une bonne centaine de biquettes et un bouc, le couillu, tous rassemblés dans l'étable mitoyenne du mur de chez la Jeanne. Évidemment, là-dedans, cela ne sentait pas le Cheramy, comme disait mémé.

Bien entendu, je ne comprenais pas ce que ce sobriquet de couillu signifiait ! Les chevriers qui trayaient quotidiennement toutes ces biquettes s'occupaient aussi de leurs cabris. Ils confectionnaient de délicieux fromages, les cabécous, petits, tout blancs, tout ronds et tout frais, que papa leur achetait régulièrement. Nous nous en régalions au café du Pont quasiment tout au long de l'année.

Albertine en offrait à mémé – *per lou Pierril* [pour le Pierrot] – des « frais du jour », que j'emportais le jeudi soir au moment de regagner le café. Mémé, qui adorait ces cabécous, les écrasait avec une fourchette et les saupoudrait d'un peu de cassonade sur le cul de l'assiette qu'elle retournait pour le dessert à la fin du repas. À la maison, papa faisait la même chose, en ajoutant au cabécou, creusé en son milieu, une demi-cuillerée à café de rhum – juste

82

Parfums d'enfance

pour parfumer ! Cette saveur-là non plus, je ne l'ai pas oubliée, pas plus que le rituel de l'assiette retournée au terme du repas, afin d'économiser la vaisselle.

Dix sous, c'est le prix que me payait Albertine dès la fin du mois de septembre, pour lui rapporter un seau plein de marrons débarrassés de leur bogue. Le plastique n'avait pas encore fait son apparition et un seau en fer rempli de marrons devait peser plus du tiers de mon poids ! Empruntant la ruelle dans le sens de la montée pour le retour, je rapportais mon chargement tant bien que mal à deux mains. Cela me prenait plus d'une demi-heure par voyage, cueillette comprise. Lorsqu'en fin d'après-midi je revenais, un peu fatigué il faut bien le dire, le chevrier vidait mon quatrième seau dans une barrique à l'entrée de l'étable. Albertine me disait alors : « Allez Pierrot, tu as bien travaillé »... et elle m'embrassait en glissant quarante sous dans ma main ! Deux francs ! Ma première paye !

On « soupait » de bonne heure le soir chez mémé ; je ne compris que bien plus tard la nuance sémantique qui différenciait le déjeuner pris chez nous le matin, le dîner à midi et le souper le soir, des mêmes repas absorbés à Paris mais qui s'appelaient petit déjeuner le matin, déjeuner à midi et dîner le soir. Le souper étant réservé aux rois et aux fêtards de la nuit !

À cinq heures et demie ou six heures du soir au plus tard, mémé allumait d'abord la petite lampe Pigeon en cuivre qui diffusait un joli éclairage jusqu'à la périphérie de la table ronde en noyer. On distinguait à peine le plafond. Puis, après avoir ôté et plié soigneusement le chemin de table au crochet, elle le rangeait soigneusement dans son petit confiturier en merisier. Elle posait ensuite une grosse soupière fumante et odorante dès qu'on en enlevait le couvercle. Il y avait un petit morceau de lard au milieu de trois ou quatre pommes de terre, la moitié d'un chou frisé et parfois même quelques jeunes fèves toutes tendres, cuites dans leur cosse. Ce bouillon avait un fumet incomparable.

83

Le café du Pont

Mémé dépliait alors un gros torchon écru et en sortait une imposante miche de pain légèrement rassie qu'elle calait contre sa poitrine. De la pointe de son gros couteau à manche noir, elle traçait un signe de croix sur la face plate du pain quand ce dernier n'était pas entamé. Puis, d'un geste sûr et franc, elle prélevait deux larges tranches découpées en sifflet, d'au moins cent grammes chacune. Après les avoir couchées au creux des assiettes calottes ornées d'une tulipe rose, elle versait dessus l'odorant bouillon. Nous dégustions en silence, hormis quelques chuintements qui formulaient de douloureux « ché chaud », jusqu'à ce que l'assiette retrouve son aspect initial, la belle tulipe rose, propre comme un sou neuf. Les légumes faisaient l'objet d'un deuxième service. Les pommes de terre écrasées agrémentées d'un filet d'huile attisaient encore ma gourmandise : j'adorais ce plat simple et si goûteux.

Mémé avait trois arguments imparables pour m'inciter à me précipiter chez elle. Elle me disait : « Si tu viens, je t'emmènerai à la mouline, on ira aux pradélets » ou « Je te ferai une millassine ou des crêpes » ou « Je te ferai un touraing ».

Ah ! le touraing à l'ail de mémé ! Papa n'y résistait guère et moi non plus, bien sûr, lorsqu'elle venait en mitonner un au café. Ce blanc d'œuf durci et le jaune cru qui avait auparavant lié son délicieux bouillon, avec cette pointe de divin vinaigre que mémé seule possédait... Comment résister à pareille damnation ? Heureux tous ceux qui n'ont pas connu le touraing de mémé, ils n'ont jamais eu à le regretter...

Après la soupe et les légumes, mémé laissait planer un savant suspense. Elle avait le sens d'une dramaturgie bien construite dont j'étais évidemment l'innocente et bienheureuse victime. Elle savait ménager ses effets.

— Eh bé !... on a bien mangé, eh mon pitchou ?

Elle formulait négligemment cette phrase assassine, qui laissait présager l'interruption de nos agapes. Dix bonnes

Parfums d'enfance

minutes après avoir ingurgité son délice de soupe, certes, mais après une harassante journée de cueillette, j'aurais encore avalé une truie au four et ses petits autour !

— Mais mémé, tu ne m'as pas fait une millassine ?

— Eh bé non mon petit, je n'ai pas eu le temps, tu l'as bien vu... La Jeanne qui est si bavarde m'a tenu la jambe, Albertine m'a demandé de l'aider à ranger ses cabécous...

Dépité le Pierrot, abattu complet. La tête que je devais faire !

— Té, je vais allumer la lampe à acétylène, ça fera plus gai que la lampe Pigeon.

Elle trottinait jusqu'à la souillarde, rapportant d'une main une lampe qui diffusait un joli et puissant éclairage bleuté et, de l'autre, un grand moule rond en fer noirci dont les bords ondulés ne dépassaient pas trois centimètres de hauteur. La sublime millassine dorée de mémé illuminait mille fois plus la pièce que la lampe à acétylène. La délicate touche de fleur d'oranger, son attirante couleur jaune-brun, l'inégalable onctuosité de ce bouquet de saveurs au sucre vanillé et à l'imperceptible parfum de rhum ambré me faisaient littéralement saliver à l'avance. Que dire aussi de cette cuisson parfaite qui rendait la texture si moelleuse que j'en aurais pleuré de bonheur ? Dès l'instant de la première bouchée, le temps s'arrêtait. Mémé, sans un mot, suivait du coin de l'œil la moindre de mes réactions gustatives. L'indispensable petit signe de jubilation qu'elle décelait chez moi était sa suprême récompense.

— Mémé, murmurais-je gravement sur le ton de quelqu'un qui annoncerait le déclenchement de la troisième guerre mondiale, elle est encore meilleure que la dernière fois !

Après que nous avions avalé l'incontournable bol de tilleul pour mieux dormir, mémé disparaissait dans la souillarde pour y enfiler son costume de nuit. Débarrassée de ses sempiternels tabliers longs de satinette noire et jupons blancs, elle revenait vêtue d'une longue chemise en drap

Le café du Pont

écru qui lui tombait jusqu'aux chevilles. Elle ôtait d'abord une armée d'épingles avant de libérer la somptueuse crinière soyeuse qu'elle avait nouée en chignon. Une avalanche de superbes cheveux lui dévalait alors jusqu'au bas des reins. La première fois, ce spectacle inattendu me stupéfia littéralement. Armée d'un immense peigne de corne grise à grosses dents largement écartées, la tête penchée en avant, elle démêlait consciencieusement ses beaux cheveux noirs. D'un grand mouvement, elle rejetait soudain sa tignasse en arrière puis, s'inclinant de nouveau, en un geste de jeune fille, achevait son ouvrage en finissant de peigner les côtés.

— Comment ça se fait qu'ils sont si longs, mémé, tu ne les as jamais coupés ?

— Jamais ! Sinon les pointes fourchues que je brûle de temps en temps ; ça leur fait du bien. Je ne les ai jamais lavés qu'une fois par semaine avec du savon de Marseille et rincés avec du vinaigre. C'est ça qui les garde souples...

Le lendemain matin, j'étais réveillé par le jour qui filtrait à travers les volets ou plus souvent par le fumet du café au lait et à la chicorée que m'avait déjà préparé mémé. L'odeur de la grosse tartine de confiture de prunes qu'elle avait confectionnée pour moi me propulsait hors du lit.

— Mémé, j'ai faim !

— C'est bien mon Pierril, prends des forces. Il est déjà cinq heures, on va descendre à la mouline, il doit y avoir des pradélets qui sont sortis avec la rosée.

Les pradélets (bien prononcer le *t* et le *s*) sont des petits champignons au chapeau blanc, striés en dessous, à la chair rosée ferme et délicate, occultée par un petit voile blanc lorsqu'ils sont très jeunes ; ronds, ils ressemblent à de petites balles de ping-pong. C'est dans cet état qu'il est préférable de les déguster cuits en persillade ou crus, avec un nuage d'huile d'olive et un filet de citron. Les gens civilisés

86

Parfums d'enfance

les nomment « rosés des prés » ou tout simplement « rosés ». Mémé, elle, ne les a jamais appelés autrement que pradélets.

C'est donc très tôt, après avoir englouti une dernière tartine de confiture de quetsches, que, le panier à la main, nous partions résolument mémé et moi vers le chemin de la mouline. Canif en main, nous allions arpenter les prés à un kilomètre à peine au-delà du Gravil, dernier quartier pentu de la ville, avant la plaine qui descend vers la Garonne.

La campagne, en ce temps-là, était loin d'être dégradée par la pollution qui semble si naturelle aux enfants d'aujourd'hui puisque, hélas pour eux, ils n'ont jamais connu autre chose. Les prés, d'un joli vert, étaient piqués de centaines de ces petites boules fermes et odorantes lorsqu'on les fait sauter dans une poêle. Elles avaient tout bonnement l'air d'attendre les premiers qui les cueilleraient. Mémé, qui m'avait offert mon premier canif, m'avait appris la façon de couper et de nettoyer un champignon. Avant d'en déposer un dans son panier, il est indispensable de tenir le côté bombé vers le haut, afin de débarrasser l'extrémité de son pied de la terre qui souillerait les autres. Conseil très utile que je mis amplement à profit depuis, lors des nombreuses cueillettes de cèpes, de girolles, d'oronges, de rosés ou de trompettes-de-la-mort que je fais tous les ans avec mon ami Bernard Gaillard – fin mycologue s'il en est ! – dans toutes les forêts de France et de Navarre. Mémé m'apprit de même à tapisser de mousse le fond de mon panier, afin de ne pas blesser les chers trésors et de préserver leur fraîcheur. Après une abondante récolte cachée sous un linge fin, nous croisions sur le chemin du retour les cueilleurs paresseux. Ils partaient tout droit à sept heures du matin, au beau milieu des prés que nous avions arpentés et délestés des fameux pradélets si convoités. Mémé disait alors, triomphante et en souriant malicieusement :

87

Le café du Pont

— Tu les vois ces couillons ? Après nous, ils ne trouveront rien !

Je rentrais le soir à la maison, harassé mais fier de rapporter à maman un gros panier de pradélets et une demi-douzaine de petits cabécous frais qu'Albertine m'avait troqués contre une poêlée de rosés.

— Viens dormir mercredi prochain, me disait mémé avant que je ne la quitte, je crois que le temps va se mettre à la pluie ; il y en aura sûrement de nouveaux qui auront poussé et tu sais bien qu'on doit les cueillir tout de suite. Mais, jeudi après-midi, s'il a plu, il se pourrait bien qu'on aille aussi aux escargots. Nous ne rentrerons pas trop tard, pour me laisser le temps de faire le souper.

Depuis quelques mois déjà, si j'allais régulièrement passer mes jeudis chez mémé, je devais me rendre non moins assidûment tous les dimanches matin jusqu'au boulevard Flamens, dans le quartier Saint-Jean. C'est là, non loin de l'école communale, que je prenais chez M. Delrival une heure de leçon de ce saxophone que papa aimait tant. Ce brave et gentil « vieux monsieur » – il devait bien approcher la cinquantaine ! – m'initiait au douloureux apprentissage du solfège, que je devais chanter en battant la mesure avec la main, durant la première demi-heure de leçon. Le reste de l'heure, j'avais le droit de faire des gammes et des arpèges sur mon instrument. Le solfège était loin d'être drôle tous les jours. Les croches, doubles ou triples ne me plaisaient pas davantage que les bémols, les dièses, les pauses ou les soupirs. Je les ingurgitais cependant. Papa ne m'avait pas laissé le choix. Il connaissait la musique lui-même et il m'était difficile à la maison de tricher en solfiant à voix haute les notes de mon cahier posé sur le pupitre. Ce pensum, car c'en était un, durera jusqu'à mes quatorze ans.

Parfums d'enfance

Noël au balcon, Pâques au goujon ! J'avais tronqué ainsi ce dicton fameux, tant j'appréciais la pêche au goujon, et tant j'aimais jouer avec les mots. À partir de sept ou huit ans, le jour de Pâques et son lundi, après avoir fini mes devoirs, je pêchais du matin au soir dans le canal, à moins de deux cents mètres du café. Afin qu'ils soient plus savoureux encore à déguster j'emportais, quand j'y pensais, un petit seau de lait pour y mettre vivants les moustachus dont la chair deviendrait encore meilleure dans l'attente d'être dégustés le soir en friture dorée. Ces imprudents venaient mordre à l'hameçon numéro 16 que j'attachais moi-même au bout d'une soie de dix centièmes. J'avais un paquet entier de ce fil de pêche en réserve dans la poche de mon short, ainsi qu'une petite boîte de plombs et, bien entendu, des bouchons. Il n'était pas rare en effet qu'une carpe, une tanche ou une anguille, dépassant le kilo, vous emportât goulûment à la fois hameçon et ver de terre. La grosse bestiole vous délestait par la même occasion de la bannière – comme l'appelait papa (le fil, en réalité) –, équipée de son flotteur et lestée de deux ou trois grains de plomb irrémédiablement perdus au fond de l'eau. Ce petit bouchon, sans lequel mon plaisir de pêcher n'eût pas été le même, s'appelait le Toulousain. Il était fait d'une boulette en liège de la grosseur et de la couleur d'une guigne, que traversait une sorte de cure-dent en bois autour duquel était gainé, sous l'écarlate griotte, un petit cylindre de liège s'amenuisant vers le bas. Son hypersensibilité me permettait de détecter la moindre touche, la plus petite piquée, ainsi qu'on dit dans le Sud-Ouest. D'une douce mais ferme ferrée, j'amenais hors des flots le frétillant goujon. Je décrochais délicatement de sa lèvre épaisse (en fait il est pourvu d'une sorte de museau) le terrible numéro 16, au bout duquel le petit ver rouge aguicheur s'était frénéti-quement entortillé.

De chair ferme et presque sans écailles, de couleur grise, moucheté des ouïes à la queue, le goujon est toujours de

89

Le café du Pont

petite taille. Les plus gros dépassent rarement la longueur d'un index. Il est très friand de ces petits vers de terre rouges qui ne doivent pas dépasser deux ou trois centimètres. Si le gardon, la brème ou la carpette sont effrayés au moindre bruit, lui, en revanche, est curieux de tout. On jette dans l'eau la moindre poignée de terre émiettée à cinquante centimètres du bord et le voilà qui accourt, toutes nageoires dehors. Il veut voir ce qui se passe. Quel est ce casse-croûte qui me tombe du ciel ? Gloup ! Par ici la bonne soupe. Immersion immédiate dans le seau de lait. Il y vivra aisément son sursis, jusqu'au cruel moment où il sera sacrifié dans la poêle de maman. Il aura été au préalable vidé, écaillé, égoutté et légèrement enfariné avant d'être jeté dans l'huile bouillante et d'en ressortir tout doré.

Je comptais toujours fièrement mes prises devant papa, espérant toujours battre mon précédent record, voire le sien ou celui de mon petit frère Jeannot qui commençait à pêcher lui aussi.

J'emmenais souvent ce dernier avec moi, mais il était loin d'avoir autant de patience. Bien que manifestant encore sa nervosité en certaines occasions, il est devenu depuis un bien meilleur pêcheur qu'il ne l'était en sa jeunesse.

— J'en ai fait presque cent dix, papa... hier, je n'en avais que quatre-vingt-quinze !

Celui qui n'a jamais savouré une friture de goujons n'a que peu de chances de connaître aujourd'hui ce divin plaisir du palais.

La mer n'a pas le monopole des exquises pollutions avec lesquelles nous sommes à présent familiarisés. Les rivières, les ruisseaux sont sans doute dans un état encore bien pire, en supposant que cela soit possible. Ce petit poisson à moustaches a besoin d'eau pure et courante, ce qui est de moins en moins fréquent de nos jours. Ce n'est qu'après une longue période studieuse puis quelques années de galères dans l'apprentissage du métier de chanteur que j'ai renoué

Parfums d'enfance

avec la dégustation de fritures de goujons dans le prestigieux établissement de mon doux et regretté ami Alain
Chapel. Il ne nous accueillait jamais dans son exceptionnelle demeure à Mionnay sans nous offrir à mon épouse
Rebecca et à moi-même ces précieux petits poissons qu'il
avait spécialement fait pêcher pour nous dans les Dombes
lyonnaises. Notre si talentueux, fidèle et tant regretté ami
Bernard Loiseau à Saulieu nous procura lui aussi bien des
fois – tout comme mes amis les grands chefs Georges Blanc
ou Jacques Lameloise – de semblables émotions. Je dois mes
dernières pêches et dégustations de ces chers petits à mon
collègue et ami Laurent Gerra. Ses parents ont une rustique
et confortable propriété dans le pays bressan. Le ruisseau à
goujons traverse leur domaine. Le rêve ! Laurent et moi,
une petite canne à pêche à la main, nous avons jubilé tout
un après-midi d'été, les pieds dans l'eau, et sorti une bonne
centaine de moustachus que nous avons gardés vivants dans
un seau d'eau en attendant de les déguster le soir, avec le
frais mâcon blanc. Nous agitions de temps en temps les
pieds dans la vase pour attirer ces incorrigibles curieux.
Derechef, ils accouraient en bande pour dévorer l'asticot
qu'on leur plaçait sous le nez ! Plus vorace tu meurs !... et
c'est ce qui arrivait en effet aux pauvrets incapables de
mesurer leur gloutonnerie.

Il est dans notre métier certains confrères (?) qui pour
atteindre le nirvana ont besoin d'une petite ligne. La nôtre
– pas vrai, Laurent ? – suffit à notre bonheur. Comme dit
l'autre, chacun son trip.

Les colos – Montjoi

Pour l'heure, la fin de ce mois de juin 1942 mettait un point d'orgue à l'année scolaire. Les grandes vacances approchant, on me parlait beaucoup à la maison de colonies de vacances. J'en ignorais encore les bienfaits et les saveurs, mais en regard du gris quotidien que nous offrait la perspective de l'occupation allemande, toutes les séduisantes descriptions de papa et maman m'avaient convaincu sans mal. Le curé de l'église Saint-Sauveur, l'archiprêtre Germain Pécharmant, avait promis à papa, dont il était l'ami, de m'inscrire sur la liste de ces colos, qu'il organisait à Montjoi, bien que je ne fasse pas partie de sa paroisse (ils s'étaient rencontrés avant la guerre, au cours d'agapes qui suivaient rituellement les soirées de théâtre données au profit d'œuvres de bienfaisance ; le curé, qui n'avait pas froid aux yeux, était tout aussi friand des histoires croustillantes racontées par papa que des choux à la crème qui clôturaient le repas). Je partis donc le cœur léger vers mes premières colonies à Montjoi, un dépaysement total à... vingt-cinq kilomètres de notre café ! Un tremblement de terre secouait ma vie. J'allais avoir huit ans !

Sur la place de la halle, les enfants attendaient le car. Certains chahutaient bruyamment avec leurs copains. D'autres, qui pour la première fois s'éloignaient de leurs parents, ne quittaient guère le petit périmètre occupé par leur maman depuis leur arrivée matinale. Quelques mères,

Parfums d'enfance

le front un peu soucieux, parlaient entre elles, pour se rassurer.

— Il paraît, d'après les enfants du voisin qui y étaient l'année dernière, que l'endroit est très accueillant.

— Il y a du bon air, et ils y sont bien nourris, ça aussi, ça compte par les temps qui courent !

— On dit aussi que les abbés sont très gentils. Il y a en plus deux moniteurs, paraît-il, cette année, qui sont imbattables pour organiser des tas de jeux et leur raconter des histoires. Ils leur apprennent même à nager. En somme, ils nous remplaceront un peu, quoi !

Plus l'heure de la séparation approchait, plus l'inquiétude maternelle augmentait.

— Et s'ils avaient une rage de dents, une carie par exemple, qu'est-ce qu'ils feraient, là-bas, dans ce trou perdu ? Vous pensez bien qu'il n'y a pas de dentiste ! Il y a tout juste un boulanger et une petite épicerie, à c'qu'on dit.

— Il paraît qu'une des cuisinières connaît bien les herbes. Elle a déjà guéri des enfants avec les simples... pour le mal au ventre ou le mal à la tête, que sais-je, enfin, c'est mieux que rien ! Et puis, si un enfant est vraiment malade, ils nous préviendront, c'est l'évidence même, tiens, pardi !

Afin d'effectuer ce « long voyage » sans être tenaillés par la faim, certains enfants, pour rassurer leur mère et surtout pour ne plus entendre ses conseils répétitifs, engloutissaient tout ce qu'ils pouvaient. Ils avaient probablement déjà avalé avant de quitter la maison un grand bol de lait et la tartine de confiture de cette sorte de raisiné un peu écœurant dont il fallait bien se contenter. En cours de route, d'aucuns regrettèrent amèrement d'avoir surchargé leur estomac. Le chauffeur effectua son premier arrêt vers le dixième kilomètre. Telle une volée de moineaux, les enfants, une main sur la bouche, s'égaillèrent dans la nature. Ils vomirent copieusement, firent pipi en comparant leurs jets et tout rentra dans l'ordre.

Maman et mémé m'avaient accompagné jusqu'au car non

Le café du Pont

sans m'avoir fait mille recommandations capitales : « Économise tes biscottes, sinon tu auras vite fini ton paquet. » Maman, par je ne sais quel tour de passe-passe, avait en effet réussi à dénicher un paquet de biscottes. En ces temps de draconiennes restrictions, cela tenait du miracle.

Maman avait aussi récapitulé – pour la dixième fois au moins – le nombre de shorts, maillots (on ne connaissait pas encore le tee-shirt !), serviettes, gants de toilette, etc., sur lesquels elle avait cousu mes initiales en rouge sur une petite étiquette blanche. J'avais calculé que durant ce mois de vacances j'aurais assez de biscottes pour en déguster une et en offrir une chaque jour à mon copain François Muñoz qui de son côté partageait avec moi une demi-bille de chocolat prélevée sur les tickets de sa ration mensuelle. J'avais eu un peu mal au cœur dans le car mais, par timidité, je n'avais rien dit comme souvent par la suite, lorsque la douleur ou le chagrin viendraient frapper à ma porte.

La colo de Montjoi était aussi magnifique que le village : un bâtiment de pierre blanche tout en longueur, coiffé de tuiles romaines et abrité par un immense tilleul ; à l'intérieur, une bonne trentaine de petits lits en fer, fort proprement aménagés, alignés de chaque côté, sur un plancher déjà plus tout neuf. C'était le *dortoir*, mot que je ne connaissais pas. Tous les vocables nouveaux m'émerveillaient de plus en plus. Je découvris le même jour le petit *cellier*, où l'on gardait les barriques de vin au frais, à l'ombre de murs épais. Il y avait aussi le *réfectoire*, lieu béni dans tous les sens du terme où, trois fois par jour, assis sur de larges bancs, une tripotée d'affamés s'attablaient pour dévorer tout ce qu'on leur proposait. Les grosses miches de cinq kilos de pain du boulanger du village, pourtant débitées en grosses tranches, disparaissaient en un clin d'œil. Nous mangions avec ce pain du riz, des pâtes, des lentilles à la saucisse, des choux avec des couennes, du cassoulet – sans confit d'oie – fait de haricots et de plats de côtes de porc, ou même du ragoût de bœuf (!), et – pourquoi pas –, pour achever

Parfums d'enfance

ces repas de fête, de ce tapioca au cacao dont je raffolais !
Où les curés trouvaient-ils ces victuailles en ces temps où
l'on faisait la queue des heures durant devant les boucheries
pour obtenir trois cents grammes de viande ? Il est vrai
qu'ici, ne l'oublions pas, nous étions en pleine campagne.
Les trois abbés – faisant office de moniteurs – et l'aumônier
chargés de veiller sur cette poignée d'âmes (uniquement
des garçons, soit dit en passant, la mixité n'étant pas
admise) étaient attentifs et dévoués au-delà de l'imaginable.
Notre quotidien était sans cesse nourri d'activités les plus
diverses, de loisirs infinis, de jeux, de baignades, de longues
promenades sur les blancs chemins crayeux écrasés de
soleil...

« Surtout que personne n'oublie son chapeau »,
entendait-on dix fois par jour !

Dès sept heures du matin, juste après le deuxième « allez,
debout les petits paresseux », nous courions faire notre toilette en bas de la prairie pentue où coulait la fontaine. L'eau
de source transparente d'un bassin en partie envahi par le
cresson nous réveillait complètement tant elle était vivi-
fiante. Nous nous brossions les dents, en retrait, sans salir le
bassin de la source, et nous nous projetions de grandes
bolées d'eau sur le visage, les deux mains réunies en
conque. Les plus affamés se précipitaient ensuite vers le
réfectoire. Si nos parents nous avaient vus dévorer ainsi les
tartines de confiture d'abricots, ils eussent sans doute été
moins inquiets de cette première séparation. Les restrictions
imposées ici étaient tellement plus supportables que les
leurs !

Malgré cela, nous demeurions en permanence affamés
comme de jeunes loups.

Les baignades dans la Séoune, les jeux de nuit et la si
belle journée de marche que nous effectuâmes jusqu'à la
ferme du frère de l'abbé Badoch font sans aucun doute
partie de mes plus jolis souvenirs de colonies de vacances.

Plus de dix kilomètres séparaient la colo de la ferme où

Le café du Pont

nous nous rendions ce jour-là. Nos chapeaux de paille sur la tête, nous étions partis l'après-midi, à pied, vers quatorze heures, tout de suite après le « dîner ».

Il devait faire pas loin de quarante degrés au cœur de ce mois de juillet. Le soleil brûlant n'avait toutefois pas réussi à faire mûrir toutes les prunes des arbres qui bordaient notre balade. Le fait qu'elles soient encore un peu vertes et toutes chaudes ne nous empêchait guère de nous gaver tout au long du chemin de ces prunes noires, « à cochon » comme on les appelait, ainsi que de petites pommes sauvages acides. Afin que la route nous parût moins longue, les abbés l'avaient balisée de petits messages secrets cachés sous les pierres voyantes ou au creux de quelque vieil arbre. Des indices peu difficiles à détecter nous guidaient dans notre toute nouvelle vocation de fins limiers. Des flèches, des codes, des signes cabalistiques devaient à coup sûr nous mener jusqu'au trésor. Curieusement, je n'ai pas le moindre souvenir de ce que pouvait être ce fameux trésor. Peut-être parce que je ne l'ai jamais découvert ? Après ces passionnants jeux de piste entrecoupés par la dégustation de trop de fruits sauvages, nous arrivâmes enfin, vers les sept heures du soir, exténués, chez le frère de l'abbé. Ils se ressemblaient comme deux gouttes d'eau.

Notre hôte, souriant, nous avait fait préparer par son accorte épouse une immense marmite de ratatouille largement parfumée de thym et de laurier. Nous en perçûmes le fumet en passant près de la cuisine pour nous rendre à l'étable. Il tenait à tout prix à nous présenter ses vaches dont il était si fier.

— Vous boirez leur lait demain matin et vous m'en direz des nouvelles... et le beurre, donc ! Vous le goûterez aussi. Nous en faisons juste pour nous.

Ces braves gens ne se doutaient pas encore qu'ils en feraient bientôt profiter les maquisards de la région.

En attendant, après avoir dévoré une ventrée de ratatouille et avant d'attaquer les confitures de prunes et de

Parfums d'enfance

pêches de vigne, nous engloutîmes une bonne vingtaine de petits cabécous dont la saveur m'évoquait ceux d'Albertine, la voisine de mémé. Puis l'abbé Albugue nous guida jusqu'au « dortoir » situé dans le grenier de l'étable. Rempli de foin, il dégageait un parfum si fort qu'il nous montait à la tête. L'abbé se tenait les côtes de rire devant nos mines ahuries et nos yeux qui cherchaient en vain des lits...

— Eh bé... on va dormir où, nous ?

— Eh bien ici, justement, disait-il, le fou rire s'accentuant.

À peine couchés dans le foin, nous redescendîmes prestement l'échelle de meunier. Traversant l'étable au pas de course, nous eûmes tout juste le temps de baisser nos culottes pour éviter le désastre provoqué par les chaudes prunes vertes de l'après-midi. Un véritable concert de gémissements et de différentes musiques plus ou moins mélodieuses fut gratuitement donné en plein champ ! Les adultes du lieu, spectateurs privilégiés de ce divertissement inattendu, étaient si secoués de rires que nous les entendions encore en nous endormant dans le foin éparpillé dans tout le grenier. Nous nous réveillâmes le lendemain vers sept heures du matin, la tête dans un étau. Dormir dans le foin, c'est connu, donne des migraines épouvantables. Il vaut mieux y batifoler. Cela dure moins longtemps, mais c'est autrement plus agréable. Cela, je ne l'appris que bien des années après !

De notre si jolie colo, il fallait descendre presque un kilomètre de sentiers tortueux pour parvenir à une petite rivière appelée la Séoune. À quatre heures et demie de l'après-midi, nous partions quotidiennement nous baigner sous l'œil vigilant des abbés, prudents mais efficaces moniteurs de natation. Nous pataugions à grands cris dans cette eau claire, en nous aspergeant copieusement. C'est là que j'appris à faire mes premières brasses. Je me perfectionnerais plus tard dans le canal si propre en ce temps-là, lui aussi, puis dans la Garonne qui, à juste raison, effrayait à

Le café du Pont

cause de ses traîtres tourbillons. Ils furent du reste trop souvent fatals aux nageurs imprudents qui, l'été, par pure gloriole, voulaient montrer à tout prix aux autres baigneurs qu'ils pouvaient, eux, traverser la rivière au beau milieu du courant.

M. Armand avait rejoint notre petite colonie trois ou quatre jours après notre arrivée. C'était un ami des abbés qui devait avoir à peine la quarantaine. Il était doux, apparemment heureux et à l'aise, malgré sa cécité. Tous les enfants l'adoraient. De caractère enjoué, c'était un conteur-né, ce qui l'incitait à nous offrir chaque jour au retour de la baignade une histoire extraordinaire. Imbattable pour faire monter l'intensité dramatique de son roman parlé, il avait une maîtrise totale des récits à suspens qu'il inventait probablement au fur et à mesure. Parvenu au paroxysme de notre curiosité, de ce qu'il allait advenir du héros en si effroyable posture, il interrompait soudain son récit pour lancer, presque négligemment : « Je vous en raconterai un peu plus demain ! » C'était un supplice d'attendre le lendemain, cela nous paraissait tout bonnement inhumain. Mais le lendemain, abrégeant parfois notre baignade, nous étions tous là, pantelants de curiosité et l'implorant de nous raconter la suite.

Ce que l'on appelait les jeux de nuit, dans la campagne environnante, nous effrayait et nous fascinait à la fois. La toute première fois, sans avoir été prévenus, nous fûmes réveillés par l'abbé. De son lit, caché au fond du dortoir derrière une couverture tendue qui servait de cloison, l'abbé Albugue était censé nous surveiller. Sa tâche n'était guère éprouvante, car la tête sur l'oreiller, nous nous endormions aussitôt – comme lui, sans doute –, tant nos journées mouvementées nous épuisaient. Il était minuit, la cloche de l'église en faisait foi, égrenant ses douze coups.

— Debout tout le monde ! Allez, allez, levez-vous... nous avons du pain sur la planche !

Première fois que j'entendais cette expression.

Parfums d'enfance

— Écoutez bien : voilà, les enfants... on vous sort du lit parce qu'on a besoin de vous. Blanchette a disparu. Elle a certainement été kidnappée.

— C'est quoi kidnapper, monsieur l'abbé ?

C'est moi qui posais la question.

— C'est enlever, c'est voler. Eh oui, on nous a volé Blanchette et il faut absolument que nous la retrouvions !

Cette nouvelle était pour chacun de nous une terrifiante catastrophe !

— Dans le noir ? demanda François, la voix tremblante d'angoisse.

— Généralement la nuit il fait noir, c'est vrai, mais nous bénéficions ce soir du clair de lune, ne vous inquiétez pas. Nous partirons par groupes de quatre. Il y aura une lampe de poche pour chacun des groupes qui ne devront pas s'éloigner les uns des autres. Il faudra chercher partout. Dans les plaines, les haies, dans les bois... partout !

Blanchette, comme son nom l'indique, était une chevrette toute blanche que nous chouchoutions tous à longueur de journée. Nous lui apportions ces petites pommes sauvages acides qu'elle adorait, ainsi que les fanes de carottes que Mélie la cuisinière nous gardait de temps en temps contre une bille de chocolat pour son petit.

Les abbés, qui avaient soigneusement préparé cette équipée nocturne, avaient cette fois aussi grandement facilité nos investigations en semant un peu partout les même fameux indices que ceux de la course au trésor qui nous plaisait tant.

À l'intérieur de chaque groupe, nous commençâmes à nous disputer pour savoir lequel d'entre nous allait tenir la torche électrique. Ce grave problème résolu, nous étions prêts à affronter bravement le danger à la poursuite des kidnappeurs. Nous ne tardâmes pas à découvrir, accrochées aux buissons, des touffes entières de poils blancs arrachés et sanguinolents. À la lueur des torches, leur couleur rouge nous glaça le sang. Sous nos pas, la quantité de branches

Le café du Pont

cassées témoignait amplement de l'héroïque résistance de l'infortunée Blanchette. Les abbés avaient fait fort dans la vraisemblance.

Excités et terrifiés à la fois, nous traversions sous le pâle clair de lune des champs, des bosquets et des garrigues, faisant s'envoler les oiseaux sur notre passage. Sans nous en rendre compte, nous étions téléguidés par les moniteurs et l'abbé, qui avaient pris une voix angoissée pour la circonstance. Avions-nous fait fuir les « kidnappeurs » ? Nous retrouvâmes Blanchette ficelée comme un saucisson au pied d'un saule creux qui bordait un ruisseau. Couverte de sang – en réalité, largement peinturlurée de mercurochrome –, la pauvre bête poussait des bêlements désespérés qui nous brisaient le cœur. Nous nettoyâmes nous-mêmes une partie des « plaies » à l'eau oxygénée (décidément, les abbés avaient pensé à tout !), puis ramenâmes, triomphants, Blanchette en son étable. Il était presque deux heures du matin. Pour la circonstance, elle eut droit à une fraîche litière et à une biscotte que François lui offrit généreusement sur ma réserve personnelle. Le jeu était terminé. Nous étions des héros, mais comme disait l'abbé, nous avions « frôlé la catastrophe » ! Le lendemain matin, nous eûmes droit à une grasse matinée : on nous réveilla à huit heures !

Les journées à Montjoi me semblaient bien courtes. Le matin, après les ablutions à la fontaine, nous dévorions le copieux petit déjeuner dans le réfectoire qui fleurait bon le gros pain coupé et le bois des poutres aux senteurs « liturgiques ». Ces sensations sont encore si présentes en ma mémoire. Les odeurs !... Celle de la petite église, où, conduits par les abbés, nous allions assister à l'office du dimanche matin. Celles des chaises paillées et des bancs qui sentaient si bon la cire d'abeille. Il flottait aussi dans l'air un vague parfum d'encens et d'habits du dimanche, de naphtaline et de chasubles d'enfant de chœur. En sortant de la messe, l'odeur du fournil du boulanger, situé à dix mètres de là, et de ses petits pains, était bien différente de

Parfums d'enfance

celle des grosses meules. Un peu plus loin, il y avait l'odeur de l'épicerie et celle de l'épicière qui rappelait vaguement le santal ; celle de son tablier neuf et celle de ses mains, qui sentaient le bonbon anglais. Il me souvient aussi de cette odeur tenace de foin coupé sur le sentier menant à la Séoune, de la forte menthe sauvage, de l'armoise et des fleurs de sureau, au parfum sucré et un peu entêtant. L'odeur du suc des cannes de noisetiers, lorsque nous les blessions de nos canifs, me rappelait celle des noix fraîches d'octobre. Et le fumet du bouillon de poule de Mélie ou celui de son bouilli de bœuf était presque meilleur que celui de maman, que je croyais pourtant inégalable.

L'emploi du temps de nos journées à la colo était toujours incertain. Dès le matin, le rassemblement par équipes au pied du grand mât définissait les grandes lignes du programme de la journée. Hormis cela, irions-nous entreprendre de sculpter un serpent autour d'une branche de noisetier soigneusement choisie pour en faire une canne bien droite et personnalisée ? Ferions-nous, François et moi, une séance de plante-couteau (avec un canif !) sur le tilleul centenaire qui ombrageait le dortoir ? Jouerions-nous aux osselets ? Ou bien passerions-nous la matinée à choisir des billes vernies de toutes les couleurs chez l'épicière, après avoir fait une halte chez le boulanger à l'entrée du village ?

Ce boulanger, son pain était si délicieux qu'il n'avait évidemment rien de commun avec celui que nous mangions chez nous. François et moi ne pouvions résister au plaisir de nous offrir un morceau de « surpoids » que nous dégustions sur place, dans son fournil. Nous lui proposions pour cela un ticket qu'il nous refusait toujours. Ce morceau ainsi baptisé correspondait en fait aux trois ou quatre cents grammes ajoutés, par exemple, à une miche ronde qui n'avait pas tout à fait atteint ses cinq kilos, lors de sa confection. En ce temps-là, rares étaient les clients qui faisaient cadeau de cet appoint au boulanger. Ce dernier prélevait alors tout simplement deux grosses tranches dans une

101

Le café du Pont

miche dorée qu'il entamait pour nous et qu'il baptisait surpoids. Il était si heureux de nous voir aimer son pain qu'il
nous disait ensuite :

— Tenez, les enfants, ces tranches, c'est moi qui vous
les offre !

L'épicière était une vieille fille à la trentaine bien tassée.
Pour nous presque une personne âgée. Discrètement
accueillante, elle était vêtue en permanence de robes noires
en satinette à fleurettes mauves. Sans être particulièrement
jolie, elle était comme sa voix, douce et séduisante. D'un
sourire amusé, elle nous sortait la marchandise de ses
casiers, de ses tiroirs ou de sa petite vitrine avec une angélique patience qui ne modérait évidemment en rien notre
curiosité. Nous résistâmes François et moi au rouleau de
Zan enroulé autour d'un petit bonbon vert en forme de
petit pois mais pas au fagot de six bâtons de réglisse que
nous adorions mâchouiller toute la journée. Dix billes pour
chacun nous coûtèrent dix sous. La gentille épicière en
ajouta quatre en cadeau. Mes dernières économies disparurent chez elle. La veille du retour à la maison, je m'étais
enfin décidé à rapporter à papa et à maman la grotte de
Lourdes ornée de sa Vierge, sous une sorte de petite cloche
en verre fermée hermétiquement. Quand on la retournait,
il neigeait miraculeusement sur ce prestigieux édifice et cela
était tout bonnement magique. François me dit, de l'air
sérieux qui convenait pour m'ôter tout regret de mon inves-
tissement :

— C'est vachement beau, Pierrot, tels que je connais tes
parents, sûr que ça va drôlement leur plaire !

En ce qui concerne le chapitre des bêtises, nous en faisions bien évidemment plus qu'à notre tour. Et parfois
même de grosses. Pour notre grand bonheur, elles n'eurent
heureusement jamais d'écho en dehors de la colonie.
François était chargé par les abbés de tirer le vin rouge au
robinet de la barrique du cellier, avant de leur rapporter les
bouteilles pleines au réfectoire et de leur rendre la clef ;

Parfums d'enfance

mais souvent il oubliait, et eux aussi. Un jour, voulant faire goûter à deux ou trois de nos copains le jus des vignes du Seigneur, il imagina de m'enfermer dans le cellier afin de faciliter l'opération.

— Tu sais bien soutirer le vin, toi, me dit François.

Bien sûr que je savais. François n'ignorait pas qu'au café papa m'avait appris à aspirer suffisamment fort dans un tuyau en contrebas du tonneau afin d'y remplir les bonbonnes qui approvisionnaient les mariniers.

— Mais que veux-tu que je fasse au juste ?

— Eh bien, tu vas siphonner le vin dans le cellier, et tu passeras le tuyau par le petit vasistas à barreaux qui est au ras du sol, et nous, de l'autre côté, on pourra boire. Et toi aussi, bien sûr, tu boiras si t'en as envie, à l'intérieur... et après, on t'ouvre et on se retrouve tous dehors ! C'est plutôt marrant, non ?

Je ne suis pas sûr, rétrospectivement, que ce mot ait été le mieux choisi pour résumer le caractère de l'opération.

Ils ont tellement tété ce maudit tuyau de caoutchouc qu'ils étaient fin rétamés tous les trois ! Pas un seul n'avait trouvé la force de tourner la clef dans la serrure pour m'ouvrir la porte. Ce n'est qu'au moment de se rassembler pour la baignade que quatre absents d'un coup créèrent un certain affolement dans le champêtre Saint-Sépulcre.

Nous avons été privés de dessert et de course au trésor (que nous adorions) durant une semaine. L'angoisse de se demander si nos parents seraient mis au courant fit certainement partie du reste de la punition. Ces derniers ne surent fort heureusement jamais rien de nos exploits.

Ils ne furent jamais informés non plus, quelque deux ou trois ans plus tard – toujours à Montjoi –, de la fugue que nous fîmes, François et moi. Ayant décidé de partir vivre notre vie, nous avions quitté la colo de nuit après avoir emprunté deux bicyclettes aux abbés. Loin de céder à la panique, ne souhaitant pas affoler nos parents, les braves abbés arpentèrent à vélo eux aussi chemins et bosquets de

Le café du Pont

Saint-Maurin à Bourg-de-Visa jusqu'à proximité de Valence-d'Agen, où enfin ils nous dénichèrent le lendemain soir, endormis dans une cabane de cantonniers, épuisés. Nous fîmes profil bas. Anéantis par la perspective que nos parents apprennent nos prouesses, la privation de jeux jusqu'à la fin du séjour nous parut idyllique comparée à la raclée que nous aurions sentie passer à la maison.

J'appris un jour, plus de cinquante ans plus tard, que le brave abbé Albugue nourrissait quelque rancune à mon endroit, me reprochant amèrement d'avoir commis ma fameuse et trop célèbre (à son goût) chanson, *Les Jolies Colonies de vacances*. Tout ce que je viens d'écrire de cette colonie-ci n'a à l'évidence rien de commun avec l'imaginaire univers de ma chanson, repeinte aux couleurs de l'humour noir... et de l'écologie avant l'heure, il faut bien le dire. Et puis, c'était surtout pour rire, monsieur l'abbé !

Je suis allé en colo à Montjoi trois ou quatre étés entre mes huit et mes douze ans, devenant en quelque sorte la mascotte et un peu aussi le chouchou des abbés, de la cuisinière Mélie, du boulanger aujourd'hui disparu, de l'épicière qui avait de noirs tabliers si joliment fleuris et le sourire de la Madone...

Je reviens encore, chaque fois que cela m'est possible, sur ce lieu de pèlerinage. Un endroit où les enfants d'aujourd'hui ne comprendraient jamais comment ceux que nous étions pouvaient se sentir si heureux sans Coca-Cola, McDo ni Internet.

Et pourtant, heureux, qu'est-ce que nous l'étions...

Les restrictions – L'arrivée de l'occupant

À présent, tout manquait de plus en plus cruellement à tout le monde. L'espèce de pain jaunâtre que nous mangions parcimonieusement tous les jours – et qui nous changeait tant de celui de Montjoi ! – nous donnait, surtout à nous les enfants, la gale et aussi de l'impétigo. Nous avions grand-peine Jeannot et moi – ainsi que la plupart de nos copains, d'ailleurs – à ne pas nous gratter jusqu'au sang, tant cela nous démangeait. Pour soigner ces prurits, maman déployait des trésors de patience et d'ingéniosité. Elle nous enduisait copieusement d'une pommade fabriquée par la Jeanne, la voisine de mémé, ou par quelque autre guérisseuse, telle une autre Jeanne, celle dite du « pont Coudol », à dix kilomètres de chez nous. Il s'agissait le plus souvent d'onguents à base de soufre ou de plantes mentholées dont le seul et unique mérite était de sentir bon. La pommade d'oxyde de zinc que prescrivait, plus sérieusement semble-t-il, le docteur Fourgeau, s'avérait être la seule efficace si l'on n'était pas pressé de guérir.

Maman, qui essayait d'économiser sur tout, avait l'art d'éplucher les pommes de terre tellement fines que la peau en était transparente. Rien n'était perdu pour autant. Elle conservait toujours le même vieux bout de lard pour graisser le fond de sa poêle et parvenait même à faire frire ainsi ces précieuses peaux de patates sur un feu doux en les tournant sans cesse afin qu'elles « n'attrapent pas ». Je n'ai

Le café du Pont

jamais compris ni osé demander pourquoi maman ne nous les faisait pas cuire dans leur peau tout bêtement. Nous mangions plus rarement des topinambours, devenus à la longue notre bête noire, tout comme les rutabagas. Même aujourd'hui, lorsque je déguste une potée dans un restaurant en Irlande, ce légume insidieusement mélangé aux autres me fait détourner la tête de l'assiette, tant le souvenir de mon écœurement est encore vif. Au plus dur de ce régime forcé, si cruel pour ceux dont le corps réclamait sans cesse un minimum de tonicité, trois des ouvriers de la fonderie le payèrent chèrement : l'un d'entre eux, ayant un jour déniché par miracle un kilo de pommes de terre, décida d'en faire profiter ses copains. Dramatique bémol à cette généreuse initiative, ils firent cuire leurs « frites » dans une grande bassine d'huile de moteur... Les dégâts furent terribles, et je crois même que l'un d'eux en mourut.

Pour adoucir les soucis de maman, qui avait de plus en plus de difficultés à obtenir que son linge fût propre sans la moindre lessive, papa décida un jour de faire du savon. Ils nettoyèrent une grosse chaudière en fonte que papa avait achetée d'occasion pour une bouchée de pain au cas où elle pourrait servir. Ce jour-là était arrivé. Le paternel revint un beau matin, d'on ne sait où, avec sa camionnette à gazogène remplie d'os et de graisse de mouton ainsi que d'os de cheval. Où avait-il déniché cela ? Ils firent cuire ce magma des heures et des heures durant et obtinrent, je ne sais par quelle alchimie (ils y avaient ajouté, je crois, une bassine de cendre de bois finement tamisée), une sorte d'infâme pâte brune qu'ils baptisèrent savon. Maman parvint-elle à s'en servir ? Je n'en ai pas la moindre idée, mais je ne jurerais pas du contraire.

La pénurie de vêtements commençait elle aussi à se faire sérieusement ressentir. Les jours de faible fréquentation au café, maman en profitait pour découper de vieux tissus, afin de les recycler. Elle rapiéçait nos chaussettes ou nos culottes, retournait les manches et les doublures des vestons

106

Parfums d'enfance

pour récupérer la face la moins usée du tissu, découpait et prélevait aux endroits qui se remarqueraient le moins. Mon frère et moi n'avions plus à nous mettre que des vêtements trop grands pour lui – ou devenus trop petits pour moi !

Ainsi, elle cousait ou piquait à la machine tout ce qui lui tombait sous la main. La pédale de la vieille Singer était véloce sous son pied mais ses problèmes avec la canette étaient récurrents. Lorsque le fil cassait, le drame n'était pas loin. Pourtant, maman bichonnait sa machine à coudre, la graissant avec sa burette d'huile dont quelques gouttes parcimonieuses opéraient parfois le « miracle » attendu : « Ça y est, elle repart ! »

Elle coupait nos tabliers d'école en suivant soigneusement de ses ciseaux les contours du patron posé bien à plat sur la toile cirée de la table de cuisine. Avec mémé, elle tricotait des pull-overs et des chaussettes à quatre aiguilles à longueur d'année. Le froid était si rigoureux que nous enfilions parfois trois tricots les uns sur les autres. Toutes deux détricotaient souvent de vieux pulls de pêche de papa pour nous en fabriquer des neufs. Je devais alors rester des quarts d'heure entiers debout les bras tendus en soupirant discrètement face à mémé, qui enroulait ou déroulait l'écheveau dont elle avait emprisonné mes bras. Quelque trois ou quatre ans plus tard, les « beaux jours » revenus, je revécus la même chose lorsque mémé plaçait entre mes mains la grosse spatule de bois avec laquelle elle tournait le millas ou les confitures qui cuisaient doucement dans le chaudron de cuivre. Seules les fragrances de prune, d'abricot, de figue ou de vanille qui s'en échappaient me consolaient de l'effort musculaire épuisant pour mon âge. Mémé, elle, plongeait la spatule au cœur des vingt centimètres de confiture qui s'épaississait doucement en tournant avec autant d'aisance que sa cuillère dans son bol de café au lait.

Les galoches à semelle de bois que nous tentâmes héroïquement de porter nous meurtrirent tant les pieds que,

Le café du Pont

nous voyant rentrer de l'école nos galoches à la main, papa alla une fois de plus voir son copain Caulet, afin qu'il ressemelle pour la troisième fois ma paire de brodequins à semelle cloutée et les chaussures de marche de Jeannot. « N'oublie pas de les faire ferrer au bout, disait maman à papa, elles dureront plus longtemps. Ces gosses, ils doivent marcher beaucoup à l'école, c'est entendu, mais ce sont tout de même des brise-fer ! » Cette expression, l'une des favorites de maman, en ravive une foule d'autres qui se bousculent dans ma tête. Elle disait souvent par exemple à propos d'un client : « Celui-là, il ne m'a pas payé ce qu'il me doit depuis plus de six mois. Il commence à *attiger* [exagérer] ! » ou : « Il y a *belle lurette* que j'aurais dû le relancer. » Cette « belle lurette » me plaisait bien, elle aussi.

De mon côté, je raflais un peu partout tout ce qui « faisait ventre », comme disait maman. Elle m'encourageait à lui rapporter de mes escapades campagnardes des prunes, des pommes sauvages ainsi que les mûres avec lesquelles elle faisait des confitures à la saccharine. Nous en étalions de parcimonieuses couches sur nos tranches de pain le matin, avant de partir en classe. Avec papa et mon cousin Robert, nous allions ainsi dénicher des corbeaux ou des pies que maman cuisinait en salmis avec du bon vin rouge, des champignons (cela, nous n'en manquions pas) et trois petits dés de lard qui faisaient office de matière grasse. Le cholestérol affichait en ce temps-là des taux ridiculement bas dans toutes les familles. Mes cousins Robert et Dédé étaient les fils de Lucien et de Blanche, la sœur aînée de maman. Ils habitaient en face du stade Ducos. Nous allions y courir le mille mètres et je finissais souvent premier ou second avec mon copain André Véziat, mon concurrent le plus redoutable.

Plus tard, après la Libération, je verrais tous les jours mes cousins car, attenantes au stade, il y avait les classes des grands de douze à quatorze ans. On y préparait le certificat

Parfums d'enfance

d'études avec M. Bourdoncle, avant d'accomplir notre dernière année avec M. Clément. Ce dernier déclencha involontairement nos fous rires en classe à maintes reprises. Il avait pour habitude de poser un pied sur le banc où nous étions assis, afin de nous aider à résoudre le problème que nous avions sous le nez. Hélas pour lui, l'entrejambe de ses pantalons que ce geste machinal avait sans doute fini par user était bel et bien troué, laissant ballotter d'innocents attributs que nous n'eussions pu apercevoir si son épouse avait raccommodé ses pantalons, et surtout s'il avait porté un slip !

Le malheureux ne sut jamais que les rires nerveux qu'il attribuait à la niaiserie de notre âge étaient provoqués par ce que nous avions fini par appeler « les pendentifs du professeur » !

J'avais certes un vélo, mais les deux kilomètres qui séparaient le café du stade avaient décidé maman à me laisser « dîner » chez mes cousins à midi pour me dispenser d'effectuer huit kilomètres par jour, six fois par semaine, mais nous ne sommes pas encore en 1946. Nous fîmes de belles escapades ensemble, Robert et moi. Il grimpait dénicher les geais ou les corbeaux avec une agilité qui me déconcertait. La cime des peupliers où se nichaient les pies ne l'effrayait nullement. Durant l'Occupation, son père, Lucien, souffrit beaucoup plus du manque de tabac que de nourriture. Maman, qui assurait officiellement le « dépôt-vente » de cigarettes et de tabac au café, cédait parfois – sur la ration de papa – un paquet de « gros cul » à Lucien. Il remerciait à sa façon, en rapportant un chou, un panier de cerises ou un lapin sauvage qu'il avait pris au collet. Braconnier dans l'âme, il nous apprit à son fils et à moi à poser différents pièges : des lacets à perdrix, des collets à lapins, etc.

Tout cela, additionné aux asperges ou aux poireaux sauvages, aux escargots, aux champignons, aux goujons pris dans les nasses ou aux écrevisses braconnées elles aussi,

Le café du Pont

aidait à améliorer un ordinaire qui eût ressemblé sinon à un perpétuel carême. Sur ce chapitre, la campagne avait tout de même des avantages sur la ville.

Déjà durant les premières restrictions des années 1940 à 1942 – la suite allait être bien plus dure –, papa courait partout pour s'approvisionner en vin et en apéritifs, devenus au fil des jours de plus en plus rares. Quand l'occasion se présentait, il « collectait » de même à la campagne des volailles, lapins ou jambons dont il faisait toujours profiter ses amis. Son statut de « commissaire-priseur » local lui conférait en outre le pouvoir non négligeable de privilégier ses copains lorsqu'il pouvait venir en aide à l'un d'entre eux. En effet, sa faconde, étayée par son petit bagage universitaire, semblait avoir suffi à le faire désigner pour mener les enchères publiques qui avaient lieu une fois par mois sur la place du marché. Aidé par son authentique bagout de bateleur, dont l'incroyable débit me laissait pantois et admiratif, papa avait le don de savoir faire monter les prix. Il « vendait » avec autant de conviction que de facilité une commode rustique, un joug de bœuf, un piano à queue ou une paire de dindons.

Les Picard, qui étaient producteurs et négociants de vin apéritif de Frontignan, étaient souvent en contact avec papa. Il poussait parfois même jusque dans ce pays proche de Sète pour s'y approvisionner, car ce délicieux muscat était très apprécié des clients. Évidemment, il sympathisa avec M. Picard, qui était un homme simple, avenant et d'une grande bonté. Étonné de la dureté que les restrictions imposaient déjà dans leur région, papa lui proposa de venir à son tour s'approvisionner chez nous. « Une enchère aura lieu bientôt, dit-il, et je vous assure bien que vous repartirez chez vous les valises pleines. » Dans leur contrée essentiellement viticole, les Picard étaient loin d'avoir des fruits, des

Parfums d'enfance

volailles ou de la viande comme nous en trouvions encore dans notre Tarn-et-Garonne béni des dieux. Ils avaient beaucoup maigri depuis deux ans et trouvèrent tout délicieux chez nous où papa les avait invités pour les « remplumer » un peu, selon son expression. M. Picard avait emmené avec lui son fils cadet, qui devait avoir aux alentours de dix-sept ans. Il l'appelait Doudou. Nous devînmes tous deux de très bons copains. Il était aussi doux que son surnom le suggérait. Durant leur séjour, il me donna des leçons de calcul et d'orthographe qui me firent regretter que tous mes instituteurs ne soient pas comme lui. Ils durent passer une semaine auprès de nous. Monsieur Picard attendait impatiemment la fameuse enchère dont papa lui avait fait miroiter l'abondance des volailles et leur facilité d'acquisition. Papa, le voyant si fébrile, lui recommanda de ne pas céder à la tentation et surtout de ne pas trop faire monter les enchères lorsqu'une paire de poules ou de canards l'intéresserait. « Je me gratterai l'oreille gauche, lui dit-il, ce sera pour vous le signal de surenchérir une dernière fois, et c'est là que je ferai tomber le marteau. Comprenez qu'il est inutile de dépenser un argent fou pour des pigeons ou des oies quand je peux vous les faire avoir au prix le plus avantageux. »

Hélas, le bon M. Picard avait décidé entre-temps de rapporter coûte que coûte tout ce qu'il pouvait à Frontignan. Papa se gratta en vain l'oreille gauche, n'arrivant pas à juguler les surenchères de son ami qui doublait parfois le prix d'un coup pour être sûr d'emporter la paire de coqs qu'il voyait déjà mijoter dans un bon vin rouge de l'Hérault.

Ils repartirent heureux et comblés après cent mille mercis. Des malles et des valises bourrées de victuailles de toutes sortes les accompagnèrent par le train jusqu'au pays du muscat, la carte qu'ils nous envoyèrent en fit foi. Pas plus que les Cavalli ou Mathé et les siens, nous ne revîmes jamais la famille Picard. Plus tard, j'ai souvent donné des concerts

Le café du Pont

dans cette région, y compris à Sète pour commémorer les vingt ans de la disparition de Georges, mais je n'ai vu personne de cette famille. Que sont-ils devenus ?

C'est le jour du 11 novembre 1942 – date difficile à oublier – que les soldats allemands choisirent d'arriver au pays. Ils étaient annoncés depuis quelque temps déjà. Papa m'avait préparé à ce petit choc psychologique. « Ce soir, quand tu rentreras de chez M. Delrival, tu verras sûrement des soldats allemands au café. Sois naturel, n'aie pas peur, ce sont des gens qui viennent occuper le pays. À partir d'aujourd'hui, il faudra simplement faire très attention à ce que l'on dira devant ces messieurs. Je pense que ce ne sont pas des tendres... »

Tant de victimes avaient hélas déjà pu constater le réalisme de cette prophétie !...

J'avais beau m'y attendre, le spectacle de ces soldats, presque tous blonds sous leur calot, et habillés de vert-de-gris, me donna tout de même un grand coup de poing dans l'estomac. En sortant de chez mon professeur, je les vis s'agiter en tous sens dans des automobiles de camouflage ou à pied, un fusil en bandoulière et une grenade à manche à la ceinture. Ils entraient ou sortaient de la caserne, juchés sur des motos, des bicyclettes ou encore sur des side-cars. Les occupants de ce singulier véhicule arboraient de grosses lunettes en mica et un casque qui, à l'évidence, ne les rendaient pas éminemment sympathiques. Je puis affirmer ici que la perspective de voir désormais quotidiennement ce type de clients à la maison n'enchanta absolument personne. Quand j'arrivai au café, deux d'entre les cinq ou six qui étaient là jouaient au billard. Sérieux comme un pape, je lançai : « Bonjour, messieurs », et traversai la salle au pas de charge vers la cuisine-salle à manger pour y faire mes devoirs. « Ça y est, me dit maman, ils sont là ! »

Un débit de boissons, comme le précisait la licence

112

Parfums d'enfance

affichée sur le mur du café, est un lieu ouvert à tout le monde. Même aux Allemands ! Hors de leur caserne, où peuvent bien se rendre des soldats, lorsqu'ils ont quartier libre, sinon au bistrot ? Celui de papa et maman, le plus proche, situé à dix minutes à pied de la caserne, fut donc désormais naturellement envahi par ces soldats ennemis. Pour en souligner la malfaisance, nous n'allions plus les appeler entre nous – et à voix basse – que les Chleuhs, les Fridolins, les Fritz, les Boches, les Doryphores, les vert-de-gris, les Frisés, etc.

Ils venaient boire des ersatz de bière ou de café, de limonade à la saccharine ou de ce mauvais vin blanc que papa leur servait. Les « bons » apéritifs, les pastis, les bonnes bières et les digestifs n'étaient hélas à présent plus qu'un souvenir. Si papa n'était pas prisonnier de guerre ou affecté au STO comme la plupart des hommes de son âge, c'était uniquement dû à un drame de sa jeunesse que les circonstances actuelles avaient transformé en un hasard heureux. Il considérait en effet à présent comme une chance d'être tombé, enfant, d'une chaise en basculant les bras en avant dans les braises rouges d'une cheminée. Les chairs brûlées avaient soudé la chair des phalanges à la paume de sa main droite, ce qui l'avait fait beaucoup souffrir et définitivement estropié. Bien qu'il parvînt tout de même à se servir tant bien que mal de sa main, lui qui était droitier, il n'en garda pas moins un handicap suffisant pour être déclaré « réformé définitif ». De plus, avec deux enfants à charge, il échappa à la mobilisation. À quelque chose, malheur est bon !

Ainsi « chargé de famille », il n'entra pas au maquis comme mon futur oncle Dédé qui lui, jeune célibataire, s'y illustra par de nombreux faits courageux. Papa, surtout à partir de 1943, aida néanmoins lui aussi les maquisards comme il le pouvait. Il participait parfois à la mise en place des balises d'atterrissage nocturne d'avions britanniques dans la campagne environnante qu'il connaissait comme sa poche.

Le café du Pont

Cette piste d'atterrissage de fortune était délimitée par des boîtes de conserve vides dans lesquelles on avait mis de gros tampons de coton imbibé d'alcool à brûler ou le plus souvent de gnôle. Posées de part et d'autre du terrain, une bonne vingtaine de ces boîtes garnies de coton enflammé permettaient aux coucous de Churchill d'atterrir avant de repartir aussitôt. En quelques minutes, ils avaient livré armes, munitions, nourriture et même les subsides qui permettaient aux maquisards de survivre. Papa leur amenait de temps en temps un nouveau pensionnaire, le plus souvent polonais, qui avait fui la caserne toute proche. Ces déserteurs, clients du café, avaient deviné les penchants peu germanophiles de papa. C'est donc en premier à lui que les Polonais enrôlés de force dans la Wehrmacht demandèrent à plusieurs reprises de leur faire gagner le maquis la nuit à travers champs malgré le couvre-feu. Tout cela, je m'en rendais compte, était fort dangereux pour papa et a fortiori pour nous tous. Il était tellement naturel à la maison de se méfier de l'occupant ! Je ne me souviens pas avoir entendu papa demander à n'importe lequel d'entre nous trois de ne jamais faire état de ce que nous avions vu ou entendu, cela allait tellement de soi ! Mon frère Jeannot, alors trop petit, ne comprenait sans doute pas vraiment ce qui se tramait à la maison à l'insu de tous. Papa me faisait faire le guet entre la cuisine et la salle de café remplie de soldats afin de pouvoir écouter son Radio-Londres quotidien. Tous les soirs, vers sept ou huit heures, il faisait miauler au plus bas le vieux poste en tournant les boutons, jusqu'à ce que l'on entende le fameux « Ici Londres, les Français parlent aux Français ». Nous écoutions religieusement les sibyllins messages brouillés auxquels tous les ennemis de Pétain prêtaient une oreille attentive en compagnie de trois ou quatre clients-copains eux aussi allergiques aux « Doryphores ». Le perpétuel petit brouillage musical qui accompagnait les messages codés du type *« La roue de la brouette est ensablée »*. *Je répète : « La roue... »* composait une sorte de moulinette

114

Parfums d'enfance

sans doute peu mélodieuse mais indubitablement lanci-
nante qui me ravissait chaque fois que je l'entendais.

Doué de très bonne heure d'une oreille musicale assez
développée, j'avais très vite imprimé les notes : *ré sol mi do
ré sol mi do ré sol mi.* Un jour je me mis à les jouer au
saxophone, là où je répétais habituellement mon solfège,
dans la cuisine. Presque au nez et à la barbe des Allemands
qui jouaient au billard, dans la salle du café, tout à côté...

En m'entendant, papa manqua défaillir.

— Mais putain de gosse, murmurait-il entre ses dents, tu
veux nous faire tous fusiller ou quoi ?

À propos du billard vert à trois boules, papa insulta un
jour copieusement deux de ses clients et copains, Roger
Batgé et M. Henri, l'amant de sa femme, avec lesquels,
comme presque chaque jour, je disputais une partie. Ces
deux dangereux farceurs ne m'avaient-ils pas mis au défi
– contre cinquante centimes – d'écrire à la craie bleue sur
le tapis vert du billard : « Vive de Gaulle » ? Papa était fou
de rage et moi, j'ai pris un savon dont je n'ai pas oublié le
plus petit adjectif. Ma connivence avec lui ne faisait aucun
doute, mais elle n'excluait pas le respect, et ne tolérait pas
non plus les provocations de ce type. Il m'arrivait pourtant,
comme tous les petits garçons, de passer la ligne rouge en
rapportant de mauvaises notes de l'école ou en désobéissant
gravement. Papa n'appréciait guère ni l'un ni l'autre et sa
réaction ne se faisait pas attendre. Il connaissait fort bien
mes points faibles : la sanction la plus efficace consistait à ne
pas m'emmener avec lui lors de ses nombreuses escapades,
lorsqu'il courait les métairies par exemple afin d'y acheter
son vin. Ces occasions, que je guettais avec vigilance, étaient
aussi diverses que palpitantes pour l'enfant éveillé et néanmoins timide que j'étais. En ces temps barbares où le comportement de nos fiers conquérants était imprévisible,
certaines de ces virées campagnardes n'étaient évidemment
pas sans risques. Le danger pouvait venir de n'importe où.
Maman était folle d'angoisse lorsque, par exemple, mon

115

Le café du Pont

petit frère Jeannot et moi étions un peu trop exposés dans le café, bien trop germanisé à son goût. Les « Frisés » revenaient parfois d'une expédition où ils avaient « chassé les maquisards » qui le leur avaient souvent fait payer cher. Cela tournait évidemment au vinaigre quand ces messieurs avaient un peu trop levé le coude au comptoir. C'était fréquemment le cas, pour ceux qui avaient échappé aux balles ou aux attaques surprises à la grenade de ces « terroristes » qui traquaient dès lors le Boche inlassablement. Maman, complètement paniquée dès qu'elle les voyait ivres, abandonnait le café à ces sauvages qui riaient tant et plus devant la panique qu'ils suscitaient ! Elle nous emmenait alors illico Jeannot et moi dormir à l'abri chez Mme Muñoz, comme d'habitude.

Papa donc, les jours où je n'étais pas puni, m'emmenait partout avec lui. Non seulement je le suivais en ville, mais aussi chez ses copains paysans, dans la campagne environnante. Ces braves gens, tels les Bedouch, qui ne vendaient de vin à personne, voulaient bien lui en céder. « Maurice » était si estimé qu'il était depuis longtemps l'ami de bon nombre d'entre eux.

L'Allemand qui parlait patois –
Maman et ces messieurs – Mon débit de tabac

Durant cette période si particulière, les habitués venaient au café pour boire, sans doute, mais aussi pour essayer d'estomper leur désarroi, pour adoucir leurs misères, et pallier si possible les rationnements qui devenaient de jour en jour plus draconiens. Beaucoup d'entre eux, guettant l'occasion d'améliorer leur ordinaire si congru, étaient prêts, en plus de leur travail à l'usine, à bêcher un bout de jardin ou à rendre des services de toutes sortes contre une livre de sucre, un demi-litre d'huile ou un paquet de tabac.

Tout manquait à présent. Les tickets qui donnaient droit à cent grammes de beurre et trois cents grammes de pain par jour, trois cent soixante grammes de viande par semaine, une tablette de deux cent cinquante grammes de chocolat et neuf cents grammes de sucre par mois étaient bien sûr nettement insuffisants. Nourrir un homme qui travaillait si durement – surtout à la fonderie de l'usine – exigeait un minimum décent de pain, de vin, de lard, de pâtes ou de patates.

Cette situation engendra très vite le règne de la combine symbolisée par l'avènement du fameux article 22 que j'entendis pour la première fois dans la bouche d'un client malicieux :

— Article 22 : chacun se démerde comme il peut !

Et il ajoutait :

— Je connais un type qui a récupéré un pneu éclaté de

roue de voiture et qui en fait des sandales. Il échange une douzaine d'œufs contre une paire. Tu n'as qu'à lui donner ta pointure. Pour l'été, ça vaut le coup. Elles sont solides et bien faites.

C'était Poulet, l'ancien rugbyman, qui proposait ce genre d'affaire.

L'argent avait à l'évidence beaucoup moins de valeur que n'importe quelle marchandise.

La cohabitation forcée des clients avec les envahisseurs qui venaient de franchir la ligne de démarcation avait suscité chez l'occupant une volonté de s'intégrer aux habitués du café. Elle était loin d'être partagée. Il y avait d'ailleurs, cachées derrière le comptoir, deux bouteilles de vin blanc tirées de deux tonneaux différents, l'une pour le « bon », réservé aux clients, l'autre remplie d'un vin blanc trop soufré ou tout simplement coupé d'eau, pour les Fridolins. L'omerta s'imposa, observée quasiment à l'unanimité par les ouvriers de l'usine. Dès qu'un Frisé pointait son uniforme vert-de-gris, les conversations s'interrompaient brutalement. Les tentatives d'approche se soldaient par deux ou trois questions polies baragouinées par ces messieurs, suivies de deux ou trois grognements du client hostile en guise de réponse. La prudence toutefois avait ses failles. Papa servit un jour un verre de vin blanc à un habitué, Paulo, qui avait, comme tant d'autres silencieux, la haine des Boches. Il l'entendit dire en levant son verre ironiquement à la santé de son voisin teuton qui buvait aussi un blanc à un mètre de lui : *Crébaran toutis, léo !* [Ils crèveront tous bientôt !] En écho, papa répondit : *Ba pensi tabé* [Je le pense aussi]. Impavide jusqu'alors, l'Allemand se tourna légèrement vers eux et lâcha à son tour : *Malfiso té dé pas créba léo tu tabé !* [Méfie-toi de ne pas crever bientôt toi aussi !] Consternation et terreur envahirent l'atmosphère. Papa déglutit tant bien que mal et, blanc comme un cierge de Pâques, s'adressant au Chleuh comme s'il avait mal compris, lui demanda, bêtement il faut bien l'admettre :

Parfums d'enfance

Parlès patouès ? [Vous parlez patois ?] L'Allemand le regarda, puis observa Paulo, un sourire sardonique au coin des lèvres, sans répondre. Le suspense s'éternisa une bonne minute qui dura un siècle pour les deux dramatiques gaffeurs : « Oui, messieurs, dit-il d'un ton enjoué, je comprends et je parle très bien le patois – et le français aussi, et je m'exprime suffisamment bien en allemand pour vous faire fusiller si l'envie m'en prend. » Sur ce, il posa un billet sur le comptoir et, sans attendre la monnaie, tourna les talons jusqu'à la porte de sortie d'où il lâcha en se retournant doucement : *Adissiatz les patriotes... Nous rébeïren léo !* [Au revoir les patriotes... Nous nous reverrons bientôt !]

Pas un son ne sortait de la bouche de Paulo, littéralement effondré.

— Cet *endoffé* est bien capable de nous dénoncer, finit par articuler papa.

— Si tu crois qu'il va le faire, on a intérêt à prendre le maquis.

— Toi tu peux, tu es tout seul, mais moi, je ne peux pas laisser ici Clau et les gosses ! Va chercher maman, dit papa en se tournant vers moi.

Maman s'évanouit en apprenant la bonne nouvelle. On la ranima avec un gant de toilette imbibé de vinaigre. Elle se mit à pleurer doucement. Mais ma chère maman, que j'ai rarement vue ainsi, n'était pas du genre à s'apitoyer sur son sort. Une sorte de rage la prenant, elle se ressaisit et décida tout à trac : « Je vais mettre les gosses à l'abri chez Mme Muñoz, toi, va te planquer où tu pourras, moi je reste ici garder le café. Ils ne me feront rien. Mais, vous deux, ne vous attardez pas ici. Il faut laisser passer quelques jours, pour voir si ce salopard donne suite à ses menaces. » Ce plan fut adopté illico. Le soir même, papa parti, Jeannot et moi allâmes encore une fois dormir chez Mme Muñoz. Avant les restrictions, j'adorais manger le chorizo pimenté avec du riz à la tomate qu'elle nous préparait. Mon petit frère, lui, trouvait cela bien trop piquant. Il préférait le

119

Le café du Pont

jambon ou la paella, mais en ces temps de restrictions, nous n'avions droit ni à l'un ni à l'autre. Nous nous contentâmes de rutabagas.

Les sept jours que nous y passâmes furent pour nous vite écoulés. Nous embrassions maman au café, à quelques mètres de là, avant de repartir jouer avec les copains du quartier, une fois nos devoirs terminés ; de son côté, Claudia vivait dans la hantise de l'hypothétique descente de la Milice ou de la Gestapo.

Papa resta absent une semaine. Où était-il caché ? Je ne le sus jamais, car jamais il n'en parla. Je pense qu'il était copain avec des membres de l'Armée secrète. En fit-il partie lui-même ? En tout cas, je n'ai jamais pu connaître les noms des contacts qu'il avait alors avec ses amis. (On verra plus loin qu'après la découverte que j'ai faite à la toute fin de l'écriture de cet ouvrage, ce commentaire est erroné.) Cet incident engagea mes parents à redoubler de prudence bien que les menaces de délation n'aient en fin de compte pas été mises à exécution – compassion ? peur de représailles à la Libération que ce Français habillé en allemand devait, sans nul doute, commencer à redouter après la déconfiture de la Wehrmacht sur le front russe ?...

Nous n'eûmes jamais plus de nouvelles de ce menaçant zigoto qui parlait couramment le français, l'allemand et le patois. Sans doute fut-il envoyé à Stalingrad, comme bon nombre de ses petits copains français de la division Charlemagne. Ils avaient si fièrement endossé l'uniforme des envahisseurs de leur propre pays ! Bien peu d'entre eux d'ailleurs en sont revenus. L'alerte avait tout de même été chaude et allait servir de leçon à papa.

La patience et la diplomatie n'étaient guère les vertus principales de maman. Au café, nous avions quotidiennement l'occasion de nous en rendre compte. Les clients allemands eux-mêmes en firent parfois les frais. Avec l'occupant, cela eût dû être plus délicat. Pour maman, il n'en fut rien. Une paire de baffes en aller-retour des plus violents fit un jour sauter les lunettes d'un fringant lieutenant beaucoup trop entreprenant avec elle. La coinçant par surprise dans le couloir qui menait aux cabinets (en ce temps-là, chez nous, on ignorait les toilettes), il l'avait prise par la taille et tenté, le malheureux, de l'embrasser sur la bouche.

« Je n'y suis pas allée de main morte, nous raconta plus tard maman que cela faisait rire, une fois la colère passée. Il s'est frotté la joue en me regardant l'air un peu honteux, puis il a ramassé ses lunettes aux verres brisés, et, sans un mot, il est allé retrouver ses petits copains dans la salle du café. » D'aucuns se firent emprisonner, ou pire, pour moins que cela à cette époque. L'impulsivité de Claudia lui faisait oublier ce genre de détail.

Papa s'absentait souvent pour acheter, dans la campagne environnante, du vin, des œufs ou tout ce qui pouvait s'avérer providentiel et utile à nos estomacs. Maman, elle, comme on vient de le voir, bien que restant seule au café, ne se laissait pas marcher sur les pieds par « ces brutes, ces malappris et ces sauvages », selon une expression qui lui était chère. Par un dimanche ensoleillé, sous la tonnelle ombragée de vigne vierge, quatre soldats SS, ayant copieusement arrosé le fait sans doute d'être encore vivants, refusèrent tout net de payer. Ils reprirent tranquillement en riant le chemin de la caserne. Maman, qui ne l'entendait pas de cette oreille, les rattrapa sur le chemin à quelque vingt mètres de là.

— Messieurs, vous avez oublié de régler vos consommations.

— Non *matam*, on n'a pas oublié. C'est *craduit bour* nous.

— Non, ce n'est pas gratuit du tout et surtout pas pour vous ! Vous me devez les quatre tournées de vin blanc que vous avez bues et vous allez me les payer.

— Fous le camp, *zalope* !

Le café du Pont

Ma brave mère, qui en avait entendu d'autres, téléphona à la police militaire de la caserne qui débarqua au bout de dix minutes. Les soldats, devenus agressifs devant sa détermination, furent évidemment rattrapés sans tarder. Blême de rage, celui qui avait proféré des insultes fut sommé par l'officier d'abord de s'excuser, puis de payer. Le blondinet rageur attrapa une poignée de billets en vrac dans sa poche et la jeta à la figure de maman qui ne bougea pas d'un cil.

— Je les ai servis poliment, expliqua-t-elle à l'officier, j'entends être payée de la même façon.

Le chef poussa un coup de gueule digne d'Éric von Stroheim et l'autre ramassa promptement à quatre pattes ses billets qu'il tendit à Claudia en s'inclinant. Elle en préleva quatre en précisant : « Je ne prends que mon dû. Merci, messieurs. »

L'officier s'excusa à son tour, claquant les talons pour ponctuer son salut.

— Ne *fous* en faites pas *matam*, fous ne les *referrez* plus.

Peut-être furent-ils eux aussi expédiés sur le front russe. De fait, on ne les revit jamais.

La matière première qui manquait le plus cruellement aux esclaves de la fumée était bien sûr le tabac. Les plus accros, tel mon oncle Lucien qui travaillait lui aussi à l'usine ou ceux qui roulaient entre leurs doigts une infime partie de leur maigre ration mensuelle (un paquet de cinquante grammes par mois), troquaient volontiers leurs rations d'huile ou de sucre contre des tickets de tabac. Les non-fumeurs, comme mes parents, étaient trop heureux d'échanger les leurs contre des tickets de cacao ou de viande dont nous, les enfants, jugeaient-ils, avions tant besoin. Les rejetons d'un père fumeur ne voyaient hélas pas souvent de chocolat ou de margarine à la maison. Spectateur attentif de ces malheureux prêts à fumer leurs

Parfums d'enfance

propres chaussettes, une idée m'était venue qui avait fait son chemin : j'étais devenu herboriste amateur, et, par corollaire, buraliste. Dans la salle de café, à présent, hormis les maigres rations mensuelles épuisées en une semaine, on fumait de tout ! Tous les soirs en rentrant de l'école, j'avais étudié en détail non seulement mes leçons, mais aussi les différentes odeurs de fumées qui empestaient la salle du café. Un nez averti parvenait aisément à déceler l'âcre fumée que dégageait la feuille d'armoise séchée, les queues d'ail séchées, les barbes de maïs, les feuilles d'estragon, de romarin, de thym, d'orties même et j'en passe. Mémé et maman m'ayant appris très tôt à reconnaître toutes ces plantes, ainsi que leur nom, il n'était guère difficile pour moi de les sélectionner avant de les cueillir et de les faire sécher. Ignorant si le séneçon, la salsepareille, l'oseille sauvage, la sauge, la capucine, les feuilles d'ancolie ou de géranium, qui m'étaient familières, se fumaient aussi, je les ajoutai au reste pour faire bon poids. Les clients ne manquaient pas ! Dans le grand chai ouvert situé derrière le café, où papa entreposait ses barriques de vin pleines et vides, j'avais installé un étal de trois mètres sur un de large constitué d'un simple cadre de bois grillagé, pour permettre à toute ma verdure de sécher à l'air, mais cependant à l'abri de la pluie et du vent. Les clients raffolaient de mon paquet de mélange qu'ils me payaient cinquante centimes pièce. Je déchirais des quarts de page du journal afin d'y ensacher mon tabac – séché et découpé finement par mes soins –, n'utilisant bien sûr que les pages de celui de la veille, car les clients, lecteurs de ce quotidien contrôlé par l'occupant, ranimaient chaque jour d'interminables discussions sur l'avancée ou le recul des Boches face aux Britanniques en Libye ou encore sur le front russe. Les Chleuhs étaient partout vainqueurs, était-ce bien normal ? « Propagande ! » disaient tout bas les habitués.

Mon commerce était florissant. Mon sac de billes neuves

Le café du Pont

grossissait à vue d'œil. C'étaient de belles billes en terre vernissées, peintes en bleu, rouge, vert ou jaune mais qui n'égalaient cependant pas la beauté des plus grosses, en verre. Ces dernières, les plus chères, les plus convoitées, s'échangeaient chacune contre dix billes en terre. Ces merveilles, achetées en ville au bazar de M. Arseguet, étaient ornées à l'intérieur de nervures torsadées orangées, bleues ou vertes du plus bel effet. C'était un crève-cœur que d'en perdre une au jeu. Celui à qui arrivait pareille infortune s'efforçait désespérément de la regagner aussitôt. Dans ce bazar magique – une vraie caverne d'Ali Baba –, on trouvait tout ce qui peut faire rêver. Pourtant, pour moi, seul le tonneau rempli de billes vernissées me fascinait au-delà de tout.

Il se peut que la fragilité de mes cordes vocales, de ma gorge, provienne des troupeaux de volutes qui sortaient si drus des narines de ces fumeurs invétérés. Il y avait, en plus de celle des ouvriers, la fumée écœurante des cigarettes allemandes. Quelques-uns de ces messieurs en proposaient parfois aux métallos. Bien qu'en crevant d'envie, ces derniers les refusaient évidemment de façon systématique. Cette pernicieuse fumée encombra mes poumons bien avant la pollution parisienne et aujourd'hui quasiment planétaire. Maman, d'ores et déjà, avait sans doute compris le danger qu'encouraient mes cordes vocales... et mes bronches. Elle en référa au Dr Fourgeau. En accord total avec elle, il interdit carrément la poursuite de mon négoce, arguant qu'à l'évidence, si je raclais ma gorge en permanence, c'était bien la faute à la fumée du tabac ! Cela ne fut vrai qu'en partie, car atavisme oblige, papa s'est raclé la gorge toute sa vie... sans jamais avoir fumé !

— C'est toi, mon pauvre petit, qui les as encouragés au vice, m'accusait maman. Comme l'a dit le docteur, tu vas arrêter de faire sécher ces saloperies que tu leur donnes

Parfums d'enfance

à fumer, sinon c'est moi qui vais me charger de stopper tout ça !

De profundis... Le débit de tabac de Pierrot fermé, les clients rouspétèrent... mais n'en continuèrent pas moins à bombarder tous azimuts toute la chlorophylle séchée qui leur tombait sous la main. Les plus pressés roulaient promptement entre leurs doigts leur informe cigarette. Tenant horizontalement de la main gauche leur feuille de papier fin Riz-Lacroix, ils versaient de la droite quelques brins hachés dans ce lit incurvé puis, entre trois doigts, l'enroulaient autour de ce qu'ils baptisaient tabac. Ils scellaient alors d'un coup de langue rapide les bords du papier qu'ils collaient l'un sur l'autre, avant de contempler leur multiforme minimerguez d'un air satisfait, et d'y mettre le feu. Ce type de clope était vite consumé, bien qu'ils prissent grand soin d'amenuiser leur mégot jusqu'à parfois se brûler les moustaches. Je vis plus d'une fois les « charmeuses » de l'un d'entre eux prendre feu, au milieu d'un éclat de rire général. Les cigarettes faites à la machine par certains clients étaient beaucoup moins informes, plus pleines et presque aussi parfaites que celles d'un classique paquet de Gauloises, les plus fumées au café. Il y avait plusieurs types de machinettes à fabriquer manuellement des cigarettes ; m'amusait le plus celle qui, après qu'on eut placé papier et tabac dans un berceau de caoutchouc, faisait soudain jaillir une clope par un petit coup de la manivelle placée sur le côté de l'appareil. La plupart des clients fumeurs – ils l'étaient presque tous – étaient très habiles pour façonner ce type de « sèche » artisanale entre leurs doigts. Lorsqu'une quinte de toux les prenait, ce qui était fréquent, ils renversaient le verre trop plein qu'ils tenaient en main ou le tabac aligné sur le papier, non encore scellé d'un coup de langue. Cela les mettait dans des colères noires et faisait bien rire tout le monde.

En attendant, le glas de mon négoce avait sonné. Ma tirelire et mon sac de billes maigrissaient à vue d'œil.

125

Le café du Pont

Les Muñoz faisaient désormais partie de la famille. Avant la « disette » actuelle, ils étaient fous du cassoulet de maman, nous adorions en revanche la paella de mamita Isabelle qui nous régalait aussi avec son incomparable chorizo.

Marinette, François et Laurent étaient sans nul doute les copains du quartier dont nous étions les plus proches, géographiquement et... affectivement. Laurent, l'aîné des frères Muñoz, qui avait à présent quinze ans, travaillait comme bûcheron avec son père Manuel dans les forêts avoisinantes. Ils y faisaient le charbon de bois, travail pénible s'il en est et sans grand avenir, il faut bien le dire. Vers la fin de 1943, papa embaucha donc Laurent en tant que commis au café. Il lui apprit à tirer le vin après l'avoir goûté, à mettre les fûts en perce, à faire rouler des barriques de deux cent vingt litres, à servir les clients, à supporter les soliloques des ivrognes, à conduire une auto et même à faire la caisse le soir, lorsqu'il n'était pas là et que maman s'occupait de Jeannot et de moi. Mes parents le considéraient un peu comme un troisième fils. Son frère François, lui, allait à la même communale que moi. Plus jeune, il fréquentait le plus souvent les mêmes classes que mon frère Jeannot, car ils avaient, je crois, le même âge. Moi, avant cela, vers mes huit ans, quand l'occupant arriva chez nous, j'étais le plus heureux du monde de retrouver leur petite sœur Marinette qui était toujours si douce et si gentille avec moi. Le baiser qu'elle me faisait avant que je m'endorme dans le lit voisin du sien – certains soirs où, les Allemands étant intenables au café, maman comme d'habitude nous faisait dormir chez les Muñoz – m'emplissait d'un indicible bonheur. Il est impossible de ne pas garder ce joli souvenir bien au chaud dans le nid de ma mémoire.

Abattage clandestin en musique

L'un des souvenirs les plus vifs de l'Occupation reste sans aucun doute les cadeaux de Noël que nous eûmes la surprise, mon petit frère et moi, de trouver dans nos sabots, au matin du 25 décembre 1943. C'était un crève-cœur pour nos parents, car cette année-là il n'y avait plus rien de décent à offrir à un enfant. Jeannot fut tout de même fou de joie de découvrir un petit camion en bois posé sur ses souliers. J'eus droit quant à moi à une orange. Jamais au monde un fruit n'eut une telle grâce à mes yeux et une telle saveur à mon palais. Comment mes parents s'étaient-ils procuré une telle merveille en ces temps de draconiennes restrictions ? Après l'avoir pelée religieusement, j'en ai offert deux quartiers à Jeannot dont les yeux brillaient tout en la reluquant. J'ai offert la même chose à chacun des frères Costes. Les malheureux étaient en larmes, en me remerciant pour ce présent inattendu, mais aussi après avoir découvert le somptueux cadeau que leur bienveillant père Noël avait posé au creux de leur soulier : un oignon et une carotte pour chacun.

« Puisque c'est comme ça, nous allons frapper un grand coup, dit un jour papa, l'homme des décisions rapides – parfois hardies mais souvent efficaces. Nous allons prendre le taureau par les cornes. » Encore une expression

127

Le café du Pont

qui, sans trop savoir pourquoi, l'image sans doute, m'enchantait. À dire vrai, cette locution concernant le taureau, j'aurais l'occasion d'en subir avec effroi l'illustration, quelques années plus tard, aux abattoirs du pays. Papa, qui lui faisait « mettre de côté » des asticots pour nos parties de pêche, me présenta un jour son ami Pierrot Dupuis. Musclé, brun, avec d'épais sourcils, doux, souriant et enjoué, c'était le tueur de l'abattoir. Parfaite illustration de la locution, il était littéralement capable de prendre le taureau par les cornes, de l'immobiliser et, d'un seul formidable coup de poing sur la tête, de le tuer. Il le fit devant moi, et cette terrible scène n'a jamais quitté ma mémoire.

Mais revenons à nos moutons... Pour réussir ce coup fumant censé retourner les restrictions, papa devait avant tout parvenir à trouver de jeunes gorets chez un paysan et tenter de les engraisser clandestinement, derrière la salle du café, au nez et à la barbe des Allemands. Non sans mal il y parvint et cela nous changea la vie.

Accolée au grand chai où papa empilait par dizaines ses barriques de vin sur des bastaings, une sorte d'écurie au sol cimenté servait désormais à l'engraissement de trois petits cochons ramenés de la campagne avoisinante. En 1943, ce type d'entreprise n'allait pas sans risque. La moindre dénonciation pouvait s'avérer fatale, car papa avait non seulement décidé d'élever des porcs, mais aussi, bien entendu, de les tuer clandestinement à la maison. Comment faire autrement ? Ce sont les gorets qui mangeraient à présent les rutabagas et les topinambours à notre place, en attendant d'être découpés en morceaux et de donner le lard nécessaire pour faire cuire les patates. Ces dernières, nous pourrions désormais nous en procurer plus facilement en les échangeant... contre du porc ! La porcherie et surtout ses pensionnaires étaient suffisamment éloignés de la salle du café pour ne pas être vus ni entendus par les Chleuhs qui sirotaient au comptoir leur vin blanc frelaté ou des limonades à la saccharine. Contraint et forcé, papa n'achetait

128

Parfums d'enfance

plus à présent qu'au compte-gouttes le vin que les paysans voulaient bien lui céder. Cela devenait de plus en plus rare car l'occupant, à présent, réquisitionnait systématiquement tout ; aussi bien le vélo qui vous emmenait au travail que la récolte de plus en plus maigre que faisait le fermier avec son vin ou son blé.

La faim et les Doryphores de la caserne voisine étaient de plus en plus redoutés et honnis de tous.

Dès la première « tuerie », quelques mois plus tard, la distribution gratuite de lard et de saucisses fraîches fut d'abord pour nos voisins immédiats. Parvenus à cent kilos, les cochons étaient découpés en quartiers et livrés avec son vieux vélo par papa lui-même aux amis commerçants comme lui, aux tantes, aux belles-sœurs, aux cousins, et à quelques copains dont Caulet le cordonnier, qu'il n'oubliait jamais. Il faisait la part belle à ses amis paysans qui lui fournissaient le vin, bien sûr, mais aussi des betteraves, des rutabagas et parfois même des choux et de vieilles patates germées qui lui permettaient d'engraisser ces providentiels cochons. Il échangeait parfois un jambon contre deux paires de chaussures sans tickets ou une épaule contre les petits pains blancs que fabriquait l'ami Roger Bénech et pour le remercier aussi du son, de la « repasse » (la fine peau du blé ou de l'orge) avec lesquels il enrichissait la gamelle des gorets. Mélangés aux topinambours, aux trognons de choux et parfois même aux patates, ces résidus de froment – dont on se servirait aussi plus tard à la pêche pour appâter les poissons – engraissèrent copieusement nos chers petits. Cela améliora nettement leur ordinaire... et le nôtre !

Ses fameux petits pains blancs, Roger les confectionnait spécialement pour mon frère Jeannot, devenu à présent passablement rachitique. Décrété un jour grand malade du foie

Le café du Pont

par le docteur Fourgeau, il s'était en effet vu interdire complètement toutes les matières grasses, pourtant déjà si rares, sans compter la viande, les confitures et tous autres desserts contenant habituellement des œufs. En 1943, il avait à peine six ans lorsque maman, la mort dans l'âme, se vit obligée, sur les injonctions du docteur, de lui supprimer dorénavant quasiment tout. Mon malheureux frangin devint alors tout maigre. Il fut pris d'une apathie qui le dégoûtait même de ces rares et savoureux petits pains à croûte dorée que parvenait – on ne sait trop comment – à lui fabriquer l'ami Roger. J'en profitais donc à sa place, ce qui me changeait agréablement de l'infâme pain gris jaunâtre, soi-disant de maïs. Au bout de quelques mois de ce traitement draconien, maman, de son propre chef, stoppa net ce régime inhumain et donna à notre petit Jeannot résigné tout ce qu'il était raisonnablement possible de lui faire ingurgiter. Il retrouva enfin le goût de vivre en même temps que celui du pain blanc... et du boudin de nos cochons !

Le plus délicat dans cette périlleuse entreprise d'abattage clandestin consistait à ôter la vie de nos pensionnaires, cela va de soi, mais sans que les cris perçants de ces derniers parvinssent aux oreilles de la Kommandantur !

Les Allemands ne venaient presque jamais au café le matin avant onze heures. C'est donc dès huit heures – presque à l'aube, l'hiver – que le bruyant sacrifice se déroulait.

Papa se faisait aider par nos voisins les plus musclés. Il y avait Laurent, bien sûr, mais aussi son père Manuel, ainsi que nos autres voisins le père et les fils Tabas, aussi dévoués que costauds et adroits. Le père Costes, lui, peu rancunier, était toujours prêt à mettre ses muscles à disposition.

Trouvant en la circonstance quasi géniale son idée de m'avoir fait apprendre la musique et, par corollaire, le saxophone, papa pensa que le fruit de ces études, loin

Parfums d'enfance

d'être complètes, pouvait déjà néanmoins servir à quelque chose.

Il m'envoyait chercher mon instrument, et posant sur mon pupitre *Le Cygne* de Saint-Saëns, m'intimait de jouer sans ménager mon souffle, réduisant à néant toutes les nuances mentionnées avec soin par le maître sur la partition.

— Souffle, Pierrot, souffle ! Mais, nom de Dieu, joue donc plus fort ! me hurlait papa tandis qu'il maîtrisait au moyen d'un petit lasso les pattes arrière du cochon.

Pendant ce temps, Manuel tentait de l'égorger avec un grand coutelas, ainsi qu'il le faisait jadis en son Espagne natale !

Je m'arrachais les poumons sur ce brave « cygne » que tout le quartier connaissait par cœur. Je l'avais répété inlassablement des mois durant, à la joie de papa et au grand désespoir des voisins qui avaient suffisamment d'affection envers moi pour dissimuler leur effondrement.

— Souffle, Pierrot, n'aie pas peur, souffle plus fort !

Je continuais certes à me faire éclater la poitrine mais le cochon, à en croire ses cris effrayants, avait sans aucun doute de bien meilleurs poumons que les miens ! Le sacrifice enfin accompli, le sang jaillissait à présent de la gorge du cochon dans une *grèsale* [grand plat creux évasé en grès dans lequel on fait cuire le cassoulet dans le Sud-Ouest]. Laurent, qui tenait le récipient sous le cou du porc, agitait sans cesse le sang auquel on ajoutait un demi-verre de vinaigre afin qu'il ne caille pas. Le spectacle de sa main ensanglantée broyant les caillots en train de se former me fascinait et m'écœurait un peu aussi, bien que le spectacle des lapins ou des poulets sacrifiés me soit familier depuis longtemps. On prélevait la cervelle, après que la tête fut coupée en deux et mise à cuire dans un riche court-bouillon. Les joues, la langue, les cartilages et une partie de la gorge dégraissée seraient ensuite hachés, assaisonnés de quatre-épices et ajoutés au sang dans la grèsale. Les intestins soigneusement lavés au sel et au vinaigre recueilleraient ce mélange à l'aide d'un entonnoir autour duquel on ajustait l'entrée du boyau. Plongés une petite demi-heure dans un court-bouillon « frémissant », les succulents boudins en sortaient pour être mis à refroidir sur des claies recouvertes de paille. Cette merveille se déguste aussi bien à la poêle avec des œufs cassés par-dessus que froide en tranches de deux centimètres sur du pain frais. Ce boudin génial fait le régal de mes amis auxquels je le fais savourer encore aujourd'hui, plus de cinquante ans après, tous les mois de janvier à la maison pour fêter la « Saint-Cochon »... mais je ne joue plus de saxophone à l'occasion de la mise à mort !

Mémé ne manquait jamais la tuerie des cochons. Au fond d'une pièce située à l'opposé de la salle de café, après les boudins, on faisait cuire les « rimottes » dans un chaudron installé au milieu de la cheminée où se consumaient quelques bûches. Ce millas se composait de farine de maïs et de saindoux, avec lesquels mémé confectionnait un excellent dessert. Elle le découpait elle-même, après l'avoir indifféremment salé ou sucré de cassonade blanche si rare en ce temps-là, et dont je raffolais aussi sur les crêpes. Il fallait tourner inlassablement cette pâle mixture un peu granuleuse dans le chaudron jusqu'à ce que le mélange s'épaississe et que la consistance soit parfaite aux yeux de mémé. À tour de rôle, elle et moi tournions la longue spatule de bois qu'on ne lâchait qu'au bord de l'épuisement. Pendant ce temps, la « fricassée » mijotait sur la cuisinière. Une grande partie des abats – tripes, rate, cœur, en plus de quelques couennes –, etc., mélangée à des carottes, oignons cloutés de girofle et à un bon vin rouge, constituait cet incontournable salmis de porc, fameux plat qui nous régalait immanquablement.

Toujours en cachette des Allemands, nous dégustions le soir au dîner, en compagnie des amis qui avaient participé au sacrifice, au découpage et à la confection des saucisses

Parfums d'enfance

et pâtés, tous les plats du premier jour. Il y avait évidemment l'incontournable boudin, que je viens d'évoquer, mais aussi le pâté, la fricassée, les cervelles dorées frites à la poêle... en finissant par les fritons et bien sûr le fameux millas. Puis, pour le gourmand que j'étais et parce que j'étais son chouchou, mémé me faisait cuire au four sa célèbre millassine.

Oui, ma « madeleine » à moi, c'est la millassine de mémé !

Après avoir débité le cochon en quartiers de deux à trois kilos hormis les jambons, après que saucisses et boudins avaient été embossés à la main au travers du gros entonnoir de fer-blanc évoqué, il était impérieux de livrer promptement aux amis la majeure partie de cette marchandise si rare en ce temps-là, afin qu'elle ne s'abîmât pas. Papa enveloppait soigneusement chaque morceau dans un des papiers de boucherie jaune à l'aspect huilé que lui avait cédés son copain Benassac, le boucher, lequel avait lui-même alors plus de papier que de viande à vendre. Il avait droit aussi, bien entendu, à sa part de cochon. Papa marquait de son gros crayon de charpentier le nom des nombreux copains auxquels il apportait sa marchandise, sur la panière avant de sa bicyclette. Je l'accompagnais parfois dans ces tournées particulières. Grimpé laborieusement sur un vélo d'homme (un vieux clou acheté d'occasion !) que papa m'avait offert récemment, mes jambes trop courtes malgré les cales en bois ajoutées sur les pédales m'obligeaient à me déhancher sérieusement pour faire avancer l'engin. Je faisais moi aussi office de père Noël hors saison en apportant aux amis les ventrèches, filets et échines que j'avais bien ficelés sur mon porte-bagages. Avec ce providentiel système de troc, papa assuma dès la fin de l'année 1943 et jusqu'au terme de l'Occupation une grande partie de nos besoins, ainsi que ceux de tous nos proches.

Le café du Pont

En cette période où il était inséparable de son copain Hubert, papa avait bien tenté d'effectuer ses livraisons de vin ou de viande avec la camionnette – d'occasion elle aussi –, qu'il avait acquise récemment à moindre coût. Il faut croire que le prix en était encore trop élevé, puisque cette vieille carne refusait obstinément de démarrer. Bien que bon mécanicien et possédant lui-même un camion à gazogène, Hubert ne parvenait pas lui non plus à faire bouger l'engin. Il y réussit tout de même un jour, mais après mûre réflexion, devant les nombreux contrôles de véhicules qu'effectuaient les Boches, papa préféra continuer à acheminer le lard et les carrés de porc avec nos archaïques bicyclettes qui elles au moins avaient fait leurs preuves. Il faut croire que leur aspect vétuste découragea les Allemands, puisqu'ils ne daignèrent même pas nous les réquisitionner comme ils avaient coutume de le faire sans se gêner avec les vélos neufs.

Cette odyssée picaresque se déroulait dans la plus pure tradition de *La Traversée de Paris* dont Gabin, de Funès et l'inoubliable Bourvil nous firent partager les angoisses quelques années plus tard, dans le film d'Autant-Lara adapté du livre de Marcel Aymé.

Maman, de son côté, en plus de l'énorme labeur que lui procuraient – entre autres ! – les clients du café, dénichait je ne sais comment toutes sortes de semences de haricots, de petits pois, fèves, pois chiches, etc. Elle les semait elle-même après avoir fait bêcher un carré par un copain ouvrier de l'usine, qui ne voulait être payé pour sa peine qu'en vin rouge et en morceaux de petit salé ! Heureux celui qui possédait un bout de jardin et qui pouvait récolter de telles merveilles en ce temps-là. Les pois chiches, nous les dévorions souvent à la croque au sel ainsi que les fèves fraîches dont papa raffolait.

Jeannot, sans doute pour jouer, eut un jour l'idée pour le moins saugrenue d'introduire un grain de petit pois dans l'une de ses narines. Évidemment, en essayant de le retirer,

134

Parfums d'enfance

il ne fit que l'enfoncer vers les sinus mais n'osa avouer son exploit à maman qu'au bout d'une heure ou deux. Il pleurnichait tout en reniflant au milieu des clients du café, qui, il faut bien le reconnaître, avaient cruellement tendance à se moquer de lui. Maman, inquiète et agacée à la fois, lui dit : « Cesse de renifler, tu ne fais que l'attirer davantage au fond de ta narine ! », ce qui n'eut pour effet que de le faire pleurnicher de plus belle. Après que chacun des quatre ou cinq clients présents – dont le père Costes, ricanant – eut minutieusement scruté le fond du trou afin de trouver une solution, maman décida de partir avec Jeannot chez le docteur. La naissance du germe apparaissait déjà dans ce sacré grain de petit pois, niché à présent bien au chaud depuis trois ou quatre heures à l'entrée d'un cornet de sa fosse nasale. Ce n'est pas sans mal que Fourgeau mena à bien cette délicate opération qu'il n'avait guère coutume de pratiquer. La moralité de cette fable idiote fut que le père Costes surnomma désormais Jeannot « l'Haricot » et que, des mois durant, mon malheureux petit frère fut empoisonné par ce sobriquet ridicule, qui n'avait du reste aucun sens commun, puisque le coupable n'était autre qu'un malheureux petit pois !

Certains jeudis, jour sans école où la main-d'œuvre était plus abondante, il n'était pas rare que nous passions l'après-midi entière, les frères Costes, maman, mon frère et moi, à écosser ces diaboliques petits pois. Maman, qui souffrit toute sa vie d'une maladie nerveuse, finissait invariablement ces interminables séances d'écossage par de spectaculaires crises de nerfs. Seul le docteur, aidé de papa, parvenait à calmer cette pauvre et si vaillante femme qui travailla si dur de seize à dix-huit heures par jour jusqu'à trente-cinq ans passés. Depuis qu'elle avait commencé sur le tas à l'âge de neuf ans dans une usine de triage de plumes, elle n'avait pas la moindre idée de la signification du mot « vacances ». Malgré son infortune, maman avait tout de même appris à lire toute seule, mais ne sut jamais écrire, faute d'avoir si peu fréquenté l'école étant enfant. Ma si peu tendre future grand-mère que pourtant j'allais tant aimer l'avait fait embaucher ensuite à l'âge de douze ans dans une scierie où le salaire était meilleur. Avec des pointes et un marteau, maman clouait des caisses du matin au soir. Elle devint même la reine au championnat des cloueuses, car elle était la seule capable d'enfoncer en trois coups de marteau un clou de dix centimètres jusqu'à la tête. C'est du reste là qu'elle travaillait encore à l'époque où elle connut papa. Oui, elle en abattit de l'ouvrage dans sa vie, ma pauvre mère ! Bien qu'elle fût à présent la « patronne », c'est elle qui, dès quatre heures du matin, préparait le café et les œufs au plat pour les premiers clients qui pointaient dès cinq heures à l'usine. C'était elle aussi qui, complètement épuisée, faisait la fermeture à dix ou le plus souvent à onze heures le soir, après que les ultimes traînards avaient éclusé au comptoir « le petit dernier pour la route ». Après avoir servi, lavé et essuyé des centaines de verres, fait la cuisine, lavé et repassé le linge, s'être occupée de son mari et de ses deux enfants et avoir rendu sa maison propre comme un sou neuf, on aurait pu espérer qu'elle soufflât enfin deux minutes. Eh bien, pas vraiment ! Elle passait son après-midi à écosser des haricots verts ou à trier des lentilles. Nous l'aidions la plupart du temps aussi lorsqu'il fallait écosser des haricots en grains ou des petits pois, pour en faire des conserves. Les trente-cinq heures, elle, elle les faisait en deux jours !

Ces crises de nerfs récurrentes qui la laissaient sur le flanc deux ou trois heures durant m'impressionnaient au-delà de tout. Lorsqu'elles s'annonçaient, j'étais le premier à percevoir les signes de fatigue et d'énervement sur son visage. Je courais chaque fois prévenir papa qui se précipitait avec un gant de toilette imbibé d'eau fraîche et de vinaigre. Les gros travaux de conserve se terminaient toujours ainsi.

Les petits pois, enfin écossés, étaient mis dans des bouteilles de bière ou de limonade dont le système mécanique

Parfums d'enfance

de fermeture bouchait hermétiquement le goulot d'une rondelle de caoutchouc.

Durant ces si pénibles restrictions, maman faisait aussi une mélasse sans sucre qui ressemblait vaguement à de la confiture. C'était une espèce de raisiné noirâtre, un peu écœurant, que nous étalions en rentrant de l'école sur nos tranches de pain déjà si peu appétissantes. La saccharine remplaçait alors le sucre, quasiment introuvable. Même après la Libération, il ne revint peu à peu chez l'épicier qu'à la fin de 1946, où le rationnement obligeait encore à se serrer la ceinture. Mon petit frère Jeannot raffolait tout comme moi des vraies confitures. Nous ne retrouvâmes hélas véritablement ces goûts dont nous rêvions que deux ou trois années plus tard.

Quant à ce pain quasi immangeable, nous étions malgré tout contents lorsque nous pouvions en avoir un peu plus que la maigre ration quotidienne qui nous était impartie. À différents degrés, certes, tout le monde en ce temps-là souffrait de la faim.

Les clients du café devaient traverser une partie du chai pour se rendre aux « cabinets ». En passant devant la chaudière en fonte (celle du savon !), dans laquelle elles cuisaient, certains ne pouvaient s'empêcher d'« emprunter » quelques pommes de terre germées ou quelques trognons de choux destinés aux cochons. Ils emportaient parfois ces patates horriblement chaudes pour les dévorer à l'abri des regards, en s'enfermant dans ce fameux « petit coin » aux odeurs pourtant si nauséabondes. Maman, qui fermait les yeux sur ces pratiques, offrait même parfois un petit bout de lard au malheureux affamé réduit à ces chapardages.

L'école – L'instit méchant et le gentil

C'est certainement en 1944, à la communale du boulevard Flamens, deux ans avant de partir à l'école du stade Ducos pour y préparer le certificat d'études, qu'il m'arriva une histoire pitoyable et cocasse à la fois. Elle se termina toutefois plutôt bien pour moi. Allez savoir pourquoi, l'instituteur de ma classe, un stagiaire de l'école normale de Montauban, ne pouvait pas me voir en peinture. J'étais ce que l'on pouvait appeler son souffre-douleur. J'encaissais tant bien que mal brimades et punitions, sans jamais en parler à mes parents. Tous les jours je devais passer au tableau où je calais régulièrement devant les problèmes d'arithmétique qui demeuraient ma bête noire. Il le savait, bien entendu, et apparemment cela le faisait plutôt jubiler. Le sourire sarcastique qu'il arborait démentait toute bienveillance à mon endroit. Sa punition favorite consistait à me faire tendre les bras, les mains positionnées paumes en dessous. Muni d'une règle à calcul en aluminium, il faisait sauter les unes après les autres les croûtes d'impétigo provoquées par l'infâme pain que nous mangions. Elles se mettaient à saigner sur mes phalanges, devant les enfants de la classe qui n'en menaient pas large. Visiblement, cela le réjouissait intensément. Ce jour-là, au retour de l'école à 11 h 30, maman ne me crut pas lorsque je tentai encore une fois de lui faire avaler que j'avais mis mes mains dans ce sale état en jouant avec mes

Parfums d'enfance

copains. Elle me les soignait pourtant si minutieusement, avec tant d'amour, tous les matins avant de partir en classe, nettoyant à l'eau oxygénée toutes les plaies qui n'avaient pas séché avant de les pommader de ce fameux oxyde de zinc. J'éclatai en sanglots après avoir repoussé mon assiette de pâtes qui ne passaient pas et finis par lui avouer la vérité. Le récit de mes malheurs à peine terminé, maman enfila son manteau et me tendit le mien.

— On y va tout de suite. Il mange sur place, ton instituteur ?

— Oui, je crois. Il doit avoir fini à l'heure qu'il est.

Nous parcourûmes à vélo le kilomètre qui nous séparait de l'école en à peine cinq minutes. Jamais je n'avais pédalé aussi vite. Maman, fulminante, jaillit comme une furie sous le préau de l'école et avisa quelques instits qui discutaient entre eux dans la cour.

— Pouvez-vous me dire s'il vous plaît où se trouve l'instituteur de mon fils Pierrot Perret ?

— Mais bien sûr, madame, c'est moi. Je présume que vous êtes sa maman.

— Oui, et je souhaiterais vous parler.

— Voulez-vous venir dans la classe qui ne reprendra que dans une demi-heure, nous y serons plus à l'aise pour discuter...

Il ne se doutait sans doute pas à quel point maman allait pourvoir à son confort.

J'eus plus tard le récit détaillé du dialogue qui s'instaura entre elle et mon persécuteur. Cela ne pouvait évidemment que tourner au vinaigre.

Le nez collé à la vitre au milieu d'une poignée de copains qui, habitant trop loin, restaient là le midi pour avaler leur casse-croûte sur un banc, nous jubilions, en applaudissant même parfois. Le spectacle qui se déroulait à l'intérieur de notre classe valait pour une fois son pesant de bons points. Nous n'entendions rien de ce qui se disait bien sûr, mais avant même d'ouïr le compte rendu détaillé de maman,

Le café du Pont

nous avions l'impression d'assister en vrai à la vengeance de Zorro ! Elle avait arraché la règle en alu de la main du monstre qui venait de lui dire :

— Mais c'est juste avec cette petite règle que je l'ai corrigé, je n'ai pas pu lui faire le mal que vous dites... c'est votre enfant qui est trop fragile !

— Et vous, répliqua-t-elle, on va voir si vous êtes fragile, espèce de salopard...

Lui arrachant la règle des doigts, elle se mit à lui taper dessus tant qu'elle pouvait, sur la tête, les épaules, faisant même choir ses lunettes tant la colère l'aveuglait. C'est le directeur de l'école, le brave M. Courdy, qui vint lui-même, non sans mal, extirper le malheureux des griffes de Claudia. Une explication plus calme s'ensuivit au terme de laquelle le sadique petit stagiaire laissa tomber de son ton arrogant :

— Puisqu'il en est ainsi, je laisserai votre fils dans son coin et je ne m'en occuperai plus.

— Ne vous avisez pas de faire cela, l'avertit maman, car alors, je reviendrai et je vous jure que vous le regretterez toute votre vie.

— Ce sont des menaces ?

— Entendez-le comme vous voulez, mais tâchez de ne pas l'oublier.

Les mois qui suivirent furent idylliques pour moi. Le méchant instit s'efforça sans nul doute de me supporter, car il ponctua même la suite de mon éducation par quelques brefs commentaires qui ressemblaient presque à des compliments. Il fut bien obligé d'accorder un dix sur dix à mes dictées sans faute et convint que si j'étais moitié aussi brillant en calcul, je passerais presque pour un bon élève.

En tout cas, mon carnet de notes à la fin du mois mentionna que j'étais cinquième sur trente-deux élèves. À l'évidence satisfaite de ce résultat, maman me dit : « C'est bien, mais tu peux sûrement faire mieux, si tu le veux ! »

L'année suivante, j'avais changé de classe. M. Brecht, notre nouvel instit, était un Alsacien rigide, d'un abord

Parfums d'enfance

plutôt réfrigérant. C'était un homme grand, blond, osseux, à l'allure austère. Sévère mais juste aux yeux de tous les enfants de sa classe, il était craint et bien entendu respecté. C'est avec lui que pour la première fois de ma vie je fus le premier de la classe. Le dernier jour de ce mois de novembre, M. Brecht prit un malin plaisir à nous faire jouer aux devinettes. « Quel est selon vous le premier de la classe, ce mois-ci ? » Les noms des favoris, les deux ou trois qui arrivaient régulièrement en tête du classement, fusèrent.

— Vous êtes loin du compte. Non, disait-il en entendant les noms qui s'égrenaient, vous ne brûlez pas du tout.

Je finis par dire à mon tour :

— C'est Combret.

— Non, ça n'est pas Combret, mon petit Pierrot, me dit doucement M. Brecht, visiblement amusé, mais il n'est pas loin. Combret vient juste après. Le premier ce mois-ci, c'est toi.

Ce n'est pas sans émotion que je repense à ce concert que je donnai dans la Meuse vers les années 1970.

— Un vieux et sympathique monsieur, qui a l'air de bien vous connaître, l'un de vos anciens professeurs, me dit l'organisateur, tient apparemment beaucoup à vous rencontrer dans votre loge.

Cette dernière n'était autre qu'une caravane dans laquelle je me rasais puis me changeais avant d'entrer en scène en me cognant partout comme d'habitude vu l'exiguïté du lieu. J'allais chanter sous un chapiteau devant une salle comble et M. Brecht le « rigide » eut la larme à l'œil en m'embrassant comme du bon pain. Ce fut là son heure de gloire, dans son pays natal. Le lendemain, une page entière des *Dernières Nouvelles d'Alsace* était consacrée – avec moult photos de nous deux – aux touchantes retrouvailles d'un instituteur et de son ancien élève devenu célèbre, dont il était apparemment si fier.

Le café du Pont

Au terme de cette année scolaire si riche en émotions, j'attendais impatiemment les grandes vacances où j'espérais bien profiter une fois encore des colos.

Leur univers n'était-il pas le paradis, comparé au quotidien qui était le mien le restant de l'année ?

Petit jardin englouti et autres colos...

Un mois avant de repartir en transhumance vers Montjoi, comme tous les étés, puis d'enchaîner, comme l'avait décidé papa, le mois suivant vers une nouvelle colo, j'avais bêché un carré de deux mètres sur deux dans le jardin de maman. J'avais soigneusement fait éclater les mottes, comme je l'avais vue souvent faire, avant de passer maints coups de râteau pour affiner la terre. Au quatrième quartier de la lune descendante, j'avais semé dans cette terre enrichie de compost une volée de grains de maïs ainsi qu'une poignée de haricots tarbais. Il n'en est point de meilleurs pour confectionner un bon cassoulet. La mère de mon copain Robert, qui m'en avait offert, avait conservé précieusement de la semence pour elle aussi la mettre en terre, le temps venu. Puis trois pieds d'artichauts offerts généreusement par Mme Muñoz. Je lui avais dit : « Cette année, Isabelle, je vais faire mon petit jardin. Il devrait avoir poussé quand je reviendrai de colonie. »

Presque trois mois plus tard, de retour de mes colos, je me précipitai vers mon jardin, qui ne pouvait être que magnifique, si maman, comme je le lui avais bien recommandé, l'avait régulièrement arrosé. Hélas, pour mon malheur, Attila était passé dans mon jardinet. Il ne restait quasiment rien, sinon quelques pieds de haricots lourdement chargés de cosses bien pleines qui avaient échappé on ne sait comment à la razzia opérée par maman. Car oui,

143

Le café du Pont

c'était bien elle qui avait récolté mon maïs et mes artichauts !

Ces beaux culs d'artichauts qu'elle avait préparés « en
sauce blanche aigre-douce », crut bon de préciser papa, les
avaient bien régalés tous les deux. « On a tout mangé en
une seule fois, avec Laurent et Marthou (la sœur de maman,
future épouse d'André), ajouta maman, et c'était sacré-
ment délicieux ! »

Mes pieds de maïs, superbes eux aussi – bien que n'ayant
pas eu le temps de venir à terme –, eh bien, les lapins en
avaient raffolé ! « Ça les a changés un peu de l'avoine, des
liserons et du séneçon », me dit ma pauvre mère, pour justifier son inqualifiable comportement, qui m'avait précipité
au bord des larmes.

Ce maïs, ces artichauts, j'en avais rêvé durant mon séjour
en colo ! J'imaginais à mon retour de belles panouilles que
j'éplucherais comme des bananes, et dont je découvrirais les
graines jaune pâle et odorantes. Je les aurais contemplées
fièrement, peut-être même fait griller pour les déguster
légèrement éclatées avec François ou avec les frères Costes,
dont l'ordinaire était si frugal.

La peine qu'elle m'avait faite, maman, sans s'en douter !
Seuls me consolèrent les haricots tarbais qui donnèrent un
sublime cassoulet, comme elle savait si bien le réussir.

En 1944 ou 1945, après avoir passé le mois de juillet à
Montjoi, je partis tout le mois d'août à Bagnères-de-Bigorre.
Mes parents m'avaient expédié dans cette nouvelle colo
pour me faire respirer le bon air des Pyrénées. Sans doute
trop sensibles à l'air pur des montagnes, nous étions morts
de faim mon copain Robert Lagarde et moi, inséparables
en ce temps-là. Il y avait un immense parc (à mes yeux
d'enfant) où des tilleuls centenaires nous dispensaient leur
ombrage ainsi que leurs graines du mois d'août, qui ressemblaient à des pois chiches. Nous les dévorions à mesure sous
les arbres, à longueur de journée. Je ne me souviens de rien
d'autre de cet endroit, ni du dortoir, ni du réfectoire, ni des

Parfums d'enfance

jeux, ni des moniteurs. Ce qui me reste en mémoire, c'est que tous les jours, nous avions faim et que nous étions obsédés par cela. On nous nourrissait principalement avec du riz ou des nouilles à la tomate, dont les portions étaient sans nul doute bien trop congrues pour nos appétits d'alors.

Robert et moi avions opportunément mis au point quelques récits peu ragoûtants où, durant les repas en commun dans le réfectoire, il était question entre autres de diarrhée de chat et de vomi de chien. Au beau milieu de notre histoire sordide, une fille, le plus souvent – ici la mixité ne posait pas de problèmes –, repoussait subitement son assiette en protestant :

— Vous êtes dégueulasses, j'ai plus faim !

Mais nous, si. Nous nous partagions alors équitablement les nouilles qui restaient dans son assiette, en remerciant le ciel qu'il existât encore sur terre des individus aussi sensibles et délicats. Si, tout de même, le seul souvenir qui reste bien vif en ma mémoire, en dehors de cette faim perpétuelle, est celui de nos baignades dans l'Adour qui devait friser les huit ou dix degrés de température aux alentours du 15 août. Cette eau si fraîche – sans doute chaude pour un Esquimau ! –, tout droit venue des montagnes pyrénéennes, nous glaçait les os mais ne nous a jamais rendus malades.

— Que vous êtes maigres, mes pitchouns ! nous dit papa qui était venu nous chercher en camionnette et nous attendre au retour sur le quai de la gare de Montauban.

Un marchand ambulant passa près de nous avec sa carriole remplie de chasselas dorés de Moissac.

— Vous ne voulez pas un raisin ? Vous devez avoir faim... D'ailleurs, je vous trouve bien amaigris, tous les deux...

Se ruant sur l'aubaine, Robert dévora trois grappes à une cadence qui aurait pu l'étouffer.

Mais moi je dis : « Non, papa, ça va, je n'ai pas très envie. » Je ne voulais pas qu'il sache à quel point j'étais affamé depuis le soir de notre départ dans cette triste colo.

145

Le café du Pont

Il n'était pas rare que mes parents, pour ne pas m'avoir dans leurs jambes au café durant toutes les vacances d'été, m'envoient en colo dans deux lieux différents comme on vient de le voir, en juillet et en août. « Et puis, ça te fera connaître de nouveaux copains », disaient-ils pour me persuader des bienfaits de leur initiative. Je garde ainsi le souvenir de cette autre colo, plantée au beau milieu de la forêt du Casteron, à vingt kilomètres de chez nous. Le père Muñoz, qui était bûcheron, allait de temps à autre y faire du charbon de bois. Le samedi soir, il en revenait noir de la tête aux pieds et cela amusait beaucoup les enfants du quartier. J'ai contracté en ce lieu une mémorable colique après l'absorption déraisonnable d'un sombre et traître ragoût de haricots, fatal à mes intestins. J'ai aussi en mémoire une autre « jolie colonie... » où pour la première fois de ma vie, émerveillé, je vis la mer. C'était aux Sables-d'Olonne, trois ou quatre ans plus tard, après la Libération, en 1946. Le jour du départ, mémé, qui m'avait accompagné jusqu'au car, avait gardé pour moi des tablettes de chewing-gum. C'étaient les toutes premières, qu'un soldat américain lui avait personnellement données lorsqu'ils avaient traversé le pays quelques mois plus tôt. L'un d'entre eux, stoppant sa Jeep devant chez elle qui agitait son mouchoir, le lui déroba en souvenir et lui chargea les bras de biscuits, chewing-gums et tablettes de chocolat, avant de l'embrasser et de poursuivre sa route vers Berlin. Ces petites plaquettes de chewing-gum rectangulaires d'un rouge brique avaient un goût amer de cannelle fort désagréable pour moi. Je crois que c'est de là, d'ailleurs, que me vient ma tenace allergie à cette épice. Depuis la Libération, l'engouement pour le chewing-gum était tel, le plaisir de l'étirer à vingt centimètres hors de sa bouche devant les copains qui n'en avaient pas, si fort, que même si le goût s'était évaporé au bout de quelques minutes de masticage, cela importait peu.

Cette fois-ci, mon émotion était provoquée par l'immensité panoramique de cet océan que je découvrais, par

Parfums d'enfance

le parfum si caractéristique et si agréable des pins, mêlé à celui de la marée. Les algues éparpillées sur le sable doré offraient à marée basse un fascinant terrain de jeux. Nous le parcourions en tous sens à la recherche de couteaux, d'os de seiche, d'étoiles de mer (cette appellation m'enchantait), ou de coquillages de toutes formes jaunes, verts ou roses. Nous les rangions soigneusement dans la valise après les avoir fait sécher au soleil. Les pauvres étoiles de mer mises à sécher, elles aussi, se vengeaient bien en dégageant une odeur nauséabonde insupportable au bout du deuxième jour. Mon copain Benoît, qui avait eu l'idée saugrenue de conserver un oursin dans sa mallette pour l'offrir à ses parents, déclencha un tollé de protestations dans le dortoir qui sentait fort le pourri. Pleurant à chaudes larmes, il creusa à la cuillère dans le sable une petite tombe au fond de laquelle il déposa son oursin, planta une petite croix dessus et, tournant les talons, ne parla plus à personne durant trois jours.

Ce furent probablement mes dernières colos. Je me revois après la baignade de l'après-midi, nous marchions en rangs deux par deux sur le trottoir du bord de mer. Sur le chemin du retour, nous chantions à tue-tête « Youkaïdi, youkaïda... ». Je me souviens d'avoir été marqué, en passant devant le casino, par l'affiche d'une chanteuse qu'on entendait alors à la radio, Édith Piaf, qui donnait le soir même un concert avec les Compagnons de la chanson dont je lisais le nom pour la première fois. Verrai-je un jour dans ma vie un tel spectacle ? me demandais-je alors.

La bonbonne de vin blanc – Le Polonais – Sueurs froides au canal

Nous partîmes un matin, papa, son ami Hubert le camionneur et moi, dans notre camionnette qui roulait enfin ; ça restait un vieux clou branlant, mais qui pouvait néanmoins transporter trois barriques de deux cent vingt litres. Pour faire bonne mesure, papa y avait ajouté un certain nombre de bonbonnes vides de dix, quinze ou vingt-cinq litres. Le point stratégique à passer à la sortie du pays pour gagner la campagne était alors le grand pont de Trescasses, autrement dit celui qui enjambe la Garonne avant d'arriver à Saint-Aignan. Nous avions souvent emprunté le même chemin de la Mouline, qui nous menait d'habitude, mémé et moi, vers nos prés à pradélets. Les Allemands avaient posé des chevaux de frise sur une moitié de la largeur du pont et il était bien sûr hors de question de traverser sans montrer ses *papirs*. Les mitraillettes et les chiens policiers étaient suffisamment dissuasifs eux aussi.

— *Fous salé gergé goi la tetans* ? demanda l'un des soldats allemands.

Il portait sur la poitrine une plaque métallique en forme de grosse banane accrochée au bout d'une chaîne, qui dénotait son appartenance à la Feldgendarmerie.

— Il ne le voit pas ce con qu'on va pas acheter des beignets avec des barriques vides ? dit agressivement Hubert à papa, peu rassuré d'entendre ce genre de réflexion.

L'expérience ne lui avait-elle pas appris à se méfier ?

Parfums d'enfance

— Fais gaffe, des fois y en a qui comprennent.

— Qu'ils aillent se faire mettre, lâcha, méprisant, l'irascible Hubert.

— On va chercher du vin. Vous savez, dit papa en accompagnant son propos du geste de boire, sur le ton avec lequel on parle aux petits enfants. Du vin blanc, du vin rouge...

— *Oh ya ya, gut fin planc...* nous *peaucoup poire fin planc* en Allemagne... *gut... fous... refenir afec fin planc bour* nous, dit le Chleuh en désignant ses trois copains.

— *Ya, ya,* fit papa en lui montrant une bonbonne, nous rapporter celle-là pleine pour vous. Pleine de vin blanc.

— *Gut gut,* allez, vous *boufez basser...*

Avant de quitter la ferme des Bedouch nantis du précieux chargement de vin, papa et Hubert décidèrent à l'unanimité qu'il était de notre devoir de nous efforcer de nous soulager abondamment tous trois la vessie dans la bonbonne de vin blanc destinée à nos chers Doryphores. Avoir accompli ce jubilant devoir au nom de la patrie reste assurément l'un des meilleurs souvenirs du funeste séjour chez nous de ces messieurs. Il m'est arrivé, bien des décennies plus tard, de voir à la télévision de vieux Allemands parler de l'Occupation. Chaque fois je me suis dit : C'est peut-être celui-là qui a bu le vin blanc de la bonbonne que nous leur avions rapportée ce jour-là.

Aux alentours de dix heures du soir, j'avais pour habitude d'aller faire un petit pipi dans le jardin avant de me coucher. Cet acte banal se transforme pour moi en un réel plaisir lorsqu'il peut s'accomplir dans la nature. Il gelait pourtant à pierre fendre en ce mois de janvier 1943, et je me disais en déboutonnant mon short (je ne portais toujours pas de pantalons longs) qu'il eût sans doute mieux valu, pour cette fois, effectuer cette opération plus douillettement dans le pot de chambre en faïence blanche de ma chambrette. La chaude petite averse que je dispensai sur les

Le café du Pont

ronces et les orties provoqua une sorte de gémissement qui
acheva de me glacer le sang. Une peur intense s'empara de
moi dans cette nuit noire et je pris mes jambes à mon cou
jusqu'à la salvatrice lumière de la cuisine où j'arrivai
essoufflé.

— Pourquoi as-tu couru comme ça dans le noir, au risque
de te rompre le cou ?

— Maman, j'ai fait pipi dans le jardin... je crois qu'il y a
quelqu'un de caché sous les ronces.

— Qu'est-ce que tu racontes là ! C'était sûrement le chat
de Mme Gonzalès...

— Non maman, je t'assure, j'ai bien entendu, c'était
comme si quelqu'un gémissait.

— Maurice ?

Maman appela papa qui comptait l'argent de la caisse
dans la salle du café.

— Va voir dehors avec le gosse, il croit qu'il y a quelqu'un
dans le jardin...

— Alors, il est où ton fantôme ? demanda papa en m'accompagnant avec sa lampe de poche braquée devant nous.

— C'était là, papa.

Couché en chien de fusil au fond d'une légère excavation
qui, dans cette partie du jardin laissée en friche, faisait office
d'abri sous un volumineux roncier, un soldat allemand visiblement aussi terrifié que nous étions surpris apparut alors.

Il protégeait ses yeux des rayons de la lampe de poche et
murmurait derrière le dos de sa main : « Moi, Polonais...
Polonais... pas bon soldat allemand, pas bon... moi *bardir*
maquis... maquis, moi pas *kaputt* Russie... maquis, maquis... »

— Eh ben, pitchou ! s'exclama papa sans s'adresser particulièrement à quelqu'un, c'est arrivé plus vite que je ne le
pensais ! Allez viens, dit-il au type qui sortit de sa cachette,
on va voir ce qu'on peut faire... Tu te rends compte,
continua-t-il tout seul, bien sûr, en principe ce doit être un
Polonais... mais si ce n'est pas un Polonais ?... Nom de Dieu,

Parfums d'enfance

murmura-t-il entre ses dents, on a beau s'y attendre, ça fout quand même un choc.

Maman, qui s'affolait moins que papa, prit tout de suite en pitié ce malheureux soldat déguenillé qui n'avait pas vraiment l'air d'être un simulateur. Mais sait-on jamais ? Elle lui donna du pain et un morceau de lard. La façon dont il engloutit le tout – qu'il noya sous deux verres de vin rouge – témoignait qu'un tel affamé n'avait sûrement rien avalé depuis des siècles. C'est ce qu'il nous confirma d'ailleurs en s'expliquant dans un sabir franco-polonais-allemand ponctué d'onomatopées. Il avait fui la caserne et se cachait sous ce roncier, la peur au ventre, sans oser bouger. Il n'avait rien mangé depuis deux jours.

— Il faut lui trouver des frusques, se débarrasser des siennes et je dois l'emmener chez les copains... ça va être une vraie partie de plaisir avec le couvre-feu. En tout cas, on ne peut pas le laisser choir. Il faut qu'on s'en occupe, et vite ! S'ils le trouvent, ils le fusilleront aussitôt... et nous ensuite, dès qu'il aura parlé !

Maman essaya de dénicher quelques-unes des rares vieilles frusques de pêche qui restaient à papa. Pendant qu'Erik – c'était son prénom –, notre Polonais, se déguisait en pêcheur, je regardais papa s'échiner à ficeler tant bien que mal les habits vert-de-gris du déserteur en une boule serrée. Ce rond paquet de drap, qui puait la crasse, fut attaché à deux briques creuses qui devaient servir de lest.

— Pierrot, mets tes chaussettes longues et ton manteau par-dessus ton tricot, tu viendras avec moi au canal.

— Mais, Maurice, s'affola maman, tu ne vas pas emmener ce gosse avec toi, avec les risques qu'il y a et le froid qu'il fait, en plus !

— On en a pour cinq minutes. Je vais avoir besoin de lui.

Nous laissâmes maman morte d'inquiétude avec le fugitif, en train de lui faire chauffer du vin dans une casserole.

Nous fîmes à pas de loup, dans les zones les moins exposées à la vue, les cent cinquante mètres à parcourir pour nous débarrasser de ce ballot lesté. Papa tenait une brique dans chaque main, je portais quant à moi l'uniforme vert-de-gris roulé en boule et noué aux briques creuses par un mètre de ficelle. Est-il besoin de préciser que nos doigts étaient gelés et que dans la nuit noire nous n'en menions pas large ?

Cette épaisse obscurité nous était néanmoins complice. En plein couvre-feu, papa redoutait une patrouille allemande qui pouvait survenir à tout moment. Nous n'avons pas pensé une seconde, ni lui ni moi, que le canal aussi pouvait être gelé. Nous étions à présent sous le pont, à l'abri des regards, pour y noyer notre encombrant colis. Ce n'est que lorsque papa le lança sur la surface lisse totalement prise par la glace que nous eûmes véritablement froid dans le dos. Le bruit de la glissade s'interrompant au beau milieu du canal nous parut pour le moins sinistre. L'écho des pas cadencés de la patrouille qui passa à ce moment-là sur le pont au-dessus de nos têtes acheva de nous paralyser. Pétrifiés, nous ne bougeâmes plus d'un pouce jusqu'à ce que s'éloigne le bruit de bottes de ces salopards dont certains – s'ils l'avaient pu – auraient aussi noyé leur uniforme avec plaisir.

— Si demain matin on trouve ce paquet au beau milieu du canal gelé, c'est nous qui serons fusillés ! Pierrot, viens avec moi. On rentre. Je n'ai plus besoin de toi, je vais chercher une gaffe à la maison et je vais revenir arranger ça. Le risque est moindre à présent que la patrouille est passée.

Papa nous raconta à son retour qu'après plusieurs tentatives infructueuses il avait enfin réussi à accrocher le cordage qui liait les deux briques au ballot. Pour finir, il les avait abandonnées sur le talus et avait rapporté à la maison le problématique cadeau du Polonais déserteur. On cacha ces puantes frusques si dangereuses dans une barrique vide du grand chai, sous un monceau d'autres tonneaux identiques, en attendant de pouvoir faire mieux. C'est Laurent,

Parfums d'enfance

huit jours plus tard, après le dégel, qui retourna au canal pour y engloutir en pleine nuit l'encombrant colis.

Pour l'heure, momentanément hors de danger, papa finit par dire au Polonais :

— Allez camarade, on va y aller. On a intérêt à être prudents, parce que les Frisés, par les temps qui courent, ils sont de plus en plus nerveux.

Une musette en bandoulière, ils s'enfoncèrent tous deux dans la nuit à travers champs.

— Nous allons prendre les chemins de traverse, ajouta simplement papa.

Il y eut d'autres Polonais déserteurs. Ils surent tous trouver le chemin de la maison. La prudence de mes parents ne fut jamais prise en défaut et tous ces réfractaires à la barbarie leur doivent certainement la vie. Je ne raconterai pas par le menu d'autres péripéties sur le sujet, mais je peux simplement dire que l'armoire de vêtements de papa était quasiment vide à la Libération.

Ce n'est qu'aujourd'hui, après avoir exploré et trié deux valises bourrées de papiers de famille, que j'ai mis la main sur un étonnant dossier classé sous le nom de « Résistance ». Et je découvre ici le pot aux roses. Au fait, maman savait quoi ? Et jusqu'où ? Connaissait-elle ces compagnons de l'ombre, dont ce Novack vers lequel papa acheminait la nuit ses compatriotes déserteurs ? Savait-elle que notre voisin l'éclusier numéro 19, Pierre Marre, était lui aussi dans le coup ? Ce dernier l'explique avec force détails dans une lettre manuscrite conservée par papa. J'ai également sous les yeux le témoignage d'un dénommé Louis Videmont, habitant alors 7, rue de la Régénération à Castelsarrasin. Il évoque des missions qu'il réussit à trois reprises aux côtés de papa en se rendant au village de La Capelette chez le camarade Novack pour y convoyer des Polonais évadés de la caserne Banel.

Le café du Pont

Après les multiples périls qu'il avait bravés, ce pauvre Novack n'eut d'ailleurs pas de chance. Il fut assassiné par la Gestapo de Moissac le 16 août 1944, quelques jours seulement avant la Libération. C'est Louis Videmont lui-même qui nous l'apprend dans son témoignage.

M. Faustin Béziers, alors maire de Castelsarrasin et chef de la résistance locale durant l'Occupation, explique lui aussi sur un papier jauni daté du 20 août de cette même année que « M. Boutonnet, recruteur pour la 9e compagnie, avait dans son groupe de l'Armée secrète le sieur Bénech – chef de groupe – qui avait recruté à son tour M. Maurice Perret depuis mars 1943 ».

Pour couronner le tout, l'autre meilleur copain de papa avec Roger Bénech, le cordonnier communiste Marc Caulet dit La Colle, n'explique-t-il pas que, traqué par la Milice comme tous ses frères de convictions et forcé de prendre le large en 1943, c'est dès lors papa qui le ravitailla régulièrement au maquis de Saint-Antonin près de Montauban ? Ce père cachottier prit sur lui à ce moment-là de déménager entièrement l'échoppe du cordonnier et toutes ses affaires personnelles avant que les Allemands ne viennent les lui piller. Son ami La Colle, d'ailleurs, ne lui en fut-il pas éternellement reconnaissant ? Je connaissais l'histoire du sauvetage du magasin de Caulet par papa, mais j'ignorais qu'il assurait aussi sa survie au maquis...

Comment dire mon émotion, enfin, quand au milieu de ces révélations j'ai trouvé cette carte de couleur grise cerclée de liserés bleus portant le tampon du président de « l'Amicale des anciens de l'Armée secrète de Tarn-et-Garonne » et l'inscription « Amicale des anciens FFI » ? Juste en dessous, on peut lire : ARMÉE SECRÈTE CFL, carte de membre actif, PERRET MAURICE.

Ma chère maman connaissait-elle tous ces secrets ? En tout cas, pas plus que papa, elle ne m'en parla jamais.

Parfums d'enfance

La multiplication des alertes allait susciter en nous des angoisses imprévues et bientôt quasi quotidiennes, surtout au début de 1944. La sirène de l'usine annonçait les avions alliés censés bombarder les endroits stratégiques, usines, voies ferrées, etc., si précieux pour les Allemands. Bien sûr, tout le monde trinquait. Les Normands les premiers en firent les frais. Mais cela, nous ne l'apprîmes que bien plus tard. Selon papa, le voisinage de notre café avec une usine travaillant pour les Allemands constituait à l'évidence un sérieux danger pour nous qui habitions à deux cents mètres de ce lieu à haut risque.

Il avait donc fait confectionner un abri au fond du jardin, par un voisin portugais qui s'occupait chez nous des carrés de terre à bêcher. Ce dernier avait creusé à même la terre, dans le talus près du merdaillou, une sorte de caverne de deux mètres de largeur sur un mètre cinquante de profondeur. La hauteur ne dépassant pas un mètre vingt, les adultes ne pouvaient s'y tenir qu'assis. Au premier hurlement de sirène, maman plongeait sur deux couvertures toujours prêtes, qu'elle emportait avec elle ; papa prenait une lampe, une bougie, des allumettes.

— Les gosses, disait-il, prenez votre manteau, on fonce au ruisseau.

Laurent suivait.

Une fois en place, bien accroupis, au bord de l'abri, le nez en l'air, l'oreille tendue, résignés, nous guettions l'arrivée des avions alliés.

— Ça y est, c'est eux, je les entends, mais ils doivent être encore loin.

L'attente, bien que jamais très longue, paraissait interminable.

Pour tromper notre inquiétude, maman sortait de sa poche de tablier quelques-uns de ces gros biscuits vitaminés que l'on nous distribuait parcimonieusement à l'école. Ils étaient jaune pâle, épais et plus durs que les semelles des galoches en bois que portaient les fils Costes. Nous n'avions,

Le café du Pont

à dire vrai, ni le cœur ni l'envie de mâchouiller ces biscuits, même si la faim nous tenait parfois en éveil. Le bruit du ronflement des moteurs de l'escadrille était à peine perceptible quand les avions arrivaient au-dessus de nous. On ne les voyait pas car ils volaient très haut. Je ne pourrai cependant jamais oublier l'instant où, le danger bien à l'aplomb de nos têtes, chacun pensait la même chose en évitant de regarder les autres.

Maman serrait très fort nos mains dans les siennes tandis que papa murmurait entre ses dents : « Putain de Boches, putain de Boches !... »

Dédé le Maquisard –
La débâcle des Allemands – Joseph

Désormais, au café, les messes basses entre papa et les clients allaient bon train. Pour pallier les journaux dont tout le monde savait qu'ils mentaient, le bouche à oreille commentant les événements était permanent. Après la raclée que les Frisés avaient prise à Stalingrad, le moral de tous ceux qui écoutaient Radio-Londres, dans notre cuisine, le soir avec papa, avait considérablement remonté. Les maquisards du coin ne cessaient de harceler les vert-de-gris qui devenaient de plus en plus chatouilleux et agressifs. Nous n'apprîmes évidemment l'horreur d'Oradour ainsi qu'une partie de toutes les autres atrocités que bien des semaines après la Libération.

Certains maquisards, Dédé en tête, surgissaient parfois d'on ne sait où aux heures calmes. Durant ces moments, les Allemands partis en vadrouille ne venaient que rarement siroter au comptoir les pauvres ersatz qu'on leur réservait, ou l'orge grillé mélangé à la chicorée – lorsqu'on en trouvait –, qui tenaient lieu de café. Je me souviens que, quelques jours après le 6 juin 1944 (les Alliés avaient déjà débarqué en Normandie mais ils étaient encore bien loin de chez nous !), André Ehanno dit « Dédé le Maquisard » débarqua en coup de vent – comme d'habitude ! – au café. Mon futur oncle avait un faible très prononcé pour Marthe, la sœur cadette de maman, qui devait avoir dix-huit ou dix-neuf ans. Depuis peu, en effet, ma jeune tante aidait maman

Le café du Pont

au café. Elle n'était de son côté pas franchement hostile aux regards enamourés de son héros. Car il en était un vrai. Il fit des coups pendables aux Allemands et eut droit à une médaille à titre posthume, ce qui lui fit une belle jambe ! Son courageux frère Félix (son nom de guerre était Walter) s'était engagé à ses côtés dans les rangs de l'abbé Dussartou. André, lui, se faisait appeler Machaut. Le courageux Dédé donc – dont la spécialité était, entre autres, de faire dérailler les trains transportant des Allemands – vint prévenir papa que son groupe de maquisards ferait sauter la turbine de l'usine la nuit suivante. Dans la mesure où elle se situait de l'autre côté du canal, à peine à trois cents mètres du café, il valait mieux, conseilla-t-il, laisser toutes les fenêtres et portes vitrées ouvertes car la déflagration risquait fort de leur être fatale.

Le formidable boum qui fit sauter tout un pan de mur de l'usine en même temps que la turbine d'alimentation réveilla en sursaut tout le quartier vers deux heures du matin. Les familles Tabas, Muñoz, Costes et Gonzalès n'avaient pas été prévenues, le risque en eût été bien trop grand. Non qu'ils ne fussent pas sûrs, mais cela eût fait trop de monde au courant.

N'empêche que tous nos voisins se posèrent et nous posèrent la question de savoir pourquoi leurs vitres avaient volé en éclats à trente mètres de chez nous, et pourquoi les nôtres étaient restées intactes. Une enquête des Allemands ou de la Gestapo concernant ce phénomène apparemment inexplicable aurait pu nous coûter très cher.

Grâce au dévouement et à la gentillesse de M. Pesqui, témoin lui aussi d'une bonne partie des événements de cette époque et ami de héros pour certains aujourd'hui disparus, j'ai pu obtenir une copie du livre si rare *Le Corps franc Pommiès*, ainsi qu'une attestation du président national de l'Amicale de ce fameux corps franc dont André faisait partie.

Le président Courbet y déclare que : « *M. Ehanno André, né le 3 mars 1921 à Crash (56) a servi au corps franc Pommiès du 1ᵉʳ mars 1944 au mois d'octobre 1944. Il appartenait à la compagnie de Furnel du bataillon Francot. Il a participé aux combats d'Astaffort, L'Isle-en-Jourdan et Autun.*

Il a également pris part à plusieurs embuscades et escarmouches lors de l'engagement du 26 juillet 1944 dans la région d'Auch.

Il est titulaire de deux citations à l'ordre du régiment avec attribution de la croix de guerre. »

Une homologation des citations accordées le 22 décembre 1962 au titre de la Résistance et à l'ordre du régiment mentionne par ailleurs que : « *Ehanno André, chef de groupe plein d'allant et de sang-froid, a remarquablement entraîné son groupe le 20 août 1944, lors de l'attaque de L'Isle-en-Jourdan (Gers), infligeant de nombreuses pertes et capturant de nombreux prisonniers.* »

Ce livre introuvable aujourd'hui donne un aperçu du quotidien que pouvaient vivre au maquis André et tant d'autres de ses compagnons qui, eux, n'en sont pas revenus.

L'un de ses copains de clandestinité qui faillit bien y laisser sa peau lui aussi fut un nommé Décun, qui faisait également partie d'un réseau activement recherché par les miliciens. Poursuivi, ne sachant plus où aller, tant ces derniers le traquaient de près, Décun se rendit la nuit chez son ami Carles, le croque-mort. Les deux jours durant lesquels, grâce à lui, le fugitif demeura caché dans un caveau du cimetière lui sauvèrent sans aucun doute la vie. Carles était un copain de Dédé et aussi de papa. Ces derniers racontaient que, facétieux comme le sont souvent les gens qui pratiquent ce difficile métier, Carles, sortant d'un air très sérieux le mètre à ruban qu'il avait toujours dans sa poche, mesurait ainsi rapidement tous les amis qu'il rencontrait. Il disait souvent, surtout aux plus vieux : « Toi, tu as encore perdu deux centimètres, je n'aurai pas besoin de planches trop longues ! »

Ce type d'humour noir vous faisait parfois rire jaune, comme le disait papa.

Le café du Pont

Lors de ces premiers mois de 1944, nous couchions de plus en plus fréquemment Jeannot et moi chez les Muñoz, tant maman craignait qu'il n'arrivât le pire au café. Un soir particulièrement dur, les Allemands, qui venaient d'essuyer de lourdes pertes en affrontant des « terroristes » dans la forêt de Montech toute proche, se déchaînèrent au café. Papa, passé devant le comptoir, avait tenté de canaliser leurs débordements. Ayant même, devant leur état, refusé de leur servir une septième ou huitième tournée de vin blanc, il se retrouva avec le canon d'un pistolet dans la bouche. Le sergent qui tenait le pétard ricanait en le voyant pâlir. Un épais silence s'abattit tout à coup sur la salle. Laurent, livide, s'immobilisa. Maman, pétrifiée, se retenait visiblement pour ne pas hurler. Durant les trente secondes de ce suspense insoutenable, je restai, quant à moi, glacé des pieds à la tête. Pour finir, un lieutenant s'approcha de la brute et lui intima doucement mais fermement en allemand de se calmer et d'abaisser son arme, ce que fit l'autre de mauvaise grâce. Toutefois, ne voulant pas avoir dégainé pour rien, et sans doute pour se défouler, il se mit à tirer sur toutes les bouteilles perchées sur les étagères jusqu'à ce que les autres soldats parviennent enfin à le neutraliser. La vingtaine d'excités que leurs supérieurs avaient dû doper au schnaps avant de les envoyer affronter les maquisards finit par débarrasser le plancher. Ils n'étaient restés qu'une heure, qui avait paru durer un siècle, dans une ambiance qui sentait la mort.

Je n'avais jamais vu papa aussi blême, aussi silencieux, aussi anéanti.

À présent, assis dans la cuisine, maman et lui se regardaient sans rien dire. Maman pleurait doucement en essuyant de temps en temps ses larmes d'un revers de la main. Papa, que jamais de ma vie je n'avais vu assis – sauf à table –, se leva lentement, presque comme un vieillard. Lui qui n'avait que trente-deux ans paraissait soudain en accuser

160

Mes arrière-grands-parents Alfred et Noémie Perret, comédiens.

Aux environs de 1910, Antoinette, derrière son époux Gustave Perret, mon grand-père paternel, sur le pas de porte de leur magasin.

Mémé Anna, ma grand-mère maternelle.

Papa et maman, fiancés.
Elle a dix-neuf ans, lui vingt-deux.

Papa, vers 1931.

Maman a revêtu son plus beau tailleur pour se rendre au marché.

Toujours vers 1931-1932, papa (en haut-de-forme) dispute sa première course de « tacots ».

Maman fut une des premières femmes du pays à obtenir son permis de conduire !

Play-boy dubitatif, je m'apprête à souffler ma première bougie.

Ci-contre, j'ai deux ans... et l'air de me demander s'il ne serait pas grand temps d'aller à l'école !

... où je suis le seul à avoir la banane ! (troisième au premier rang en partant de la gauche)

Ma première fiancée et voisine, Huguette Castelnau.

Sous l'œil de mémé Anna, maman prépare Jeannot, mon petit frère. Nous « allons promener ». Je suis endimanché pour l'occasion. J'ai cinq ans.

Au premier rang (premier et deuxième en partant de la gauche), le curé de Saint-Jean, notre paroisse, qui se fritait toujours avec l'ami Caulet, le copain de papa, et le curé Pécharmant, qui adorait les histoires grivoises.

À l'extrême gauche tout en haut, papa fait le pitre à côté d'une demoiselle Rouquette lors d'une vente de charité.

Fernande et tonton Étienne, le capitaine des spahis Bourgoin.

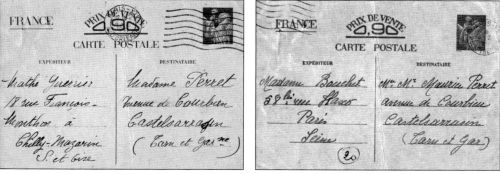

Pendant la guerre, deux cartes reçues avec deux noms différents, qui semblent pourtant provenir de la même famille, celle de Mathé.

La carte de résistant de papa. Je découvre, en préparant ce livre, qu'il fit partie de l'armée secrète dès mars 1943.

Après la Libération, de retour du canal, à l'issue d'une course aux canards à la nage. Devant moi (au deuxième plan à gauche), mon frère Jeannot en casquette, Laurent au premier plan et, sur sa droite, un des fils Tabas.

De gauche à droite, mon copain Rémy, maman, papa, moi et Jeannot devant le Café du Pont.

Avec mon frère Jeannot, qui vers l'âge de quatorze ans apprenait l'accordéon.

Jeannot, maman et LA Kaiser de papa.

Papa, maman et… LA carpe, la plus grosse prise de papa.

Avec mon premier orchestre – et mes initiales flambant neuves ! De gauche à droite, André Montcamp, François Malvy (dit Bouboule), André Le Catalan et moi.

À Toulouse, en 1948, sur le chemin du conservatoire au côté de mon amie Michèle Loubet.

La classe de saxo de Jacques Cotteret au conservatoire de Toulouse, en 1950. Je suis au deuxième rang, quatrième en partant de la gauche ; juste à ma droite, notre professeur ; assis au premier rang en dessous de notre maître, mon copain Jo Fabre. Toujours au premier rang, les deux derniers sur la droite, Antoine Baulo et Michel Claverie.

Dans une représentation de *L'École des maris*. Je suis tout à fait sur la gauche. Au centre, dans sa belle robe à crinoline, Michèle Loubet et, juste à sa droite, mon copain Rémy.

À Toulouse, mon saxophone à la main. En arrière-plan, mon copain Antoine Vié, encore plus nul que moi en solfège…

À la conquête de l'avenir avec mon ami Robert Lagarde (à droite) – et mes premières baskets (des Bussnel !), bien avant la mode.

le double. S'approchant de maman, il caressa doucement ses beaux cheveux bruns en lui disant :

— Ne t'en fais pas, ma femme, ce sera bientôt fini. Je te promets qu'il n'y en a plus pour longtemps.

Sans être aussi dramatiques, les scènes de désordre engendrées par ces messieurs n'étaient pas rares au café. J'ai le souvenir d'une autre soirée très agitée au terme de laquelle mes parents parvinrent tant bien que mal à juguler les débordements.

Ce soir-là, trois Allemands s'attardaient en grande conversation près de la porte de sortie. Ils étaient passablement éméchés et n'avaient visiblement pas l'intention de s'en aller. Maman les informa par deux fois que l'heure de fermeture était passée mais ils poursuivirent leurs conciliabules en l'ignorant délibérément. Ils s'étaient rapprochés tous les trois comme pour partager un secret et ricanaient en sourdine, semblant se moquer copieusement du souhait impérieux de maman de les voir déguerpir. Par bonheur, ils se tenaient toujours sur le seuil de la porte. À bout de patience, maman les ceintura par-derrière et les poussa dehors de tout le poids de son corps, si fort qu'elle les envoya s'affaler sur la piste de danse de la tonnelle. Trois secondes lui suffirent pour fermer à double tour la porte du café.

— Ces trois-là commençaient à m'emmerder sérieusement, dit-elle à papa.

— Ils sont partis ?

— Oui, je les y ai un peu aidés.

Un quart d'heure plus tard, après avoir regagné leur chambre au premier étage, mes parents entendirent cogner fort sur la porte d'entrée. Ils n'avaient bien sûr pas la moindre intention d'ouvrir à nouveau le café à onze heures du soir. Lorgnant à travers les volets entrouverts, ils assistèrent alors à un spectacle pour le moins singulier : furieux de s'être ainsi fait éjecter, les trois soldats avaient entrepris de déménager les chaises, tables et bancs qui meublaient la

Le café du Pont

tonnelle devant le café. Bien que passablement ivres, ils étaient néanmoins costauds et déterminés. Ils commencèrent méthodiquement par grimper tout ce matériel en haut des acacias qui soutenaient et entouraient la tonnelle. Les branches des arbres se chargèrent bientôt de grappes de tables et de chaises de bistro pliantes. Ils ne partirent qu'à trois heures du matin, lorsque la terrasse fut délestée de tout son mobilier ! Papa, une fois de plus, reçut le lendemain au café leur capitaine. Il lui expliqua qu'il était sans doute obligé de servir des Allemands mais qu'il n'était peut-être pas forcé de laisser saccager sa maison comme précédemment par des coups de revolver dans les bouteilles, ni de voir les bancs de sa tonnelle grimper comme la nuit dernière jusqu'au faîte des arbres. L'officier en convint – ces hypocrites, lorsqu'ils ne torturaient pas, pouvaient parfois, pour la façade, faire preuve de correction. Le capitaine présenta des excuses pour les dommages causés, fit tout remettre en place par les coupables et promit qu'ils seraient sévèrement punis.

La Libération approchait. En voyant arriver ce moment si espéré, des kyrielles de « bons Français » qui avaient passé l'Occupation à faire profil bas se révélèrent soudain pleins de zèle. Ils décidèrent d'aller scier les gros platanes en travers de la route de Moissac afin de ralentir la retraite allemande... Cette décision irréfléchie eût pu coûter cher à la population. Fort heureusement, les soldats allemands de la Wehrmacht, jugeant bon d'éviter les routes nationales, avaient choisi de s'enfuir par les départementales. C'est ainsi que des compagnies entières de fuyards, venant de Toulouse ou de Montauban et contournant le pays, passèrent par Auvillar (au nord-ouest) pour gagner le nord-est. Ce n'est que le 20 août 1944 que la garnison installée chez nous quitta définitivement la caserne.

Parfums d'enfance

Après la débâcle tant attendue des Allemands, revenant de l'école par un bel après-midi, je vis surgir près de la tonnelle du café l'image classique que nous avons retrouvée des dizaines de fois au cinéma : une traction avant avec, à l'intérieur et à l'extérieur, une demi-douzaine de maquisards portant chacun un brassard FFI et un revolver ou une mitraillette au poing. L'un d'entre eux, couché sur le capot, avait l'air de se cramponner à un casque de soldat allemand. Ils étaient tous jeunes, habillés de vêtements empruntés au petit bonheur, tête nue ou portant béret. Celui qui était arrivé à moitié couché sur le capot de la Citroën ne devait pas encore avoir dix-huit ans.

— Vous avez vu le beau bouchon de radiateur qu'on a trouvé ? dit-il.

Il saisit le casque et, le retournant, en fit complaisamment admirer l'intérieur aux clients qui sirotaient leurs diabolos menthe à l'ombre de la vigne vierge. La moitié d'un crâne, la cervelle encore accrochée dessus, en garnissait le fond. Fier de son trophée, le maquisard le brandit à bout de bras :

— Celui-là, on vient de le dégommer avec trois de ses copains. Ils ont pas fait un pli les salauds, ça leur apprendra à venir nous faire chier chez nous !

Certains clients détournèrent la tête mais la plupart n'avaient pas l'air de trouver le spectacle déplaisant. L'un d'eux, L'Avocat, lança même à la cantonade, sûr de son effet :

— Il était temps qu'on leur mette un peu de plomb dans la cervelle !

L'assistance s'esclaffa.

— Eh bien, Pierrot ! Tu es tout pâle...

C'était Camembert qui, ayant pris conscience de mon teint livide, ajouta :

— Allez, rentre, va, ne regarde pas ça. À ton âge, tu vas faire des cauchemars toute la nuit, ça c'est sûr !

Maman, qui préparait les commandes à l'intérieur du café

163

Le café du Pont

et qui n'avait pas assisté à la scène, faillit lâcher son plateau de verres pleins, en revenant sous la tonnelle.

— File d'ici, toi, ne reste pas là, me dit-elle à son tour et, s'adressant au gamin qui exhibait sa bouillie de cervelle : Remets ça dans ta voiture, où tu voudras, mais fais-le disparaître. On n'est pas à la foire ici !

Un peu vexé, le jeune maquisard alla poser son casque dans le coffre de la traction déjà encombré d'armes de toutes sortes.

— Vous avez raison, dit-il avec un sourire forcé, il vaut mieux boire un bon coup de blanc, pas vrai ?

— Du vin blanc, on n'en a plus, répondit maman.

— Mais nous, si, répliqua le jeunot qui extirpa une bonbonne de la traction avant... Et même qu'il y en aura pour tout le monde !

Cette bonne nouvelle fut accueillie par tous avec enthousiasme et détendit l'atmosphère.

Les maquisards racontèrent de quelle façon ils avaient saboté les derniers trains de fuyards et comment ils s'étaient abondamment mitraillés avec les Chleuhs en déroute du côté de Saint-Martin. Quelques jours auparavant, ils avaient fait sauter le dépôt d'essence de Caillaux en provoquant un incendie considérable qu'on avait pu voir à trente kilomètres à la ronde.

À présent, les derniers Allemands se sentant acculés levaient vite les bras et se rendaient sans résister, préférant assurément vivre prisonniers que mourir en héros. Faisant cadeau de leur bonbonne encore aux trois quarts pleine, les FFI repartirent, soulignant qu'ils avaient encore du pain sur la planche entre les derniers irréductibles qui refusaient de se rendre et surtout les collabos pour lesquels le vent venait amèrement de tourner.

Durant l'Occupation, au café, maman nous interdisait formellement à Jeannot et à moi d'accepter quoi que ce fût de

164

Parfums d'enfance

la part des Allemands. Nous n'avions pourtant guère le cœur à dire non lorsque l'un d'entre eux proposait un paquet de bonbons.

— Refusez poliment, mais n'avalez jamais ça, disait maman, ils peuvent très bien nous apporter des bonbons empoisonnés !

N'en mit-elle pas d'ailleurs un paquet à la poubelle sous nos yeux incrédules ? Avec le soldat Joseph, c'était différent. Durant ces deux longues années d'occupation, Polonais et tailleur de son métier, ce fut le seul et unique « vert-de-gris » avec lequel nous avions sympathisé – il était même devenu l'ami de la famille. Contrairement à Erik, ce Polonais-là ne déserta pas. Nous n'apprîmes que bien après la Libération le rôle important qu'il avait joué dans la résistance inté- rieure de la caserne, au cœur même du danger que cela représentait pour lui. Par la suite, il fut en effet très utile au gouvernement provisoire ainsi qu'aux Alliés : Joseph, com- battant de l'ombre, avait réussi à se procurer les plans exacts de tout un réseau de circuits souterrains minés qui eussent – entre autres – grandement endommagé la ville de Cannes. L'aide qu'il apporta aux Alliés n'avait pas de prix. Lorsque nous le connûmes, dès le début de l'Occupation, Joseph se montra tout de suite infiniment gentil avec nous. Il parlait bien le français et adorait les enfants. Il ne nous dissimula jamais sa profonde aversion à l'encontre de ces « barbares dont il portait l'uniforme ». Je crois aujourd'hui que s'il avait eu l'intention de déserter un jour, il aurait sans hésiter remis son sort entre les mains de papa. Tel n'était pourtant pas son dessein, car il était utile ailleurs et cela, nous ne pouvions le deviner. Avant la guerre, il était tailleur dans son pays... et même très habile : les coupes de ses costumes révélaient clairement la patte du bon faiseur. Quelques mois après la Libération, s'étant procuré du tissu – contre une demi-barrique de vin rouge –, papa demanda au bon Joseph de faire deux costumes. L'un pour lui, l'autre pour moi. Mon premier costume ! Avec des pantalons longs, s'il vous plaît ! Je ne devais les porter que « plus tard », selon maman – vers ma douzième année, et cela mit un point final à ma honte de jouer du saxo dans les bals en culottes courtes. Je n'étais pas peu fier.

Lorsqu'il venait au café, Joseph apparaissait le plus souvent le matin, afin de ne pas se retrouver avec les Allemands qui arrivaient eux, le soir, à partir de six heures. Assez grand, la taille plutôt mince, une fine moustache et de fins cheveux châtain clair le classaient parmi ceux que maman appelait les « beaux gosses ». Certaines demoiselles, au demeurant, n'auraient sans doute pas dit non si elles ne l'avaient catalogué « Boche » une fois pour toutes. Au bord des larmes, il nous montrait parfois la photo de ses parents qu'il avait quittés depuis trois ans déjà.

— Est-ce que nous nous reverrons un jour eux et moi ? disait-il.

Il m'aidait volontiers à faire mes devoirs d'arithmétique avec une infinie patience, ce qui faisait dire à maman :

— Pierrot, fiche la paix à Joseph ! Il n'est pas venu ici pour faire tes corvées !

Le Polonais protestait, alléguant que, bien au contraire, cela le distrayait. Le jeudi, Jeannot et moi jouions avec lui une grande partie de la matinée. Face à Joseph qui lui tenait les mains, mon frère posait ses petits pieds sur ses chaussures et le soldat le faisait ainsi marcher à l'envers, dans toute la salle du café en riant. Avec moi, il jouait parfois au billard. Il gagnait, bien sûr, car il était bien plus fort que moi. Mais il ne marquait pas trop de points d'affilée, pour ne pas me faire de peine. « Tu as encore failli me battre, disait-il. Je suis sûr que ce sera pour la prochaine fois. »

Il fut évidemment le seul de la caserne à revenir au café quelques semaines à peine après la débâcle allemande. Nous ne savions pas exactement encore pourquoi il n'avait pas été fait prisonnier comme tant d'autres, mais il nous sembla naturel de le voir arriver un matin, vêtu d'habits

Parfums d'enfance

civils. Il entra, souriant, vêtu d'un impeccable costume en drap gris perle, arborant un œillet rouge à la boutonnière.

— Bonjour les amis, dit-il. Je suis si heureux de vous retrouver !

Sans trop donner de détails, il expliqua comment il avait faussé compagnie aux Allemands peu après le débarquement de Provence. Occultant totalement son héroïque comportement aux côtés des forces alliées, il nous informa qu'il songeait sérieusement à aller s'installer sur la Côte d'Azur, près de Cannes. N'avait-on pas besoin de tailleurs partout ? Et puis il adorait le climat, l'odeur des pins parasols, la pissaladière et l'accent provençal... C'était décidé, il souhaitait devenir français, si on lui accordait la nationalité.

— Je compte bien aller embrasser mes parents en Pologne auparavant, et même les ramener s'ils acceptent de venir vivre en Provence avec moi. Venez me voir, lorsque cela vous fera plaisir, je songe à m'établir à Valbonne. C'est un joli « gros village », tout près de Cannes. Vous y serez toujours les bienvenus.

Mes parents, eux, ne l'ont jamais revu.

Trente ans plus tard, je chantais en plein air par un beau soir d'été sur un podium à Cannes devant une foule immense. Parmi ce public estival, un homme élégant, les tempes grisonnantes, s'approcha de moi et, plantant ses veux dans les miens, me dit en souriant :

— Tu me reconnais ?

— Joseph !

— Oui, c'est bien moi. Je craignais que tu ne te souviennes pas...

Il me serra dans ses bras.

La Libération –
La cuisine de maman – Rémy

Au cours de l'année 1945, la bonne humeur communicative de tout un chacun avait engendré une liesse et des festivités auxquelles le pays entier participait avec un enthousiasme débridé, à l'exception toutefois des collabos et des miliciens. Les règlements de comptes ne tardèrent guère à fleurir un peu partout dans la région. Ceux qui avaient senti le vent tourner avaient déjà pris le large vers l'Espagne ou l'Amérique du Sud. Seuls les moins futés, ceux qui jusqu'au dernier jour avaient tout de même cru en un sursaut de leur idole Adolf Hitler, se firent prendre. Les plus chanceux furent exécutés immédiatement d'une balle dans la tête sans qu'on leur laisse le temps avec d'habiles plaideurs d'élaborer un plan de défense. Les avocats, pour ce type de cas, étaient à la famine en ce temps-là. Des histoires de vengeance couraient tous les jours au comptoir du café. On n'y parlait que de cela. Il y eut d'abord la « salope », la Titine l'appellerons-nous, celle qui avait collaboré avec l'ennemi. Elle avait fait un gros commerce avec les Allemands ; leur fournissant tout ce qu'ils lui demandaient durant l'Occupation, elle s'en était mis « plein les poches ». On s'en est bien vengé dans le pays. On l'exhiba d'abord sur la place, devant la mairie où la foule jubila en voyant son crâne se dénuder au milieu des autres traîtresses tondues, ces « putasses » qui avaient couché avec l'ennemi. On la traîna ensuite sous les insultes et les crachats jusqu'au

Parfums d'enfance

pont de Trescasses à Saint-Aignan. Là, on lui mit gentiment une balle dans la tête avant de la jeter d'en haut du pont. Elle avait été plus chanceuse qu'un autre collabo dont le contentieux avec ses justiciers ne me revient plus en mémoire. Toutefois, selon les clients qui racontaient l'histoire au comptoir, le traître en question avait été enfermé et muré dans un bâtiment sans eau mais avec un jambon pour aiguiser sa soif et prolonger son doux séjour. Ça valait presque le supplice de la baignoire que, apprit-on plus tard, les deux tortionnaires Bony et Laffont faisaient subir aux résistants, rue Lauriston à Paris. Tous ces débordements, ces vengeances expéditives, sans tribunal ni jugement, suscitaient des polémiques qui n'en finissaient plus derrière les premiers verres d'authentique « pastis » retrouvé. Les maquisards qui avaient échappé aux balles des Allemands, à la gégène de la Milice ou aux tortures de la Gestapo venaient à présent au café se retrouver pour parler entre eux sans doute, mais sans pour autant égrener leurs exploits qui leur rappelaient de trop sinistres souvenirs. Tout comme les prisonniers de guerre qui étaient revenus, ils étaient peu diserts sur ces années cauchemardesques. Bon nombre d'entre eux disaient en rêver la nuit. Ils étaient encore vivants certes, mais irrémédiablement marqués pour la vie, tel Dédé le Maquisard, mon futur oncle, ou mon parrain Pierrot, rentré depuis peu de captivité. Ce n'est que bien des années plus tard que ce dernier, si pudique et si discret, avait expliqué laborieusement dans quelles circonstances il avait perdu trois doigts de sa main gauche. Nous en apprîmes au compte-gouttes un peu plus sur l'infernal séjour qu'il avait vécu prisonnier chez les Boches. Par moins quinze degrés un beau matin dans la scierie où il travaillait, ses doigts gourds passèrent sous la scie électrique. Hormis son sadique contremaître teuton qui lui fit tremper les mains dans la graisse de machine pour stopper l'hémorragie, il ne reçut aucun soin durant deux jours. La gangrène ne tarda pas. C'est Pierrot lui-même qui, à l'aide d'un bout

169

Le café du Pont

de fer aiguisé, incisa les flegmons qu'il avait sous les bras ainsi que les moignons au bout de ses doigts pleins de pus. Son meilleur copain lui inonda tout cela d'alcool de pomme de terre qu'ils parvenaient à distiller clandestinement. Il fut ensuite enfin admis dans un hôpital qui n'avait d'hôpital que le nom. Là, de doux plaisantins lui expliquèrent qu'il serait mort d'ici peu si on ne lui amputait pas le bras. « Ça ne fait rien, dit-il, de toute façon, j'en ai marre, laissez-moi crever », et il conserva son bras. Il fut libéré en 1943. Au café, nous vîmes venir vers nous un jeune homme de vingt-quatre ans, avec les cheveux tout blancs et, pleins de larmes, des yeux doux qui esquissaient un pâle sourire. Tout le monde pleura avec lui ce jour-là. Mon parrain, lui, blêmissait en serrant les dents chaque fois qu'il croisait un Boche dans la salle. Dieu sait que ses dents grincèrent souvent chaque fois qu'il vint nous voir, jusqu'à la Libération.

Pour finir, il n'entrait que par l'arrière du café, ne voulant pas traverser la salle pour éviter d'affronter la vue d'un soldat allemand, si insupportable pour lui.

Après la Libération, donc, la vie au café changea du tout au tout. Un déversoir de mépris et de haine jaillissait contre l'envahisseur quotidiennement de la bouche des habitués. Ils vidaient enfin librement l'abcès de leurs rancœurs en écoutant ou en lisant les récits des sinistres exploits de ce peuple qui s'était montré si barbare, prenant connaissance par douloureuses strates de l'horreur sous ses formes les plus diverses. Oradour, bien sûr, dont nous étions si proches, mais aussi les maquis entiers décimés, les boucheries de la Milice sans oublier celles de la Gestapo. Enfin, le summum des atrocités fut sans doute la découverte des camps de concentration dont nul par ici n'avait eu la moindre idée. La télévision, elle, était encore bien loin de faire – comme aujourd'hui – ses choux gras avec une telle débauche d'horreurs. La presse, en revanche, qui faisait de fracassantes révélations, était à présent toute-puissante. *La Petite Gironde*, devenue *Sud-Ouest* en août 1944, racontait par le menu tout ce que *La Dépêche*, quotidien que nous lisions sous l'Occupation, avait sans doute « oublié » de relater dans ses colonnes. Il était aussi souvent question au comptoir des règlements de comptes de tel ou tel autre qui avait collaboré avec l'ennemi. « Qui avait dit », « qui aurait fait... », souvent, on ne savait plus trop. Il n'y avait rien de sûr, « mais vous savez ce que c'est, si on le dit... il n'y a pas de fumée sans feu ». Les jalousies, les rancœurs, la calomnie faisaient des ravages, s'exacerbant à présent sans la moindre retenue.

La plupart des clients sortaient de l'usine à midi pour reprendre le travail à deux heures. Ceux qui, habitant trop loin ne rentraient pas manger chez eux, arrivaient donc leur gamelle à la main pour la faire chauffer sur la cuisinière de maman. Bien entendu, sur la plaque du fourneau mijotait déjà le cassoulet (certes, encore sans confit d'oie !), le petit salé aux lentilles ou la brandade de morue que maman avait préparée pour notre déjeuner. Le ballet de narines palpitantes qui à midi venaient survoler les chefs-d'œuvre de notre cordon-bleu donnait envie de rire. La gourmandise qui se lisait aussi dans la mimique de ces habitués et leur visible déception à l'idée de se retrouver le nez au-dessus de leur modeste gamelle faisaient peine à voir.

— Clau, finit par demander un jour l'un d'entre eux, tu ne crois pas que ce serait charitable de ta part de nous mijoter chaque jour un plat comme ça pour le midi ? Tu sais bien que nous ne mangeons plus à la cantine de l'usine tellement c'est dégueulasse... Et puis, nous en avons plus que marre de réchauffer la même gamelle ou presque, d'un jour sur l'autre...

Ce n'est pas de gaieté de cœur que maman accepta. Elle avait déjà tant d'ouvrage, du matin si tôt au soir si tard ! Le travail, hélas pour sa santé, ne lui ayant jamais fait peur, elle accepta de faire – au début – un plat du jour pour vingt-cinq clients. Hélas ! ils se transformèrent vite en cinquante, tant il s'était dit partout, à juste titre, que sa cuisine était succulente. Je ne crois pas superflu de préciser aux jeunes générations qu'à cette époque-là on n'achetait pas les pommes de terre toutes prêtes dans un sac en plastique ou les frites surgelées chez Carrefour. Lorsqu'on était parvenu à se procurer ces tubercules encore rares, il fallait les éplucher, ainsi que les carottes, les poireaux, les oignons etc. Maman mettait quotidiennement son plat en route dès le matin, à la première heure. Elle n'en faisait d'ailleurs qu'un seul – restrictions obligent ! – pour tout le monde, nous y compris, mais quel plat ! Au retour de l'école, j'en sentais le fumet bien avant de pénétrer dans la cuisine. Maman prélevait un petit croûton de pain sur la grosse miche de bon pain revenu et, selon son habitude, le trempait une seconde dans son faitout avant de le tendre vers moi en disant : « Tiens, goûte-moi ça. » C'était chaque fois un régal, cela va de soi. Que mes amis les grands chefs me pardonnent, mais je n'ai jamais de ma vie dégusté de plats aussi délicieux que ceux-là !

À l'évidence, les clients dressaient le même type de constat. À présent, ils faisaient la queue à midi pour avoir le privilège de goûter sa sublime daube ou son ragoût de fèves au jarret de porc. Depuis que maman avait accepté de sustenter tous ces gourmands voraces, la cantine de l'usine avait fermé ses portes ainsi que deux autres petites gargotes des alentours qui récupéraient les « martyrs » de la cantine. Bien que les tarifs fussent modiques et la marge bénéficiaire mince, la quantité de liquide – surtout – ingurgitée avec le solide permit à mes parents d'envisager un avenir moins austère que les dernières années que nous venions de vivre. De l'argent, papa n'en avait jamais assez dans la caisse pour faire face à toutes les factures qu'il devait acquitter. Depuis des années, il tirait le diable par la queue. Les clients effectuaient de très durs travaux à l'usine. Ils ne se contentaient

Parfums d'enfance

guère d'un verre de vin en mangeant. C'était souvent la bouteille entière qu'il leur fallait. Ils en emportaient de plus une ou deux, lorsqu'ils repartaient affronter les insupportables températures de la fonderie à l'usine. Il y avait même quelques énergumènes au gosier particulièrement sec, qui sifflaient en mangeant, non seulement leur bouteille de vin rouge, mais aussi leur chopine d'eau-de-vie blanche pour « consoler » leur café. L'eau minérale, au café du Pont, nous n'en eûmes jamais. Celle de la pompe qui l'aspirait dans le puits devant le café était pure en ce temps-là, elle suffisait largement pour « mouiller le pastis ». L'eau de Seltz avec ses jolis siphons bleus ou roses giclait quant à elle d'un coup dans les verres des amateurs de Suze, de Clacquesin ou de Picon. Contrairement aux clients qui buvaient un peu de tout dans le désordre, les aficionados de ces apéritifs-là, ne consommaient jamais que des boissons amères de ce type, auxquelles leur palais était asservi.

Toujours plus nombreux à partir du printemps 1946, les clients du café venaient d'un peu partout. Une bonne moitié d'entre eux était encore constituée par les ouvriers de l'usine, tandis que l'autre se composa plus tard des premiers soldats du régiment de parachutistes, venus prendre naturellement la place des occupants allemands. Les mariniers avaient eux aussi repris intensément du service sur le canal. L'éclusier, notre ami M. Marre qui habitait non loin de chez notre copain Gaëtan, avait souvent des crampes aux avant-bras, le soir, à force de tourner les manivelles de son écluse, où passaient les péniches. Il y avait aussi les amoureux à bicyclette qui s'arrêtaient là pour se rafraîchir sous la tonnelle avec un diabolo menthe, une canette de bière, un soda ou encore un panaché. Et puis tous les vieux métiers, de même, semblaient ressurgir avec ceux qui les pratiquaient. Le rémouleur passait pour aiguiser les couteaux, hachoirs ou ciseaux dont maman se servait quotidiennement. Alfred, « Fine Lame », comme on l'appelait, me faisait parfois grimper sur sa machine à aiguiser. Je pédalais

173

tel un forcené, tandis qu'il posait habilement la lame du couteau sur la pierre ronde humidifiée qui tournait en mordant l'acier. Il y avait aussi « La Suie », le ramoneur, avec son béret et son visage calaminé par la suie qui faisait ressortir le blanc des yeux. Il ne buvait que de la bière au goulot, quatre ou cinq canettes d'affilée, et disait toujours :

— Ramoner, vous savez, ça donne soif !

Maman, impitoyable, lui faisait observer :

— ... et puis ça donne du travail aussi, surtout à votre femme, qui doit être contente, quand elle fait la lessive !

Le taupier était de retour lui aussi.

— Vous n'avez pas de taupes dans votre jardin, ma petite dame ? Ces bêtes-là, dans un carré de salades, vous savez, c'est redoutable !

— Non merci, pas pour le moment, lui disait maman.

— Enfin, pensez-y, il n'est jamais trop tard pour bien faire.

Il y avait aussi Marius le Gitan, qui habitait dans sa verdine au milieu des autres Manouches, sur le terrain du curé où nous allions parfois jouer au foot, derrière la caserne. Il collectait dans le pays toutes les peaux d'animaux à fourrures, que les gens gardaient pour lui. Un gros ballot ficelé sur l'épaule, il criait, les mains placées en porte-voix : « Peaux de lapins ! Peaux de lapins ! » Une fois par mois, il s'arrêtait au café pour « boire un canon », selon son expression. Il disait invariablement : « Si vous avez des peaux de belettes, fouines, putois, rats, taupes... je suis preneur. » Il payait un franc chacune de ces peaux et cinq francs pour celle d'un renard ou d'un blaireau. Lors de la fête foraine du pays, je fus profondément choqué et peiné en assistant à un spectacle dont il était l'instigateur et le triste héros. Marius tenait un stand d'un mètre de large sur six mètres de long environ. Assis derrière une petite table au fond de ce boyau cerné de quatre ficelles, il faisait payer cinquante centimes un panier de tomates mûres que, de l'autre bout, les

Parfums d'enfance

« clients » lui envoyaient violemment sur la figure. Lui, hilare, dégoulinant de chair rouge, de jus et de pépins, recevait placidement les projectiles qui arrachaient un cri de joie au tireur lorsque celui-ci avait atteint son but. Ce genre de comportement, de part et d'autre d'ailleurs, me déconcertait au plus haut point. J'étais sans doute moins révolté par l'imbécile capable de lancer ces projectiles à la face de quelqu'un que par l'absence totale de dignité de ce brave filou de Marius, que du reste j'aimais beaucoup. Maman, qui tuait bon nombre de lapins que nous élevions à la maison, lui en réservait les peaux. Il était très gentil pour moi et m'apportait à chacune de ses apparitions de petits paniers d'osier tressés très jolis, dans lesquels je récoltais les fraises de notre jardin ou les pradélets que j'allais encore souvent cueillir avec mémé.

Les clients de l'usine payaient leurs consommations à crédit d'une fin de mois sur l'autre. Lorsqu'ils ne pouvaient pas s'acquitter de leur dette, certains envoyaient au café l'un de leurs gamins. « Papa voudrait bien deux litres de vin. Il vous fait dire qu'il vous payera tout la prochaine fois. » Mais souvent il n'y avait pas de prochaine fois. Honteux de ne pouvoir honorer sa dette, le mauvais payeur rasait les murs et faisait celui qui ne nous voyait pas lorsque nous le croisions. Papa n'insistait pas. Maman, furieuse d'un tel comportement, aux antipodes de son caractère entier, lui disait : « Tu as raison, laisse tomber... mais je lui dirai tout de même ce que je pense de lui. » Ce type de client, qui regrettait bien évidemment l'ambiance du café, finissait par revenir piteux au bout de deux ou trois mois.

— Je suis venu m'acquitter de ma dette. Il me semble que je vous devais encore quelques bricoles de la dernière fois.

— Oui, monsieur X ! Et ce n'étaient pas des « bricoles », c'était soixante-quinze francs. Vous me payez et on n'en parle plus, et pour vous prouver que je ne suis pas rancunière, je vous offre même à boire : commandez ce qui vous fera plaisir, pour vous et vos amis, c'est ma tournée.

Le café du Pont

— Mais bien sûr, Clau, si vous le dites, vous avez certainement raison ; vous savez, nous avons eu du souci avec les gosses malades...

Toutes les litanies des mauvais payeurs se ressemblaient. Il était évident que chacune de ces familles de braves gens portait sa croix. Il eût été par trop barbare de s'acharner en portant plainte contre ces malheureux ainsi que le faisaient certains commerçants. Sous-payés comme l'étaient la plupart, ils ne pouvaient un jour ou l'autre que se retrouver endettés chez le boucher ou chez le marchand de vins. Si papa et maman avaient du mal à biffer d'un trait rapide les dettes de leurs habitués – ce qu'ils faisaient cependant parfois ! –, c'est parce que eux aussi vivaient à crédit. Comment parvenir à honorer les traites du sympathique brasseur Loulou Serres ou du marchand de verres ? Avec quel argent s'acquitter du vin acheté aux paysans, des factures d'apéritifs, et avec quoi payer l'approvisionnement du « restaurant » ? En ce temps-là, tous les matins, papa, aidé de Laurent, mettait en perce une « demie », c'est-à-dire une petite barrique de cent dix litres de vin rouge qui était uniquement vendu au comptoir, au verre. Cela représentait au moins huit cents verres servis dans la journée !

Au sortir de la Libération, après deux années de labeur acharné, mes parents commencèrent à respirer un peu mieux et pour tout dire à retrouver le moral.

Papa revint un jour de la ville en disant à maman :

— Tu sais, ma femme, si l'on veut aller de l'avant, je pense qu'il faut s'endetter !

Maman le regarda comme s'il avait tout à coup le cerveau dérangé.

— Mais tu n'y penses pas, Maurice ! dit-elle, atterrée. Tu oublies le mal que nous avons déjà à payer toutes nos traites, à trimer du matin au soir ! Heureusement, nous pouvons espérer être à flot d'ici à la fin de l'année... si l'on ne tombe pas malades d'ici là !

— Eh bien, justement, nous sommes presque à flot

Parfums d'enfance

comme tu le dis et rassure-toi, nous n'allons pas être malades. C'est pour cette raison que nous allons emprunter. Je ne sais pas ce que tu en penses, mais aujourd'hui, après ces années de cauchemar, les gens ont comme un besoin de s'amuser. On devrait construire un bal.

Maman ouvrit des yeux comme des soucoupes, se demandant sérieusement si son mari possédait encore toutes ses facultés mentales.

En attendant la pose de la première pierre de ce fameux bal que papa s'était mis en tête de bâtir, il s'affairait telle une fourmi, discutant les plans avec l'architecte et partant quotidiennement à la recherche de matériaux qu'il était encore difficile de se procurer. Les restrictions perduraient et se feraient encore ressentir presque jusqu'à la fin de 1947. Cela ne m'empêchait pas, tous les jours, de fourrer dans un quignon de pain une bille de chocolat Meunier que je dévorais au retour de l'école. Nous avions retrouvé à la maison le bonheur du chocolat. Nous mangions – encore, surtout et toujours – des patates, ces fameuses et précieuses patates qui deviendraient quelque vingt-cinq ans plus tard le titre d'un film d'Autant-Lara sur l'Occupation dont il me demanda d'incarner le héros. Les cochons, que nous élevions toujours, mangeaient à présent les épluchures à notre place. De plus, les volailles que papa rapportait parfois de chez quelque fermier ami faisaient oublier le manque de tout le reste.

Pour l'heure, en attendant l'avènement de celui que papa faisait bâtir, de petits bals commencèrent à fleurir un peu partout, jusque dans les campagnes les plus reculées. Étonnés et séduits, les paysans venaient en nombre sous les platanes ou les tilleuls des places illuminées de lampions multicolores. Au son d'un petit orchestre de fortune – parfois trois ou quatre musiciens, pas plus –, ils retrouvaient les tangos, les paso doble, les valses et les javas de leur jeunesse. Mes aînés, ceux de seize à dix-neuf ans qui, trop

177

Le café du Pont

jeunes, n'avaient connu ni les camps de prisonniers en Allemagne ni les maquis, ne rêvaient que de devenir zazous. Pas tous, bien entendu, mais tout au moins les plus « branchés », dirions-nous aujourd'hui, ceux qui découvraient le swing et les rythmes tropicaux. Ils voulaient figurer parmi ces excentriques qui portaient des chaussures en cuir souple avec triple semelle de crêpe, ceux qui marchaient en chaloupant un peu et arboraient une veste à carreaux trop large et des pantalons en tuyau de poêle. Ceux qui en plus fumaient des cigarettes blondes étaient absolument irrésistibles aux yeux des filles. Moi qui n'avais pas encore l'âge d'être zazou, je jouais cependant assez bien du saxophone pour faire partie d'un petit ensemble (disait-on, à l'époque) que papa animait avec sa bonne humeur et... la batterie dont il jouait de façon très acceptable. Je savais qu'il avait appris le piston dans sa jeunesse, mais j'ignorais totalement ses dons pour effectuer des roulements sur une caisse claire.

Au début, nous étions quatre : papa, un accordéoniste catalan de dix-huit ans qui jouait de l'accordéon-piano, un autre saxophoniste – à peu près du même âge –, l'ami Montcamp et moi – qui n'avais que douze ans. Mes nouveaux copains s'appelaient tous deux André. Pas facile de s'adresser à l'un sans que l'autre répondît aussitôt. On en riait souvent. Nous jouions dans les petits bals du samedi soir, du dimanche et parfois – plus rarement – aussi dans ceux du dimanche soir. C'était évidemment dur, dur, de se rendre à l'école le lendemain, après s'être couché à deux ou trois heures du matin.

J'avais appris à jouer sur mon saxo *Beer Barel Polka, Fleur de Paris* et le fameux *Petit Vin blanc* que l'on entendait alors sur Radio Andorra ! On jouait aussi sans interruption des paso doble, tels que les classiques *Valencia* ou *España cāni*, les premières rumbas comme *La danseuse est créole*, la si populaire *Samba brésilienne* ou encore l'incontournable

178

Parfums d'enfance

succès *Tico Tico* qui faisait fureur. Ces airs à la mode emportaient les danseurs dans de frénétiques tortillements. De plus, j'avais très vite perçu la nouveauté, l'attrait particulier que le jazz et le swing apportaient. C'était moi qui jouais la mélodie des slows, les tout premiers arrivés en France des États-Unis, dans la même corbeille que le swing, Tommy Dorsay, Armstrong, Duke Ellington et Cab Calloway ! À peine rythmé par les balais que papa frottait discrètement sur sa caisse claire et souligné de quelques accords langoureux par notre ténébreux Catalan à l'accordéon, je faisais un tabac auprès des jeunes zazous. Tout cela m'amusait beaucoup. Papa, que cette ambiance tout à fait nouvelle divertissait aussi, veillait toutefois sur la vertu de son rejeton car j'allais bientôt atteindre mes treize ans et j'avais le sentiment – papa aussi ! – de ne pas laisser les filles indifférentes. Les regards insistants qu'elles m'adressaient, tout en dansant parfois dans les bras de leur partenaire, en disaient long sur le peu farouche accueil qu'elles m'auraient réservé. En commandeur de la vertu qu'il voulut être sans doute pour me protéger du vice toujours menaçant, papa s'interposa donc un soir fermement entre une mignonne brunette de dix-huit ans et moi. Elle s'apprêtait de toute évidence à me circonvenir en m'invitant à partager un diabolique tango que je n'aurais du reste absolument pas su danser. La jolie fille insista pourtant, alléguant, un peu moqueuse, que « ça ne risquait rien », qu'elle « n'allait pas me manger » ! Mais papa demeura ferme sur ses positions. Rouge de honte après ce refus de mon père qui ne m'avait même pas demandé mon avis, je me remis à souffler dans mon saxophone en pensant tristement que la perte de mon innocence n'était pas encore prévue au programme des festivités !

Je songeais aussi que les petites séances de branlettes collectives auxquelles certains copains du quartier avaient tenté de m'initier me laissaient totalement frustré et pour tout dire sur ma faim. Les petites giclées nerveuses qui fusaient

Le café du Pont

sur les pin-up de *Cinémonde* n'engendraient en fin de compte qu'une certaine mélancolie, qui précédait même le plus souvent un certain remords. Je subodorais vaguement que ce type de gymnastique sexuelle ne remplacerait jamais la sensation – et l'angoisse – que l'on devait éprouver en se retrouvant, au lit, dans les bras d'une belle fille toute nue.

J'ai déjà raconté comment nous avions connu M. Corazza au café. Ce brave maçon italien immigré à Toulouse avec toute sa famille travaillait tout près de chez nous aux portes de la cité de l'usine. Il était devenu pour nous un ami. C'était l'homme le plus gentil et le plus avenant des clients du café. Il nous parlait souvent des siens, si importants à ses yeux, qu'il allait retrouver à Toulouse chaque fin de semaine. Son fils s'appelait Rémy. Il était bon musicien, jouait de l'accordéon comme un virtuose et n'avait qu'un an de plus que moi. Papa invita M. Corazza à nous le faire connaître. Il vint donc passer les vacances de l'été 1947 chez nous. Cette innocente invitation changea probablement le cours de ma vie. Rémy a toujours été un garçon formidable, hyperdoué, simple et plutôt bûcheur malgré la décontraction qu'il a toujours affichée. Nous devînmes évidemment les meilleurs copains du monde. Durant ces grandes vacances, les petits concerts improvisés que nous faisions au café le soir à l'heure de l'apéritif remportaient un franc succès auprès des clients. Ceux-ci, fort reconnaissants de ces aubades inattendues et disons-le d'une certaine qualité, récompensaient nos jeunes talents de quelque monnaie trébuchante, que nous partagions équitablement. Nous avions répété, papa, Rémy et moi un succès qui faisait alors fureur, *Le Régiment des mandolines*. Papa, qui s'était en l'occurrence transformé en metteur en scène, nous avait coiffés tous les trois de chapeaux de bandits calabrais censés nous donner fière et redoutable allure tout en amusant les foules, ce qui du reste était le cas. Lorsque au terme de cet

Parfums d'enfance

apéritif-concert que nous donnions quotidiennement sur la terrasse du café Rémy attaquait *La Marche des accordéonistes* et *Perles de cristal,* c'était quasiment l'ovation, ce qui le faisait rosir de plaisir. Notre tirelire, par ailleurs, se portait de mieux en mieux au fil des semaines qui passaient trop vite. Rémy et moi allions faire du vélo et nous baigner dans la Garonne quasiment tous les après-midi. Plus tard, il accepta de se joindre temporairement à notre petite formation, lorsque notre copain André l'accordéoniste partit retrouver sa Catalogne natale durant quelques semaines. Nous allions donc jouer dans les petits patelins des alentours qui nous sollicitaient. À quatorze ans, mon copain Rémy faisait à l'évidence figure de professionnel. De plus, il remportait déjà un franc succès auprès des filles. Seule la rentrée scolaire vint, de façon trop réaliste à notre goût, rompre le charme de cet été magique que nous avions traversé en musique et... en amitié. Nous allions cependant nous retrouver un peu plus tard au conservatoire de Toulouse pour y apprendre très sérieusement la musique, mais aussi le saxophone classique en ce qui me concerne et la contre-basse à cordes pour lui.

Cela allait du reste advenir plus vite que nous ne le pensions.

La vie reprend au café –
Premier concert, premier bide –
La Saint-Alpinien

Les fêtes, donc, reprenaient peu à peu droit de cité dans les salles de bal ou sur les places publiques. Les rencontres de foot mais surtout de rugby recommençaient elles aussi au stade. Les petits concerts de l'harmonie municipale, les chansonniers montmartrois – que nous écoutions religieusement tous les dimanches à la radio –, venaient s'exhiber sous le kiosque à musique devant une foule avide de rires et de distractions.

Après avoir découvert avec stupeur l'ampleur des horreurs de la guerre, entendu les supputations sur les diverses vengeances, le café du Pont, lui, retrouvait enfin totalement les couleurs de la gaieté. Des conversations passionnées, des engueulades ainsi que de terribles duels verbaux s'engageaient derechef à longueur de journée, derrière le comptoir, sur de tout autres sujets, à savoir le sport... et la politique. Les empoignades étaient souvent homériques. Le clan des Italiens, opposé à quelques Marocains hélas moins nombreux, défendait évidemment le boxeur La Motta contre Marcel Cerdan, ce « champion aux poings d'argile » ! formule qu'ils avaient lue dans le journal *Sud-Ouest* et dont ils se gargarisaient à plaisir. Le rugby à quinze, comme celui à treize, tenait aussi une grande place dans les plus bruyants de ces affrontements. Mais le « clou » de ces joutes verbales était bien sûr axé sur la politique. Cela

Parfums d'enfance

engendrait parfois même jusqu'à la pire des menaces « Sors dehors si t'es un homme ! »

Un soir, dans l'obscurité, je fus témoin du règlement de comptes oratoire de deux de ces redoutables « tacticiens » politiques. Afin de limiter la casse, ils étaient sortis du café, au plus fort de leurs mutuelles menaces, les poings déjà en position, afin de s'affronter « en hommes ». À l'intérieur, l'assistance, qui se voulait discrète et neutre, redoutait le pire, craignant de voir revenir en sang le plus faible des assaillants.

Dehors, sous la tonnelle, avant d'en venir au pugilat, le premier, L'Avocat, dit à l'autre :

— Dis donc, René, tu ne pisserais pas un coup, AVANT ?

— T'as raison, Charles, ça peut pas nous faire de mal !

Aussitôt dit, aussitôt fait. Puis, tout en se reboutonnant, le premier dit à son « ennemi » :

— Oh putain ! Ça soulage, quand même ! Et si on allait boire un coup ?

Les socialos, les gaullistes, les radicaux, ainsi que les cocos se traitaient de profiteurs, de planqués, de vendus. Des noms d'hommes célèbres, des héros pour d'aucuns, des « fumiers » pour les autres, fleurissaient dans la bouche des plus admiratifs ou des plus véhéments.

— Ce Staline, quelle ordure ! Quelle sale fripouille, tout de même... Ah, vous les cocos !

— Et ton de Gaulle, c'était pas un planqué, peut-être ?...

Des personnages nouveaux, dont nous n'avions jamais entendu parler, pointaient leur nez dans l'actualité : Guy Mollet, Jacques Duclos... le colonel de La Rocque qui, lui, ressurgissait, chef de ces Croix-de-Feu, de cette extrême droite fascisante que les cocos se proposaient de brûler vifs sur la place de la halle.

Les célébrissimes champions cyclistes Bartali et Coppi

Le café du Pont

déchaînaient, eux aussi, les joutes verbales les plus passionnées derrière le comptoir ou même de table en table, lorsque le café était plein, le samedi soir par exemple à l'heure de l'apéritif. Les plus vieux des habitués évoquaient, eux, Antonin Magne, le héros du vélo d'avant la guerre, ou encore Pujazon ou Jules Ladoumègue, les plus grands coureurs de tous les temps.

— Oui, d'accord, c'étaient sûrement des grands, je conteste pas, mais aujourd'hui, on a Cerdan, c'est quand même PAS RIEN ! disait Fifi le Marocain, qui défendait farouchement le héros de son pays.

— Bien entendu que c'est pas rien. Mais Joe Louis, c'est de la merde, peut-être ?

Le café bruissait perpétuellement de ce gazouillis contestataire et bon enfant qui tenait ma curiosité en éveil et qui m'amusait tant aussi.

— Et Coppi, hein, Coppi, s'il avait pas sa « Dame blanche » qui l'attend à la fin de l'étape, tu crois qu'il gagnerait aussi souvent ? Hein ? Et vous ne croyez pas que l'amour c'est plus fort que tout ?... que ça peut soulever des montagnes ?... et même que ça peut vous faire gagner l'étape, hein ?

Ma bible, alors, c'était les perles de comptoir. Elles illuminaient ma vie au quotidien. Pour l'observateur attentif que j'étais, cette étude de mœurs sur le tas fut sans le moindre doute la source nourricière de l'instinct créatif qui se manifestait déjà chez moi. N'allais-je pas écrire mes premiers poèmes « surréalistes » dès l'âge de treize ans ? Il n'est pas impossible non plus que mon sens de la dérision soit né à ce moment-là. Parallèlement aux enrichissantes lectures qui furent plus tard les miennes, l'école du bistro, avec cette parole spontanée, colorée de « sagesse populaire » aux incontournables accents de vérité, fut incontestablement l'oxygène de ma future créativité.

Pour autant que j'aie pu en profiter, je fis alors mon miel

Parfums d'enfance

de toutes les répliques dites du « tac au tac », des raisonne-
ments sans fin auxquels papa prenait part de temps en
temps quand l'un des sujets (pêche, sport ou faits divers)
l'intéressait. Il contredisait parfois un client, non parce qu'il
n'était pas d'accord avec lui, mais simplement par jeu, pour
relancer la conversation ou simplement pour ranimer la
controverse. Le ton montait alors derechef. Chacun faisait
valoir ses arguments avec toute la fougue dont il était
capable. Le ton était sentencieux, moralisateur, conciliant
ou péremptoire selon le sujet débattu mais aussi, il faut bien
le dire, selon ce que chacun des orateurs avait ingurgité
auparavant.

M. Figarède, le concierge de l'usine, disait toujours en
levant son verre de vin blanc : « Encore un que les Allemands n'auront pas ! » L'ennui, c'est qu'il le murmurait
déjà dans le café du temps où il côtoyait l'occupant !

Camembert pratiquait une haute philosophie verbale qui
déclenchait l'admiration des clients. Quand les dames
n'étaient pas là, il lançait :

— La vie est un désert et la femme un chameau. Montons
sur le chameau pour traverser le désert.

Tout le monde se tordait de rire ! Ficelle, qui n'était pas
en reste quant aux digressions philosophiques, disait à ses
copains de comptoir :

— Si tu es cocu et que tu l'apprends, ne dis pas à ta
femme que tu le sais, sinon elle te fera la gueule toute la
journée !

À son copain « la Tringle » qui lui détaillait par le menu
tous les avantages du mariage, Picon répondait :

— Tu vois, mon vieux la Tringle, le mariage, je dis pas
qu'c'est pas bien... d'ailleurs j'y viendrai peut-être un jour
mais... si on peut se contenter d'une pute ou d'une bonne
branlette de temps en temps, qu'est-ce qu'on s'évite comme
emmerdements !

Quand Sandra, la femme de Bébert la Rogne, venait le

Le café du Pont

chercher le soir après la cinquième tournée, ce dernier la bloquait tout de suite :

— Fais pas chier, ou tu vas moucher rouge !

C'est durant le printemps 1945 que, sous la forte impulsion de papa, applaudi des deux mains par mon professeur, j'entrepris d'apprendre par cœur mon premier morceau de musique classique. J'aurais en principe l'honneur de l'interpréter lors de la grande fête d'été sous le kiosque à musique de la promenade du Château, entre un chansonnier de Paris et une chanteuse d'opérette. Les mois d'études studieuses se succédèrent d'avril jusqu'au 14 juillet, date fatidique de mon premier pas – tout seul – sur une vraie scène. Je devais interpréter un morceau de Jacques Ibert devant un bon millier de spectateurs, assis en plein air sur des chaises pliantes. Le fameux jour enfin arrivé, vint mon tour de jouer ; c'est livide et d'un pas incertain que j'atteignis le centre de la scène, mon saxophone déjà en position. À ce moment précis, mes tentatives répétées de tirer un son de cet instrument de malheur demeurèrent vaines. Elles se révélèrent même totalement inutiles au bout de deux minutes d'efforts surhumains qui me parurent durer un siècle. J'avais beau souffler à m'en faire éclater les poumons, aucun son ne sortait. Le suspense était à couper au couteau. Le public, mal à l'aise et cependant dépourvu d'hostilité, m'observait à présent avec, me semblait-il, un soupçon de pitié. Cela déclencha sans doute la crise de larmes qui me précipita dans les coulisses. Ces pleurs amers ne m'empêchèrent pourtant pas de voir la grosse tomate qu'un plaisantin de mauvais goût avait glissée tout au fond du pavillon de mon saxo. Obstrué par ce satané légume, même les poumons de Charlie Parker n'eussent pu sortir un son de ce biniou !

Les pleurs séchés, je quittai dignement la promenade du Château, en ruminant sans aucun doute de sombres pensées

Parfums d'enfance

sur le fait que la vie n'était pas une partie de rigolade. Après m'avoir cherché aux quatre coins du pays, mes parents, en allant déclarer ma disparition à la gendarmerie, me retrouvèrent dans un fossé, endormi, la tête sur le boîtier de mon saxophone. Ma première expérience de « concertiste » n'avait pas été un succès, c'est le moins qu'on puisse dire.

La traditionnelle fête foraine du pays reprit dès le printemps 1946 sur cette même promenade du Château, où, en l'occurrence, la température était moins agréable qu'en été. En effet, il pleuvait tout le temps à la Saint-Alpinien. Je n'ai jamais su quels étaient exactement les mérites de ce saint homme, mais nul n'ignorait qu'il personnifiait la grande fête annuelle et pluvieuse de Castelsarrasin. Marainotte, les jours où elle ne harcelait pas son pauvre Étienne qui, lui aussi prisonnier de guerre, était enfin revenu, m'y emmenait parfois l'après-midi. Pour la circonstance, maman m'avait harnaché d'une culotte courte de drap marron, d'une veste cintrée à la taille et d'une casquette assorties. C'était mon habit du dimanche. Je portais de hautes chaussettes de laine qui emprisonnaient mes pieds dans des chaussures à brides que je cassais régulièrement. Me voir rentrer à la maison, plus ou moins à cloche-pied, faisait soupirer maman :

— Si tu ne donnais pas des coups de pied à tous les cailloux que tu croises sur ton chemin, tu ne bousillerais pas toutes tes brides de chaussures ! J'en ai marre des ressemelages, des boucles arrachées et des brides cassées. Demain, tu iras voir Caulet.

L'ami Marc était cordonnier, bien sûr, mais avant tout le grand copain de papa. N'empêche qu'il n'en était pas moins communiste. Personnellement, je n'avais pas la moindre idée de ce que cela signifiait. Certains clients disaient l'être, au café, et je ne percevais aucune différence avec ceux qui se disaient gaullistes, radicaux ou « socialos ».

Le café du Pont

Cet état de fait ne semblait pas déranger papa, qui n'avait à l'évidence jamais fait de politique. Il venait simplement en aide aux pauvres gens, chaque fois qu'il le pouvait – il venait d'ailleurs de le prouver. De quel parti faut-il être pour cela ?

Pour la Saint-Alpinien, tous les sous dont on me gratifiait étaient évidemment les bienvenus. Mémé me donnait cinq francs dès le samedi soir. Ayant fait partie de la grande famille des forains, elle obtenait facilement pour moi des dizaines de tickets de manège rouges, verts ou bleus qui ressemblaient à des bons points. Il y en avait aussi d'autres un peu plus gros, rouges et noirs, qui permettaient de monter gratuitement dans les autos tamponneuses. C'étaient mes préférés.

Je faisais le tour des manèges et des stands de tir avec mémé, qui en connaissait presque tous les propriétaires et qui me présentait à eux :

— Voilà, c'est Pierrot, c'est mon pitchou, le fils de Glaudia. (Je n'ai jamais entendu mémé prononcer correctement le prénom de maman.)

— Il est bien mignon, ce petit... Eh bien, quand tu n'auras plus de tickets, reviens voir ce monsieur au guichet, il t'en donnera encore...

J'avais aussi des tickets gratuits pour ce que l'on appelait alors le « tape-cul » et pour le train fantôme. Je n'y prenais place qu'auprès de Robert Lagarde ou de mes copains des baraquements que j'invitais volontiers, car j'étais tétanisé de peur par les squelettes et les fausses toiles d'araignées. Il y avait l'immense camion blanc des berlingots Mignon dont tout un panneau était orné de glaces biseautées. Ces propriétaires étaient des amis non pas de mémé mais de marainotte. Ils m'offraient à leur tour des berlingots de toutes les couleurs, verts, jaunes, rouges, légèrement acidulés, vraiment délicieux, ou alors des pralines : je les trouvais encore meilleures que les berlingots que pourtant j'adorais.

Parfums d'enfance

Et puis il y avait ces pommes toutes rouges, enrobées de sucre, dont j'étais aussi tellement gourmand ! Je suçais le bâton à la fin, pour me consoler d'avoir fini, mais ça ne valait tout de même pas les berlingots, les pralines ni même la barbe à papa.

La cartomancienne m'intriguait. Son foulard noué sur la tête, sa robe gitane à grosses fleurs rouges, ses anneaux de bohémienne et ses grands yeux noirs, mystérieux...

— Qu'est-ce qu'elle fait cette dame-là, mémé ?

— Laisse ça, mon pitchou, c'est de la couillonnade... de l'attrape-nigauds !

On passait devant les bolides de la mort, motos et side-cars qui, pour appâter le chaland, tournaient à l'intérieur d'une haute arène cylindrique en bois en pétaradant tous les bruits de l'enfer. « Entrez, entrez, venez voir les courageux casse-cou qui dans leurs bolides vont affronter le mur de la mort... et peut-être pour la dernière fois ! »

Mémé, m'arrachant à cette fumée qui me faisait tousser, disait, un peu moqueuse : « Allez viens, n'aie pas peur ! En plus, ce ne sera pas la dernière fois, ajoutait-elle comme à regret, parce qu'ils ne tombent jamais ! »

La femme caoutchouc qui nouait ses jambes autour de son cou me semblait quasiment relever du surnaturel. J'avais calculé – moi qui n'étais pas très calé dans cette discipline – que les cinq francs de mémé (laquelle n'était pas riche), plus les vingt francs de papa (lequel me disait toujours : « Tâche de ne pas tout dépenser... ») et les dix francs que maman me donnait en cachette, cela me faisait trente-cinq francs à consacrer à la fête. Je pourrais en outre y ajouter les quarante sous que cette radine de marainotte me mettait dans la main, en me disant, elle aussi : « Ne dépense pas tout... » Ça devait être de famille !

Pourquoi donc m'octroyer de tels subsides avant de m'envoyer m'amuser si ce n'était précisément pour TOUT dépenser jusqu'au dernier sou ?

Ce type de digression *in petto* fut assurément à l'origine

Le café du Pont

des vastes questions que je me posais dès lors à propos du raisonnement à l'évidence illogique des adultes en général et de ceux de ma famille en particulier.

Marainotte, qui m'avait vu acheter des petites enveloppes bleu fané mélangées en vrac par centaines dans un parapluie retourné, m'avait dit – trop tard :

— Ne gaspille pas tes sous à ces bêtises, l'horoscope, c'est eux qui l'inventent !

— C'est quoi l'horoscope, marainotte ?

— C'est comme la bohémienne qui fait la cartomancienne ou les lignes de la main, elle te prédit des choses qui vont t'arriver... et c'est toujours bien.

Je dépliai la feuille sortie de mon enveloppe : « Vous allez connaître un grand amour avec une personne qui vous apportera le bonheur. »

— Je l'aurai quand ce bonheur, marainotte, qui est-ce qui me l'apportera ? Et c'est quoi un grand amour ?

— Écoute, mon petit... d'abord à mon avis, tu n'aurais pas dû gaspiller ton argent pour lire ces bêtises qui sont réservées aux adultes assez stupides pour les acheter. En tout cas, sache qu'un grand amour, c'est rare. Et ensuite, le bonheur, eh bien, tu l'apprendras tout seul... mais n'oublie jamais que le bonheur, c'est déjà quand on n'est pas malheureux...

J'ai eu par la suite, bien des années plus tard, une vague idée de la signification des propos de ma philosophe marraine. Au fait, n'ai-je pas écrit depuis, *Le bonheur c'est toujours pour demain* ?

La pêche aux écrevisses –
Le curé et le cordonnier –
M. Badgé, sa femme et M. Henri

Papa et Caulet allaient à présent fréquemment pêcher ensemble les écrevisses dans les ruisseaux, la carpe dans le Tarn ou les ablettes à la Garonne. D'où le nom de Tarn-et-Garonne (département où nous habitions), les deux fleuves étant tout proches l'un de l'autre. Papa et La Colle se voyaient tous les jours. Ils mettaient sur pied une partie de pêche au moins une fois par semaine. Le pantagruélique casse-croûte qu'ils étalaient sur la nappe posée à même l'herbe au bord de la rivière me faisait saliver dès la veille car si cela se passait un jeudi où je n'avais pas école ou *a fortiori* un dimanche, ils m'emmenaient avec eux. Fou de joie, le petit Pierrot ! J'adorais, le matin vers cinq ou six heures, l'arrivée au bord du ruisseau à écrevisses où nous allions les pêcher. Maman, elle, s'affairait déjà en préparant un feu, afin de faire cuire une partie de la pêche de ces demoiselles avant de « dîner » sur l'herbe aux alentours de midi. Nous allions tout d'abord effectuer soigneusement la pose des balances, papa et moi. Nous choisissions soigneusement les trous, les gros cailloux sous lesquels ces coquines se cachaient. J'aidais papa à attacher ses petits bouts de viande au creux de la balance, sans oublier bien sûr d'ajouter dessus la goutte de « pastis », appelé aussi le « rikiki », dont elles étaient si friandes. Papa ou Marc conviaient parfois leur copain Zaza, le peintre en bâtiment. Il chantait tout le temps et avait le don d'énerver copieusement tout le monde. Non parce qu'il chantait, mais parce qu'il tombait régulièrement en piqué sur le délicieux jambon de campagne que nous avions apporté, soigneusement enveloppé dans un torchon blanc. Zaza, ce goujat, n'apportait d'abord jamais le moindre tribut gastronomique sinon parfois une miche de pain rassis. Il tranchait de son grand laguiole l'affriolant jambon et sans aucune vergogne laissait généreusement le morceau de lard pour les autres. Il déclarait alors royalement d'un air détaché et innocent aux limites de l'indécence : « Moi, je n'aime que le maigre ! » Papa et Caulet, qui jugeaient la plaisanterie saumâtre, se juraient de ne pas s'y laisser reprendre... jusqu'à la prochaine fois, où ils avaient oublié, évidemment.

Durant notre partie de pêche aux écrevisses, maman, elle, préparait sur son feu le court-bouillon au bord du ruisseau. À peine les balances étaient-elles relevées que nous faisions le tri des écrevisses, rejetant à l'eau les moins grosses. Les « sursitaires » vous pinçaient souvent cruellement, du reste, sans la moindre reconnaissance pour ce geste qui les sauvait du terrible et odorant court-bouillon.

Le céleri, la tomate, l'oignon, l'ail, le sel, les quatre-épices, le vin blanc et le bouquet garni, rien n'était oublié pour réussir ce fond succulent dans lequel rougissaient nos crustacés d'eau douce. Maman n'avait pas perdu son temps pendant que nous posions les balances, pêchant dans le bief du petit moulin – parfois avec Jeannot – une cinquantaine de petits goujons qu'elle achevait de faire dorer dans la poêle. « C'est pour vous mettre en bouche avec le vin blanc que j'ai tenu au frais dans le ruisseau », disait-elle aux pêcheurs qui salivaient déjà. Ces moments si heureux pourraient-ils s'oublier un jour ?

L'ennemi juré de Caulet (on prononçait bien le *t* final), appelé aussi La Colle ou Marcou, n'était ni plus ni moins que le curé de l'église Saint-Jean, Jules Bessac.

Parfums d'enfance

Le doux cordonnier, anticlérical notoire, cultivait un malin plaisir à provoquer notre brave curé, qu'il avait surnommé pour tenter de le déstabiliser « Julot la Calotte » !

Les yeux farceurs du curé s'allumaient alors en un grand éclat de rire.

— Sacré Marc ! disait-il, tu veux encore me faire mettre en colère.

L'espiègle Marcou, qu'on soupçonnait d'être communiste uniquement pour embêter le curé et le maire radical-socialiste, riait à son tour de bon cœur.

Tous les matins, peu avant d'aller préparer l'office de six heures, le curé, sans nul doute un brin masochiste, s'arrêtait devant l'échoppe du cordonnier qu'on aurait pu prendre pour la loge du sacristain tant elle était proche de l'église.

— Entre donc, lui disait Marc... il me reste du café ! Alors, chenapan, quand est-ce que tu vas à Toulouse voir les putes ?

Oui, c'était bien l'irrespectueux Caulet qui posait cette insidieuse question à un honorable représentant de la congrégation ecclésiastique.

— Ah, c'est plus fort que toi, hein ? il faut que tu m'insultes dès le réveil !

— Je ne t'insulte pas mon petit Jules, je m'inquiète simplement de ta santé. Tu sais aussi bien que moi qu'il n'est pas très bon pour un homme normalement constitué, fût-il de la calotte, de rester des semaines, voire des mois, sans se vider les burettes. Surtout pour un ministre du culte de ta qualité, de ton âge et en bonne santé.

Après cette si spirituelle boutade – du moins le pensait-il –, Marcou était littéralement mort de rire !

— Mais d'abord, toi, qu'en sais-tu si je vide ou non mes bourses ?... et qu'est-ce que cela peut bien te faire ? Est-ce que je m'occupe des tiennes, moi ?

— Je te le répète, mon ami, je ne peux m'empêcher de me faire du souci quand Liliane ou Rosette, au quartier du canal près de la gare Mathabiau, me disent :

Le café du Pont

— Tiens, il y a plus de deux mois que nous n'avons pas vu Jules... il était pourtant bien en forme la dernière fois ! Il n'est pas malade au moins ?

Hormis tous les discours violemment anticléricaux qui faisaient partie de la panoplie et de l'hygiène quotidienne de notre cordonnier provocateur, ce dernier cultivait, avant tout, une grande tendresse pour son ennemi préféré. Il lui chantait *L'Internationale,* certes, et même à tue-tête pour être bien sûr que le curé l'entendrait jusqu'aux marches de son église, mais c'était juste la dernière taquinerie de la matinée.

Il y avait une constante mauvaise foi dans les dialogues passionnés de nos duettistes en même temps qu'une connivence de bon aloi.

D'un côté comme de l'autre, on ne s'aventurait jamais sur des terrains marécageux ou alors, on s'arrêtait aux extrêmes limites.

— Ton Staline, mon pauvre Marcou, tu ne peux prétendre que ce n'est pas de la foutaise !... Il asservit un peuple qu'il maintient dans l'ignorance... C'est un dictateur, n'ayons pas peur des mots !

— Et ton Pie XII, c'est quoi ? C'est une merde ensoutanée de blanc ! Voilà ce que c'est ! Et collabo, en plus ! Nul n'ignore tout le gringue qu'il a fait à Hitler... Sans compter son copain Mussolini !

— Ah... si tu deviens vulgaire... c'est facile, tu sais, Marc, d'employer des mots pareils concernant notre Saint-Père que je ne me permettrais jamais de juger. Je peux, en revanche, te parler de ton ami moustachu et de ses fameux camps en Sibérie. De surcroît, il n'a pas vraiment hésité longtemps avant de signer le pacte germano-soviétique en août 1939 avec les Frisés, ton copain coco.

— ... Oui, mais depuis, rectifiait Marcou, les Russes sont revenus de notre côté... et les Fritz ont eu un sacré mal avec eux, à ce qu'on a raconté... et même qu'à Stalingrad, ils leur ont foutu la pâtée qu'ils méritaient !

194

Parfums d'enfance

— Oui, bien sûr, même un communiste, parfois, ça peut réfléchir et reconnaître ses erreurs...

— Tu veux savoir ce qu'ils te disent, les communistes ?

— Je t'en prie, Marcou, quand tu le veux, tu peux te montrer bien élevé.

Cela pouvait durer jusqu'à ce que le brave curé lance soudain son juron favori, l'un des rares qu'il se permettait.

— Sapristi ! Je vais encore dire la messe en retard !

— C'est pas grave, mon bon ami... Dieu n'existe pas ! Mais tu n'as pas besoin de te mettre la rate au court-bouillon, je ne le dirai à personne. Promis, juré, si je mens je vais en enfer.

— Arrête de calomnier, ça ne te va pas. Tu viens prendre le pastis ce soir ?

— Ben, demandé comme ça...

— Sept heures et demie au presbytère. J'ai un nouvel anis, tu m'en diras des nouvelles.

La Colle, une heure plus tard, distillait par le menu l'essentiel de ces truculents dialogues aux oreilles de papa, qui s'en gargarisait. Évidemment, ce dernier racontait tout à maman, en regagnant le café.

La liberté de propos des clients du café, leur comportement, leurs fanfaronnades, leur solitude, leurs angoisses, je les percevais très bien malgré mon jeune âge. Craignant pour mes oreilles – que, comme tous les parents, elle croyait innocentes –, maman surveillait de près les écarts de langage. Ils étaient et demeurent pourtant l'essence même, le sel de l'expression verbale qui a toujours fleuri dans les cafés. Fort heureusement pour moi, maman n'était pas toujours là pour entendre certains dialogues croquignolets, ou alors trop occupée pour me lancer sa formule habituelle : « Pierrot, va voir à la cuisine si j'y suis. »

À l'heure de l'apéritif, il venait tous les soirs un personnage tout rond, petit, rubicond, rougeaud, à fine moustache

195

nommé M. Badgé. Tout le monde au café l'appelait « Le Double », sans doute parce qu'il ne consommait que des pastis doubles et peut-être aussi à cause de son imposante corpulence qui représentait près de deux fois celle d'un homme moyen. Bien que souvent mal rasé, il était toujours bien mis. Il affichait une barbe poivre et sel d'aspect un peu sale, qui ternissait un tantinet son allure. Il consultait de temps en temps sa montre-oignon en argent accrochée au bout d'une chaîne en or, puis la portait à son oreille comme pour vérifier si elle n'était pas arrêtée.

Il la replaçait ensuite soigneusement dans la poche de son gilet de serge bleu marine rayé de blanc, assorti à son complet. Il portait des chaussures rouge écrevisse, ornées de multiples petits trous et toujours impeccablement cirées. Il transpirait en permanence. Sa femme, accorte blonde de vingt-cinq ans plus jeune que lui, passait son temps à lui éponger le cou et le front de son fin mouchoir de batiste.

— Maurice, tu sues encore beaucoup, tu sais... (Elle lui épongeait délicatement le front) : regardez-moi ce gros bébé qui dégouline... Tu devrais peut-être boire un peu moins.

— Et toi, tu m'emmerdes aussi beaucoup, tu sais, et tu devrais peut-être un peu la fermer !...

Moi, à demi caché derrière le comptoir, je les observais attentivement. J'étais toujours intrigué par de tels comportements, fasciné par ces rapports homme-femme qui, curieusement au café du Pont, ne variaient guère d'un couple à un autre, malgré, parfois, des conditions sociales très différentes. Pauvres ou aisées, les femmes en ce temps-là n'avaient qu'un droit à la parole tout à fait limité, pour ne pas dire nul. De nos jours, on ne les écoute pas (toujours !) mais on les laisse davantage s'exprimer. N'est-ce pas un progrès évident ?

— Pierrot, appelait alors M. Badgé, tu es là ?... Remets-nous deux doubles en attendant M. Henri.

Parfums d'enfance

Henri, c'était le meilleur ami de Maurice Badgé, son inséparable et, par corollaire, l'amant de sa femme. Ce dernier avait un faux air d'Errol Flynn sur le retour et surtout, une couperose d'alcoolique invétéré particulièrement prononcée.

— Tiens, quand on parle du loup... Salut Henri ! Assieds-toi. Un double pour M. Henri, petit, et ramène aussi une carafe d'eau fraîche.

Ils se mettaient à téter consciencieusement leur jaune, s'observant les yeux mi-clos, comme soupesant à l'avance l'intérêt de ce dont ils allaient débattre ensemble. Comme si cela eût été une nouveauté, Henri disait soudain :

— Alors, on se la fait cette revanche ?

— Eh bien, allons-y, répondait Maurice. Si tu tiens absolument à prendre ta raclée... Pierrot, ajoutait-il à mon adresse, viens faire le troisième, il acceptera mieux sa défaite s'il n'est pas tout seul...

— Non mais, pour qui tu te prends ? C'est toi qui vas la prendre ta pâtée, oui, et avec le petit, on va te mettre plus bas que terre.

Durant la partie de billard – car c'est bien de cela qu'il s'agissait –, ils éclusaient en moyenne leurs quatre à six double Pernod fils pendant que je buvais gentiment mon soda menthe, histoire de les accompagner, comme disait papa.

Ce soir-là, les ayant abandonnés sur un score honorable au bout d'une heure de jeu pour aller faire mes devoirs avant de passer à table, nous les retrouvâmes, papa et moi, après le « souper » vers dix heures, tous deux titubant au bord du billard, incapables d'ajuster la boule avant de la frapper.

— Vous devez être affamés, leur dit papa, familier de ce type de situation. Vous ne voulez pas que Clau vous fasse une omelette ? ajouta-t-il, sachant très bien que ce n'était pas de nourriture dont ils avaient un besoin immédiat.

— On n'a pas faim, bredouilla Clarence, assise non loin

197

en spectatrice, tout aussi ivre que « ses » deux hommes, mais, enchérit-elle, on boirait peut-être bien un double Cinzano pour changer de couleur, pas vrai les champions ?

— T'as raison, ma poule, répondirent en chœur les deux ivrognes.

Ils avalèrent tout de même tant bien que mal leur omelette au jambon en la faisant glisser avec trois ou quatre doubles Cinzano. En fins gastronomes qu'ils prétendaient être, ils jugeaient que le Cinzano était la boisson idéale à déguster avec l'omelette au jambon. Peu avant onze heures, je descendis l'escalier qui menait de ma chambre au couloir. Celui-ci donnait accès à la cuisine qui débouchait, elle, sur le café. Maman m'avait envoyé me coucher à dix heures, école oblige, mais ne dormant pas encore et les éclats de voix intempestifs s'amplifiant en dessous de ma chambre, j'avais décidé d'aller m'informer de visu de la suite des événements. Ce type de scène douloureuse, pitoyable et comique à la fois, me fascinait autant que les « dissertations » verbales, au comptoir.

Je me mis donc en planque à la frontière de la cuisine et du café, voyant aisément tout sans être vu. Papa et maman, spectateurs impuissants, essuyaient les verres derrière le bar, ne sachant trop quoi faire de ces trois ouistitis si copieusement imbibés. À présent incapables de se déplacer, ils demeuraient le cul par terre, car, assuraient-ils, ils avaient le vertige assis sur leurs chaises. Jambes écartées, robe relevée jusqu'à laisser voir sa culotte, Clarence dodelinait entre les deux poivrots. Mes parents avaient fini par s'asseoir dans la salle et se reprochaient d'avoir laissé la situation se dégrader dans de telles proportions.

— On est cons, disait papa, c'est bien notre faute, on n'aurait jamais dû les laisser boire autant.

— Écoute, ils se sont servis eux-mêmes pendant que nous étions à table... tu sais bien que ce sont de trop vieux habitués et qu'ils font absolument ce qu'ils veulent. Tu n'aurais pas pu les empêcher de toute manière. Ce qui est

Parfums d'enfance

fait est fait, concluait maman, à l'évidence plus réaliste. Ils ne peuvent plus rentrer chez eux dans l'état où ils sont.

Badgé, qui malgré son cerveau embrumé avait tout de même enregistré ce que disait maman, bredouilla :

— Notre état, il est très bon ! On est même, comme qui dirait, en parfait état. Si on boit Henri et moi, c'est à cause de cette salope, ajouta-t-il en désignant sa femme. Il faisait de plus en plus d'efforts pour articuler. Elle veut pas choisir entre moi et lui, poursuivit-il en pointant le doigt vers Henri.

La femme riait par saccades de ce rire de poivrote si comique et si pathétique à la fois.

— Écoute, Maurice, enchaîna Henri, lui aussi la bouche pleine de bouillie, moi avant tout je suis ton ami. C'est vrai que je baise ta pute, mais l'amitié, ça compte plus que tout. Si tu la veux, prends-la, cette salope, dit-il en poussant d'une bourrade la soûlarde toujours assise jambes écartées vers son mari.

— Non, non, Henri, protestait Maurice en repoussant à son tour son épouse hébétée vers son copain, toi aussi tu es mon ami. On va pas se fâcher, pas à cause de cette putasse. Si tu la veux, prends-la ! renchérissait-il en repoussant derechef sa femme comme une poupée de chiffon vers son amant si magnanime.

La femme, elle, dodelinait de l'un à l'autre sans cesser de rire stupidement.

— C'est vrai, finit-elle par articuler non sans mal, c'est vrai que je suis une salope... une sacrée belle salope !

Ce dialogue surréaliste avait fini par décourager papa de raisonner des êtres dans un tel état. De guerre lasse, il dit à maman : « Laissons-les là et allons nous coucher. De toute façon, ils sont incapables de faire un pas. »

Je regagnai promptement mon lit avant que mes parents furieux et épuisés ne retrouvent le leur.

199

Le café du Pont

Avant de partir à l'école, le lendemain matin, je trouvai maman à genoux dans la salle de café, une serpillière à la main, en train de nettoyer le vomi du trio infernal. Après que les hommes eurent dignement ajusté leur cravate, les trois phénomènes burent silencieusement un « petit noir », puis s'en allèrent comme si de rien n'était. Clarence avait défroissé sa jupe et Maurice avait dit simplement, en époussetant son costume :

— Merci pour tout, Clau, et à ce soir !

Robert Lagarde – Gaëtan – Jeannot au cinéma – Papa pêcheur – Braconnage au canal

Mon quotidien était à présent partagé entre mes studieuses études en classe, mes laborieuses leçons de musique et la vie au café pour laquelle je hâtais le pas en sortant de l'école. Mon existence était aussi clairsemée de ces petits bonheurs, telle la pêche aux écrevisses ou aux goujons avec papa, et même parfois avec maman. Je continuais de faire avec mémé les cueillettes les plus diverses de tous les trésors qu'offrait la nature.

Robert faisait partie de ce quotidien ensoleillé. Il était mon meilleur copain, celui à qui je faisais mes confidences, avec qui je partageais mes soucis, mes chagrins, mes joies et évidemment mes économies.

Son père, Léon Lagarde, travaillait lui aussi à l'usine, tout comme sa fille, la grande sœur de Robert, dactylo dans le bureau d'un contremaître. La grande et belle Renée, d'au moins quatre ou cinq ans notre aînée, jouait déjà les vamps et lisait *Cinémonde*. Elle taperait plus tard et en cachette mes premiers poèmes sur la machine à écrire de son bureau à l'usine. Ce type de « perruque » était loin d'être sans risques pour elle. Si on la surprenait, à coup sûr elle risquait le renvoi.

Nous allions assez souvent ensemble au stade Ducos, Robert et moi. Nous adorions le rugby que nous pratiquions par ailleurs à l'école à la récré, ou au stade même, entraînés par notre maître d'école M. Bourdoncle. Après la Libération, à la reprise des courses hippiques, nous allions aussi

Le café du Pont

à l'hippodrome que bordait la route de Moissac assister aux magnifiques disputes de trot attelé ou de galop, auxquelles participait le grand-père de Robert, qui était jockey. Jouant chaque fois nos économies sous le prétexte que nous avions le bon tuyau de son papy, nous perdîmes ainsi presque toutes nos mises. La seule fois où j'ai gagné une vraie somme, car la cote était paraît-il plutôt grosse, j'ai déchiré mon ticket ! Sous les directives de Robert, j'avais joué un « couplé », dont l'un des chevaux avait gagné. Ignorant totalement ce qu'était un couplé, j'avais jeté mon billet à la fin de la course, sans même me rendre compte que nous étions gagnants. Robert, qui de son côté était allé chercher ses gains, se moqua bien entendu copieusement de moi. Il partit aussitôt avec son argent s'acheter des timbres, dont nous venions de commencer chacun une collection.

L'abbé d'une paroisse voisine, à Montbeton, venait parfois au patronage de l'église de Saint-Jean où nous allions de temps en temps. Il avait une colossale collection dont il nous vendait quelques spécimens qu'il possédait en double. Robert, moins scrupuleux que moi, essayait lorsqu'il le pouvait de lui en chaparder quelques-uns, mais l'abbé, qui avait l'œil vif, avait deviné ses intentions et guettait le moindre de ses gestes comme le lait sur le feu. Nous lisions, nous nous passions et parfois échangions nos premiers livres et nos premières bandes dessinées. Je lui prêtais le gros album relié de *L'Épatant* avec les aventures des Pieds Nickelés ; lui chaque semaine me confiait *Tarzan* que je lui restituais après une fervente lecture. Il les collectionnait et les possédait tous depuis le premier numéro. Robert usait et abusait souvent pour son âge d'un cynisme, d'un nihilisme destructeur qui me laissaient tour à tour dubitatif et vraiment désolé pour lui. Notre esprit, notre comportement, en regard des autres copains du même âge, avait quelque chose de marginal, de frondeur, de libertaire. Nul de nos camarades de classe n'affichait cette sorte de cynisme, voire de mépris, que Robert manifestait par

202

exemple pour le catéchisme ou les scouts, ou tel ou tel instituteur qui lui paraissait ridicule ou sévère, etc. J'étais, quant à moi, beaucoup plus circonspect dans mon attitude et mes jugements. Cela me faisait passer à ses yeux pour timoré, ayant en quelque sorte les deux pieds dans le même sabot ! Un jour pourtant, nous allâmes chez le curé aux timbres, jusqu'à Montbeton qui se trouvait à une heure de bicyclette de chez nous. À la stupéfaction de Robert, je dérobai à l'abbé un timbre du Togo qu'il possédait en trois exemplaires et qui ne valait pas très cher. Ayant prouvé à mon copain que j'étais capable de faire aussi bien que lui ce type d'acte, nous revînmes un autre jour chez le jeune prélat, à qui je restituai en douce le timbre que je lui avais volé la semaine précédente. Robert, une fois encore, me regarda avec un air de profonde commisération.

Tous les dimanches matin, j'allais le voir chez lui. Il habitait avec ses parents dans une grande et ancienne maison bourgeoise à deux étages où l'on pénétrait de plain-pied. Elle était située entre la caserne et l'école communale, qui se trouvait à deux pas. Leur grande cuisine servait ici, comme dans beaucoup d'autres maisons, de pièce à vivre commune. Entre dix heures et onze heures et demie, avaient lieu les ablutions de la belle Renée puis celles de Robert, qui faisait, lui, des grasses matinées de roi fainéant, jusqu'à près de midi. Chacun à son tour pénétrait tout nu dans une sorte de grande comporte remplie d'eau chaude qui lui arrivait jusque sous les genoux. Maman Lagarde, une grosse éponge savonneuse en main, ôtait alors la crasse accumulée toute la semaine sur la peau de ses rejetons. Bien sûr, je vis dix fois Robert tout nu mais hélas jamais la jolie grande Renée, qui fumait déjà les premières américaines blondes et connaissait par cœur la vie des stars en lisant aussi *Paris-Hollywood*. Elle connaissait tous les potins sur Greta Garbo, Robert Mitchum, Fred Astaire ou Clark Gable, cherchait désespérément à acheter la même marque de bas que Cyd Charisse et alternait les Camel avec les Lucky Strike que fumaient alors toutes les femmes fatales héroïnes de l'écran.

Après avoir découvert avec – et grâce à – Robert, la philatélie, les courses hippiques, les bandes dessinées, le rugby et les mollets de sa sœur, j'ajoutai la fumée des infectes cigarettes à l'eucalyptus que nous achetions alors chez l'herboriste du pays. Nous avions déjà essayé, Arthur, Simon et moi, de fumer quelques mois auparavant, les queues d'ail que j'avais mises à sécher pour approvisionner les clients du café. Arthur, qui avait vomi tripes et boyaux sur son short et son marcel, dut attendre quatre heures entièrement nu que ses habits, lavés au ruisseau, sèchent sur une branche du cerisier de notre jardin. Par bonheur, nous étions au mois de juin. C'est là, d'ailleurs, qu'apercevant la petite Alice – la fille du plâtrier –, venue faire pipi dans son jardin de l'autre côté du merdaillou, la zigounette d'Arthur amorça un mouvement ascendant. Il conclut alors rapidement et sans vergogne, devant nous, par une petite mais frénétique branlette d'anthologie, nous invitant son frère et moi à l'imiter ; je fus bien embarrassé pour lui expliquer que, bien malgré moi, mon short s'était déjà mouillé naturellement pour la même raison que lui et que je ne voyais pas la nécessité de recommencer. C'est ainsi que mon slip rincé à son tour dans le ruisseau rejoignit le sien sur la branche du cerisier.

Nous étions sans aucun doute totalement inhibés en ce temps-là vis-à-vis des filles, mais nullement insensibles toutefois aux éclairs que lançait leur petite culotte, les jours de grand vent. C'est uniquement pour cette raison – et non pour développer la charité chrétienne prêchée par le curé au catéchisme, où nous allions rarement – que nous étions souvent fourrés au patronage. Nous percevions la mixité permise les jours de kermesse comme un don du ciel.

Parfums d'enfance

Pendant que les dames patronnesses, qui avaient confectionné avec amour des napperons brodés à l'ouvroir à longueur de semaine, les vendaient, installées derrière des petits stands, au profit des nécessiteux, Robert et moi adressions de petits billets aux nombreuses pucelles cramoisies qui faisaient semblant d'ignorer les non moins puceaux que nous étions. N'osant attaquer de front l'objet de notre concupiscence, chacun de nous faisait passer par l'autre son doux message à la belle convoitée.

— Tiens, de la part de Robert Lagarde.

La fillette lisait aussitôt le compromettant mot d'amour : « Et si on allait se baigner à Garonne[1] ? » signé Robert. Il faisait à son tour le facteur, pour livrer mon incandescent poulet amoureux.

« Veux-tu que je te paye un soda à la menthe ? » signé Pierrot.

Généralement, les filles ne donnaient pas suite, tout au moins à d'éventuels échanges épistolaires. De loin, en rougissant, elles nous adressaient un non de la tête, que l'on devinait néanmoins imprégné de quelques regrets.

— Tu vois, elles en crèvent d'envie, disait Robert, affectant un dédain amusé.

— Le prochain coup, la Solange, si elle me répond oui, c'est moi qui lui dirai non !

Le souvenir de ce type de comportement m'inspira sans doute inconsciemment bien des années plus tard une chanson dont le héros, s'adressant à sa dulcinée, lui répond de façon récurrente dans le refrain : « ... Non ! tu serais trop contente, ça te ferait bien trop plaisir. » J'essayais en vain de faire partager à Robert les plaisirs champêtres que j'affectionnais tant mais, manifestement, la pêche ou les champignons, c'était pas son truc.

Nous ne nous vîmes, hélas ! que bien trop rarement par

---

1. Au pays, nul ne disait jamais « à la » ou « dans la », on préférait dire « à Garonne »

205

la suite, lorsque je fus entré au conservatoire de Toulouse. Il me disait : « Putain, ce que j'aimerais être à ta place. Qu'est-ce que je me fais chier ici ! »

Nous allions souvent à la pêche le jeudi, le dimanche et les jours fériés, papa et moi.

Avant de « partir en vadrouille » aux aurores, selon l'expression de papa, nous nous arrêtions toujours chez M. Loiseau pour y prendre notre pain frais. Sa boulangerie étant encore fermée, nous avions le privilège, en passant par-derrière, de voir sortir la dernière fournée de son merveilleux pain si odorant. Un bon grand sourire illuminait alors sa face toute blanche de farine lorsqu'il nous accueillait au pied de son fournil.

— Co-co-com... comment vas-tu Mau-mau... Maurice, disait ce brave homme, qui vivait le martyre de chaque instant des malheureux bègues quand ils essaient de s'exprimer.

— Très bien, Fernand, très bien... Nous partons à la carpe, le gosse et moi... mais chante, si c'est plus facile pour toi, ne te gêne donc pas pour nous.

Fernand se mettait aussitôt à chanter car à l'évidence, lorsqu'il chantait ce qu'il avait à dire, il ne bégayait plus. À la manière des ténors d'opéra, il entonnait alors :

— Vous allez pêcher dans le Tarn ou à Garonne ?

— Nous allons au Tarn, lui répondait papa en chantant lui aussi pour le mettre à l'aise.

Visiblement, cela amusait beaucoup le boulanger qui poursuivait...

— ... Mais au moins, as-tu appâté un coin ?

— Oh que oui, entonnait à son tour papa, et depuis plusieurs jours, je les gave de blé et de maïs. Ça devrait donner, la lune est bonne...

— Ah ! Une carpe au four avec du vin blanc et des champignons... putain que c'est bon ! poursuivait l'enfariné sur l'air de *Tosca*.

Parfums d'enfance

Nous repartions avec une longue miche croustillante de deux kilos. Maman se servirait de ce qui devait logiquement rester pour tremper la soupe du soir.

Les innombrables escapades que nous fîmes à la pêche papa et moi (mon frère Jeannot était encore trop petit pour se joindre à nous) étaient aussi diverses qu'inattendues. À la saison des sophies, en plein hiver, papa, tellement impatient, ne parvenait pas même à se coucher. Il disait à maman :

— Ce soir, on pourrait bien emmener les gosses au cinéma...

— Toi, tu as envie de partir à la sophie, disait aussitôt maman qui avait deviné en un éclair.

La savante manœuvre paternelle était alors la suivante : il fermait le café plus tôt que d'habitude. Puis, à huit heures et demie, bien emmitouflés pour braver la froidure, nous partions à pied tous les quatre jusqu'au cinéma Vox, situé à presque deux kilomètres de chez nous. Papa était un inconditionnel du septième art. Rares étaient pourtant les occasions de se rendre au Vox ou au Florida, les deux seuls cinémas du pays. Mes parents travaillaient tant qu'ils considéraient comme un luxe d'avoir le loisir d'effectuer quatre kilomètres à pied pour soudain tout oublier de leurs soucis auprès de Fernandel, de Pierre Fresnay ou de Raimu. Ce dernier l'emportait haut la main dans les préférences que papa affichait volontiers pour certains acteurs ; il vouait un véritable culte à « l'homme au chapeau rond ». Harold Lloyd, Buster Keaton, Abbot et Costello, Charlot ou Laurel et Hardy faisaient chez nous aussi l'unanimité. Lorsque, par un « soir calme » au café, papa décidait soudain d'aller au cinéma, il poussait gentiment dehors les deux ou trois piliers de comptoir, après leur avoir offert le petit dernier pour la route, en leur expliquant « on emmène les gosses au cinéma, on le leur avait promis depuis longtemps ». Notre voisin Gaëtan Rouxi, dont je n'ai pas encore beaucoup parlé, habitait avec ses parents la grande maison

207

Le café du Pont

à deux étages tout au fond du quartier de l'usine, derrière les baraquements qui jouxtaient le déversoir. Ce dernier, pour les besoins de la cause, était accolé à l'écluse du canal. C'est le bon M. Marre qui assurait quotidiennement la manœuvre en tournant à la main la manivelle qui ouvrait et fermait les lourdes portes de l'écluse.

Gaëtan, mon aîné de quelques années, était déjà l'assistant du projectionniste de l'ancien théâtre Pobleu devenu cinéma. Après la Libération, il fut en quelque sorte remplacé dans le même quartier par le moderne Florida, où l'on projetait surtout des films américains.

Dès l'année 1943, du reste, mon futur oncle André, qui avait alors vingt-deux ans et était opérateur de cinéma lui aussi, se retrouva à l'ancien cinéma Pobleu devenu Ciné-Pouce, afin d'assurer les projections des films soit en alternance soit ensemble avec Gaëtan. Cet emploi était une bonne façade pour André qui passait le plus clair de son temps à ravitailler les maquisards en vivres, argent ou armes. Tous les actes de résistance étaient si cloisonnés que Gaëtan lui-même ne sut rien des agissements d'André jusqu'à la fin de 1943. Des soldats allemands, escortés de miliciens, s'engouffrèrent un jour dans la cabine de projection pour y effectuer une perquisition aussi musclée qu'inattendue, en présence de ce pauvre Gaëtan qui n'en menait pas large. Ils repartirent après avoir fait chou blanc mais promirent néanmoins de revenir. Lorsque quelques heures plus tard Gaëtan raconta à André la fouille minutieuse qu'ils venaient d'effectuer, ce dernier se précipita sur un tournevis et souleva quatre lattes du plancher. L'espèce de caveau aménagé en dessous recelait trois mitraillettes et une bonne demi-douzaine de revolvers, ainsi que des grenades et des boîtes entières de munitions qu'il déménagea illico. De quoi faire fusiller tous les habitants du quartier ! C'est ce jour-là, sans s'attarder davantage, qu'André rejoignit définitivement le maquis, pour ne réapparaître qu'à la Libération.

Gaëtan qui, selon papa, faisait « ce qu'il voulait de ses

Parfums d'enfance

doigts », devint l'ébéniste menuisier le plus habile de la région. L'un des aspects douloureux de sa vie d'éternel célibataire fut une tenace, horrible et récurrente migraine qui lui gâche encore la vie à présent. Son incapacité à refuser le moindre des chantiers qu'on lui proposait, tant il est serviable et désintéressé, n'apaisa jamais ses maux de tête, mais n'entama jamais non plus la philosophie dont il a toujours fait preuve à tout bout de champ. Quand on lui demande encore aujourd'hui pourquoi il ne s'est jamais marié, Gaëtan le magnifique répond invariablement, mais en patois – ce qui est autrement plus savoureux : « Il faut qu'un type soit bien fainéant pour ne pas arriver à dépenser sa paye tout seul ! » Lorsqu'il n'avait pas trop mal au crâne, Gaëtan passait son temps à confectionner des placards de cuisine, poser des plinthes, des patères ou réparer un pied de lit branlant chez une souriante ménagère. Ne lui offrait-elle pas gentiment un café... en plus du reste ? Car, de caractère doux et peu contrariant, Gaëtan ne refusait jamais d'améliorer l'ordinaire sentimental quotidien de ces mignonnes esseulées. Leur mari, bien trop occupé pour se soucier de leurs douloureux états d'âme, était bien entendu loin d'imaginer que le providentiel Gaëtan – comme tous les célibataires du reste – se faisait un plaisir d'y remédier. Convié un jour par une superbe créature à venir estimer les réparations d'une splendide armoire Louis XV, il faillit bien être surpris au beau milieu de sa délicate besogne. Il s'ingéniait fort galamment à « poser une cheville » qui, à l'évidence, faisait roucouler d'aise la maîtresse de maison. Il n'eut que le temps de sauter du lit, nu comme un ver, pour se cacher en catastrophe derrière les manteaux suspendus dans la fameuse armoire. L'infidèle épouse, qui avait reconnu les pas de son époux rentrant du travail plus tôt que d'habitude, avait tout juste pu dissimuler sous le lit les habits de son amant. Lequel dut attendre, coincé pendant trois heures dans l'armoire, que la nuit tombe, avant de

Le café du Pont

pouvoir rentrer tout nu chez lui, cependant que les époux dînaient tranquillement dans leur salle à manger...

— Tes portes d'armoire en noyer sont absolument authentiques, déclara plus tard Gaëtan à sa maîtresse, mais l'intérieur, j'ai eu tout le temps de voir de quel bois elle était montée, ce n'est que du bois blanc, c'est de la camelote !

Durant l'Occupation, les cinémas étaient bondés. Obtenir un simple strapontin n'était pas chose aisée. Gaëtan, lui, m'en dénichait toujours un ou deux car j'étais parfois accompagné de mon inséparable copain Robert, ou flanqué de mon petit frère Jeannot. Il était encore tout maigrichon à cette époque, ce qui ne l'empêchait pas d'être par ailleurs geignard, moustique, asticoteur permanent, et même lors-qu'il fut plus grand, volontiers bagarreur. Je faisais ma BA, lorsque, sur l'injonction de maman, je l'emmenais au cinéma le dimanche après-midi. Je savais pertinemment qu'avec lui, une fois sur deux, je ne verrais pas la fin du film. Il fit une scène terrible lors d'une matinée au Vox, en plein milieu de la projection de *François I*er, dont la vedette était Fernandel. Dans la scène où il subit le supplice de la chèvre qui lui lèche la plante des pieds, il était irrésistible, et bien entendu la salle entière était secouée de rires. Mais Jeannot, lui, pleurait toutes les larmes de son corps en sup-pliant tout haut « arrêtez, arrêtez ! » Je dus aussi maintes fois quitter la salle avec lui dès le premier hurlement d'un acteur, provoqué par un coup de couteau ou de revolver. Cela le mettait dans des transes insupportables et les specta-teurs, bien sûr, protestaient avec véhémence. Dès l'Occu-pation, les actualités tenaient une place non négligeable dans une séance de cinéma. Elles firent dès les débuts, entre 1940 et 1942, un prosélytisme forcené pour le devenir d'une jeunesse française rendue saine par le sport et par les chants patriotiques que les valeureux scouts entonnaient à la gloire du maréchal Pétain. Ils chantaient ni plus ni moins ce qu'on nous apprenait alors à l'école, le fameux *Maréchal nous voilà !* En contrepoint, on voyait les images de bandes de

210

Parfums d'enfance

maquisards, de « dangereux terroristes » selon le commentateur, mettant à sac des fermes devant des paysans terrorisés par les rafales de mitraillette que ces « malfaiteurs » lâchaient en partant. En conclusion, recommandait la propagande allemande : « Français, il est de votre devoir de dénoncer non seulement les juifs, mais également ces bandits. Quiconque apportera son aide et son soutien à l'un de ces terroristes sera immédiatement fusillé. » Papa, impavide devant ce type de menace, faisait tout bonnement celui qui n'avait pas entendu.

Ce temps-là, heureusement, était révolu depuis peu. Pour l'heure, nous sortions du vieux cinoche où nous avions eu notre pesant de suspense en voyant le premier épisode du *Comte de Monte-Cristo*. Il était onze heures et demie et nous rentrions à la maison en rêvant d'Edmond Dantès et de l'abbé Faria, la tête encore pleine des émotions si bien tricotées par le papa Dumas.

Afin d'être certain que les bonnes places ne seraient pas prises le lendemain matin, il était absolument impératif, affirmait papa, de se rendre dès à présent au bord de la rivière. C'est ainsi que, partis à minuit malgré la totale désapprobation de maman, les cannes à pêche et l'épuisette bien ficelées sur la barre transversale de nos vélos, des couvertures pliées sur notre porte-bagages, nous pédalions vaillamment vers la Garonne dans un froid sibérien.

— T'en fais pas, disait papa qui se voulait rassurant, en arrivant, nous ferons du feu.

À une heure du matin, par moins cinq degrés, il y avait bien peu de risque que les places soient prises. Tous les meilleurs « coups » de la Garonne s'offraient en effet à nous. Le premier devoir de survie, pour affronter cette longue attente jusqu'aux alentours de huit heures, quand le jour pointerait discrètement, était de réussir à allumer ce fameux feu. Les doigts gourds, cassant tant bien que mal les branchages de bois mort alourdis par le givre, nous empilions à trois mètres de notre chère place – tant méritée ! –

211

Le café du Pont

tout le bois que nous parvenions à dénicher à la lueur de la lampe de poche. La nuit, vraiment sombre, laissait à peine percer un timide clair de lune bien trop parcimonieux à notre goût. Mort de peur de trop m'éloigner et de tomber au bouillon, je ne cessais de parler à papa. Assis chacun sur un sac à patates en jute, les épaules protégées par une couverture, les mains tendues vers le petit foyer sans cesse alimenté, nous discutions tout en sirotant le café léger mais chaud du thermos. Nous parlions de la tactique à adopter, du numéro de l'hameçon, de la solidité indispensable du bas de ligne, de la manière de présenter l'épuisette dans l'eau si d'aventure un gros black-bass mordait. À l'asticot, tout est possible, sait-on jamais ! Papa enchaînait sur les exploits de pêche les plus inattendus dont il avait été le héros ou le spectateur privilégié. J'adorais qu'il me raconte pour la énième fois son odyssée sur le Tarn avec le « bateau » – une simple barque – et son bras de fer avec la carpe la plus grosse qu'on ait jamais vue dans le coin ! Les petites modifications, les infimes détails ajoutés au récit habituel, m'enchantaient à chaque nouvelle version.

— J'avais tellement appâté depuis des semaines, je savais qu'un jour ou l'autre elle finirait par piquer, cette grosse vicieuse !

Je sentais une certaine admiration, comme une sorte de respect dans l'affectueuse dénomination de cette suspicieuse reine de la rivière.

— Elle m'avait déjà cassé deux fois la ligne, la sournoise ! J'étais pourtant monté gros. Du quarante centièmes, au moins ! Tu te rends compte ?

— Mais comment es-tu sûr que c'était bien la même ?

— Mais si, mon petit, bien sûr que j'en étais sûr ! Ça se sent ces choses-là, tu verras si ça t'arrive et ça t'arrivera un jour, forcément ! Tu te souviendras de ce que je te dis aujourd'hui. Bon, je continue mon histoire...

« Alors, mon bateau était bien amarré au bord, au pied du gros saule, et mes trois lignes à fond – sans flotteur –

Parfums d'enfance

étaient bien tendues avec trente grammes de plombée et trois grains de maïs bien accrochés à chaque hameçon numéro 4, comme je fais d'habitude. Quittant le bateau, je m'étais déplacé vers le talus pour aller pisser, et tout à coup, qu'est-ce que j'entends ? Le moulinet de ma première canne qui commence à chanter ! Le scion s'agitait par à-coups de plus en plus violents. Avant de ferrer, je la laissai bien partir car il était indispensable qu'elle ait "engamé" l'hameçon bien profondément. Cette grosse bestiasse, oubliant toute prudence, s'était prise toute seule. En s'enfuyant comme une dératée, elle m'avait complètement dévidé tout le fil du moulinet. Elle tirait tellement sur ma canne à présent que je voyais le moment où elle allait me casser le fil une fois de plus ! C'est alors que Lacombe est arrivé. Il m'a dit : "Dis donc, Maurice, tu m'as l'air plutôt en difficulté. Tu veux un coup de main "? »

Le Marcel Lacombe, c'était le compagnon avec lequel papa avait vécu les péripéties de maintes parties de pêche homériques. Client assidu du café, il travaillait à l'usine lui aussi, comme presque tout le monde. C'était un vrai copain, un type affable, enjoué, épatant, toujours de bonne humeur. Il racontait tous les potins de l'usine en fumant comme une cheminée ! Il avait toujours une clope au bec et son vieux béret noir posé en tuile sur la tête.

« "Eh bé Maurice... tu ne m'as pas répondu. Je peux t'aider ?"

« Je lui réponds : "C'est pas de refus, tu tombes à point, Marcel, relève-moi vite ces deux autres cannes, avant que tout ça ne s'emmêle. Tu viendras ensuite m'épuisetter le monstre sur le bateau. Tu vas le détacher de l'arbre, parce que la garce m'a pris tout le fil du moulinet et qu'elle tire encore bien trop fort. On va la laisser nous emmener jusqu'à ce qu'elle se fatigue, sinon, je sens bien qu'elle va tout me casser !"

« La mémère tirait à présent très fort sur la soie de quarante centièmes. Debout dans le bateau, à deux mètres du

213

bord, cramponné à ma gaule, je me rends enfin compte que la grosse ne veut rien entendre et elle nous emmène à présent irrémédiablement vers le large, moi et mon bateau. Quant à Lacombe, après avoir ouvert le cadenas qui retenait la chaîne, il est resté par force penaud sur la berge. La coriace ne lui avait guère laissé le temps de s'embarquer.

« *"Milo Diou ! Maurice, oum bass ?* [Mille dieux, Maurice ! Où vas-tu ?]

« — Eh, tu ne le vois pas où je vais ? Tu ne vois pas que cette pute m'emmène vers le milieu, en plein courant ? Encore heureux que j'ai embarqué les rames et l'épuisette !"

« — Tu imagines le tableau, fiston ? J'étais au beau milieu du Tarn, ma canne à la main sur mon bateau tiré par une carpe énorme qui nous emmenait vers Moissac !

— Mais, papa, tu n'as pas essayé de ramer ?

— Bien sûr que si, mais avec une main occupée à tenir la canne, je ne pouvais essayer de ramer qu'avec l'autre. Avec une seule rame, tu peux bien te douter que ce n'est pas facile de lutter contre une carpe à contre-courant !

— Et alors ?...

— Eh bé alors, elle m'a fait faire près d'un kilomètre, cette vieille carne. (N'exagérait-il pas un chouïa ? Je n'osai avancer une telle hypothèse...) Après, au bout d'un moment, j'ai bien senti qu'elle fatiguait, pardi. Je l'ai ramenée doucement, doucement vers le bateau, et là, je me suis aperçu que j'étais en train de faire une grosse connerie.

— Pourquoi donc, papa, parce que tu la ramenais trop vite ? Elle t'a cassé ?

Je ne disais cela que pour nourrir le suspense, sachant très bien qu'il n'en était rien.

— Mais non, c'est pas ça mon petit, mais comme elle ne tirait plus en remontant le courant, celui-ci à présent nous emportait avec lui.

— Et alors ?

— Alors, j'ai posé ma rame et j'ai mouliné, mouliné,

214

Parfums d'enfance

jusqu'à ce que j'aperçoive son gros museau à fleur d'eau. Quand j'ai approché l'épuisette, elle a filé sous le bateau et elle m'a repris aussitôt vingt mètres de fil qu'elle a déroulé en trois secondes. Heureusement que j'avais bien réglé mon tambour de moulinet, sinon c'était la perruque assurée. Elle m'en a fait baver pendant une heure. Elle était têtue, mais moi aussi. J'ai réussi à la ramener près du saule en la tenant au bout de la ligne coincée sous mes fesses pour me permettre de ramer jusqu'à Lacombe. C'est lui, finalement, qui a amarré le bateau au pied du saule. C'est lui aussi, le Marcel, qui me l'a épuisettée. Elle était ÉNORME, elle avait des écailles aussi grosses que ma montre ! Nous sommes allés la peser sur la bascule de la ferme voisine. Vingt-deux livres, elle faisait. Dans nos pronostics, moi j'avais dit vingt, et Marcel dix-huit. Je n'étais pas tombé bien loin ! Au retour, je suis passé faire la photo chez Violle (alors le photographe de la ville). Tu sais, celle où je la tiens sur mes deux bras tendus ? C'est celle qui est encadrée depuis, sur la cheminée de la salle à manger. »

Au fil de la nuit, papa m'avait bien conté trois ou quatre histoires de ce tonneau-là... Depuis ses braconnages d'anguilles ou d'écrevisses jusqu'à l'étonnante et originale pêche des aloses ou celle des barbeaux l'été, en plein soleil dans quarante centimètres d'eau, sur les cailloux de la Garonne. J'en passe, évidemment...

Nous en avions presque oublié le froid.

Vers cinq heures du matin, nous nous divertîmes fort en surprenant le dialogue, pour nous irrésistible, de deux pêcheurs qui se croyaient matinaux. Ils s'approchaient de notre coin magique, en poussant précautionneusement leur vélo dans l'obscurité.

— Tu vois, disait l'un d'eux, il faut arriver à cette heure-ci pour avoir LA bonne place. Après, c'est trop tard.

Papa et moi avons beaucoup ri en voyant leur tête ahurie lorsqu'ils nous découvrirent les mains au-dessus des braises.

Le café du Pont

De gros gants protégeaient leurs doigts gelés et leur tête disparaissait aux trois quarts dans d'épais passe-montagnes.

— Vous voulez profiter du feu ? leur proposa papa, de nature toujours affable mais non dénuée de malice.

Furieux de leur déconvenue, l'un d'eux répondit en grognant :

— Merci. On est capables d'en faire nous-mêmes si on en veut !

Ils disparurent en maugréant qu'il y avait tout de même des gens sans-gêne de prendre la place des autres.

Sur le coup de midi, plus de dix kilos de sophies emplissaient déjà notre bourriche. Un pâle soleil hivernal avait tout de même fini par venir timidement nous réchauffer. Papa, après avoir prélevé deux tranches énormes de la grosse miche de pain, sortit le pâté de maman, le jambon et un gros morceau de fromage dit « de table ». C'est ainsi qu'on nomme chez nous le cantal doux non vieilli. Une poignée de noix fraîches de la récolte d'automne, arrosées pour papa d'un peu de vin nouveau (il en versait tout de même un doigt dans mon verre de limonade), mit un terme à notre copieux pique-nique. Papa acheva le thermos de café à la chicorée, en faisant remarquer que, lorsque le soleil est là, d'habitude, les sophies se calment un peu. En effet, ces dernières firent sans doute la sieste comme lui car il s'assoupit une bonne demi-heure, allongé sous la couverture, près du feu. Plus rien ne mordait, c'était effectivement le calme plat. J'en profitai pour aller voir nos voisins du petit matin... et comparer leur score au nôtre.

— Alors, ça a donné ?

— Hé bé, faut pas se plaindre, répondit le plus petit des deux pêcheurs

À présent moins emmitouflés, je les reconnus tout de suite : ils travaillaient à l'usine, c'étaient même des clients occasionnels, et en fin de compte, nous les connaissions.

— Nous, on en a déjà presque deux kilos... poursuivit-il, et vous, vous avez réussi à en prendre un peu ?

Parfums d'enfance

— Oh ! pas beaucoup, leur mentis-je, mais ça va peut-être se mettre à mordre cet après-midi, on verra bien.

— C'est ça, vous verrez bien, dit le plus grand que j'entendis ricaner d'aise dans mon dos.

En patois, il murmurait à l'autre en jubilant : « Tu vois, finalement, c'était pas la meilleure place, on a bien fait de choisir celle-ci ! »

Papa fut écroulé de rire quand je lui appris le minable tableau des malheureux qui jouaient les matamores.

Lorsqu'ils partirent, s'arrêtant derrière le dos de papa qui pêchait encore, ils dirent sur un ton de bienveillante commisération :

— Alors, finalement, vous en avez pêché quelques-unes, quand même ?

Papa, sans un mot, sortit de l'eau la lourde bourriche qu'il avait du mal à maintenir d'une seule main.

— Oh, une petite quinzaine de kilos, pas plus. Si vous voulez, on peut vous en donner, ajouta-t-il sans rire.

Les deux lascars, écœurés, partirent en poussant leur bicyclette... L'un d'eux, épiloguant sur cette journée aussi néfaste pour eux à la fin qu'au début, dit à son copain :

— Il s'est bien foutu de notre gueule, le petit merdeux !

Maman, affolée devant cette pêche miraculeuse, nous accueillit par un :

— *Bou diou !* Que voulez-vous qu'on fasse de tout ça ?

Elle en vida et en écailla une poêlée et, comme à son habitude, distribua tout le reste aux voisins.

La première vraie grande peur de ma vie, je la connus un jour en compagnie de Laurent, qui d'ailleurs n'était pas très rassuré lui non plus. Encore une histoire de pêche, mais illicite cette fois. Presque chaque année, le canal était vidé aux neuf dixièmes de son eau, afin d'y effectuer des travaux de soutènement des berges, régulièrement endommagées par les rats et les intempéries. Ce type d'entretien, abandonné durant l'Occupation, recommençait à présent. Cela m'excitait plutôt, on peut en comprendre la raison.

Dans les cinquante centimètres d'eau qui restaient dans le lit du canal, grouillaient des quantités incroyables de poissons de toutes sortes. Tanches, anguilles, carpes, brèmes, barbeaux s'y débattaient allègrement, semblant attendre, voulait-on croire, le providentiel coup d'épuisette qui les délivrerait de ce ridicule bassin dans lequel chacun se cognait sur son voisin. De cette miraculeuse pêche à l'épuisette – car c'est bien de cela qu'il s'agissait –, la plus facile, mais bien évidemment la moins glorieuse, Laurent et moi, qui avions la chance d'habiter depuis toujours au bord de ce canal, nous en rêvions toute l'année. Le seul risque, qui ajoutait quelque piment à l'aventure, était bien entendu de rencontrer les gendarmes. Il incombait à ces messieurs d'assurer une surveillance étroite et ces braves mais redoutables pandores mettaient du cœur à leur mission.

— Pierrot, je ne veux pas que tu ailles braconner dans le canal avec Laurent. C'est trop dangereux...

— D'accord, maman, j'irai tout seul...

— Ni tout seul !

— Bon, alors j'irai avec papa, comme ça je ne risquerai rien.

— Vous n'irez pas ni papa ni toi, c'est DÉFENDU ! C'est INTERDIT, tu as compris ? J'ai pas envie d'aller vous chercher en prison !

Peu impressionné par ces admonestations, je n'hésitai pas une seconde à braver l'interdit maternel, le lendemain jeudi, mon jour de liberté. Je persuadai même Laurent de s'échapper une demi-heure du café, après le coup de feu du retour des ouvriers à l'usine, peu après la rentrée de quatorze heures. Munis d'un grand sac à patates en jute – celui qui pouvait en contenir au moins cinquante kilos – et de deux grandes épuisettes, nous commençâmes par vider

Parfums d'enfance

consciencieusement le bras artificiel du canal, le fameux déversoir qui, comme son nom l'indique, servait à recueillir l'eau déversée du canal dont le niveau s'abaissait lorsqu'une péniche entrait dans l'écluse. Ce réservoir servait de résidence principale à une impressionnante colonie d'énormes carpes ainsi qu'à de respectables anguilles. Dire que nous nous régalions Laurent et moi serait un doux euphémisme. Nous traînions tant bien que mal de place en place notre sac de jute déjà presque plein d'au moins trente kilos de poissons quand j'entendis soudain Laurent s'exclamer :

— Putain, ça y est, on est cuits !

Sur la berge, deux souriants représentants de la maréchaussée nous observaient tranquillement, depuis l'entrée du bassin, à l'opposé de l'endroit où nous étions. Les quelque cent mètres qui nous séparaient d'eux les avaient empêchés, espérions-nous, de nous reconnaître. C'est du moins ce que crut bon de me dire Laurent pour me rassurer. Leur tournant délibérément le dos, nous nous éloignâmes d'eux en pataugeant le plus vite qu'on pouvait dans le lit vaseux du canal. Abandonnant à regret notre pêche miraculeuse, nous regagnâmes penauds le café à toutes jambes en prenant soin d'arriver par le ruisseau, de traverser le jardin sans nous faire remarquer. Nous n'oubliâmes pas de rincer nos pieds pleins de vase dans le lavoir, ni de changer de short et de chemisette. De l'air le plus innocent du monde, nous regagnâmes alors la cuisine en nous faisant vraiment tout petits.

Stupeur et calamité ! papa justement y était déjà, en conférence avec les gendarmes. Maman, elle, fulminait. De son air le plus fâché, papa nous dit :

— Eh bien Pierrot, et toi Laurent, quel effet cela va vous faire de vous retrouver en prison à votre âge ?

Papa en l'occurrence ne faisait pas dans la dentelle.

Les jambes flageolantes, je ne trouvai rien à répondre. J'étais liquéfié. Laurent, lui, était blême. Tous deux effondrés, nous jurâmes sur les grands dieux à papa, à

Le café du Pont

maman et aux gendarmes qui arboraient (à la requête de papa) un air des plus menaçants que c'était la dernière fois, et que nous ne recommencerions plus jamais !

Nous n'avons pas vraiment tenu notre parole. Dès le lendemain, nous repartîmes de plus belle au canal, mais cette fois-ci accompagnés de papa qui se chargea de faire le guet !

Braconnier dans l'âme, papa m'avait appris depuis longtemps à poser les nasses à goujons aux bons endroits, à pêcher les écrevisses la nuit ou les anguilles avec des cordes que nous allions relever à cinq heures du matin dans le canal, après l'entrée des ouvriers à l'usine.

Les premiers à profiter de ces pêches illicites (un cent d'écrevisses, c'est toujours bon à prendre !) étaient, selon un ordre établi, le sous-préfet et le commandant de la gendarmerie, ces deux édiles sachant pertinemment d'où provenaient ces cadeaux. Ils exprimaient leur gratitude à papa qu'ils connaissaient bien :

— Merci, Maurice, merci mille fois, mais c'est trop... vraiment, fallait pas ! Enfin, ce sera bien bon quand même !

Le bal – La ferme – La moisson –
Les vendanges chez les Bedouch

Dès la fin de l'Occupation, nous avions naturellement recommencé à nous approvisionner dans la métairie des Bedouch. Nous ne les avions pas revus depuis le bon tour que nous avions joué aux Fridolins en leur remettant la bonbonne de vin blanc mélangé au pernicieux additif issu de nos vessies. Aujourd'hui, libérés de ces barbares teutons, nous savourions doublement ce succulent souvenir.

Se retrouvant à présent jeune veuve (elle avait hélas perdu récemment son mari), Mme Bedouch s'occupait fort bien de sa ferme et de son fils Jeannot. Au fil du temps, il était d'ailleurs devenu un bon copain. Nous avions sensiblement le même âge. Espiègle, il passait le plus clair de son temps à faire des farces follement amusantes, surtout pour lui. Il venait dans tous les bals de villages où je jouais du saxophone, pour danser la rumba et le slow avec des filles qu'il tentait vainement d'embrasser sur la bouche.

Papa nous avait ramenés chez les Bedouch dans le dessein, bien sûr, d'acheter de nouveau les petits vins blancs ou rouges dont les clients du café appréciaient la qualité, mais aussi pour une autre raison : il voulait récupérer ses deux fusils cachés dans la grange en un endroit où il eût été bien difficile de les dénicher. Il s'était évidemment bien gardé de les déposer à la mairie au début de l'Occupation, comme le lui enjoignait le gouvernement de Pétain. Il les avait dissimulés tout bonnement au faîte de l'huisserie de la

Le café du Pont

grange à foin, à l'intérieur d'une énorme poutre que le père Bedouch avait évidée lui-même. De quelle façon s'y prirent-ils ? En tout cas, leurs quatre fusils « juxtaposés » ou « à chien » de calibres 12 et 16, bien huilés et enveloppés dans des chiffons de laine, demeurèrent durant plus de quatre ans au creux de cette poutre, occultée par une épaisse planche encastrée et bien ajustée qui en dissimulait totalement l'accès.

Papa récupéra ainsi ses deux vieux fusils « à chien », au canon malheureusement un peu piqué. Après tout, ne valait-il pas mieux les retrouver dans cet état que de les avoir apportés à la mairie en cadeau aux Allemands ? Papa renoua donc avec son plaisir de chasser et je l'accompagnais souvent en portant le carnier. Lorsque ce dernier recélait trois ou quatre cailles, un lapin de garenne ou encore un lièvre – un oreillard comme il l'appelait –, papa interrompait sa chasse car, assurait-il, « il faut laisser de la graine... ».

Il m'emmenait souvent chez les Bedouch pour m'y faire goûter le vin de la dernière récolte qu'il s'apprêtait à leur acheter. C'est sans doute là que mes premières leçons d'œnologie me furent dispensées. Nous goûtions le vin jeune en l'agitant dans le palais avant de rejeter la gorgée dans un décalitre en fer-blanc réservé à cet effet. Papa et la fermière s'amusaient beaucoup de me voir grimacer en disant « il pique celui-là ! ».

— Il est encore un peu astringent sans doute, observait Mme Bedouch, mais on ne dit pas il pique, on dit il est vert, il est un peu râpeux, lorsqu'il a encore toute son acidité. Tu comprends, Pierrot ?

J'apprenais des mots nouveaux en découvrant la vie d'une ferme. J'allais moi-même ramasser les œufs pondus au hasard dans la grange pleine de bottes de paille, et je courais pour attraper des poulets que nous ramenions à maman. Nous les savourions le dimanche suivant, rôtis au four, dorés et moelleux comme elle savait les préparer. Je

Parfums d'enfance

m'enivrais d'odeurs fortes, inconnues, dans le hangar en planches à claire-voie qui abritait les feuilles de tabac. Triées et calibrées l'une après l'autre, elles séchaient doucement en attendant d'être livrées à la manufacture du pays. Très vite, je sus reconnaître tout ce qui poussait dans les champs. J'appris à faire le distinguo entre le maïs et le sorgho, entre le trèfle et la luzerne, entre l'avoine, l'orge et le blé aussi bien qu'entre les topinambours, la moutarde, le colza ou les pommes de terre.

Dès le mois de juillet, papa revint donc chasser la caille dans les *rastouls* [les champs de blé moissonnés] ainsi que dans les trèfles ou les luzernes, tout autour de chez nos amis. Il ramenait parfois un lapin ou une perdrix en plus des cailles. Le lièvre était alors considéré comme un gibier exceptionnel. Si, d'aventure, il en tuait un non loin de la ferme, il l'offrait spontanément à Mme Bedouch en remerciement de son accueil et de sa gentillesse.

Cette veuve si aimable et courageuse, qui à présent n'avait plus que Jeannot avec elle dans la ferme, n'eut besoin de personne pour tuer elle-même d'une cartouche de plomb numéro 4 un beau lièvre de neuf livres qui s'était imprudemment approché de la maison un certain mois de décembre, illustrant ainsi un dicton patois : « *A Nadal, la lèbré ben près dé l'houstal* » [À Noël, le lièvre vient près de la maison].

Nous étions, quant à nous, très friands de cailles sauvages, un gibier dont la chair délicate est d'une saveur incomparable. Tout comme l'ortolan, enrobé d'une fine graisse au goût de noisette, cet oiseau tendre doit se déguster « au bout du fusil » selon les meilleurs gastronomes chasseurs. Ainsi, dès qu'on les avait rapportées à la maison, maman les plaçait au fond d'une cocotte dont elle graissait à peine le fond. Après les avoir fait saisir une à deux minutes sur un feu vif, elle les laissait cuire sans les couvrir à un feu très doux dix à quinze minutes. Elle les retournait de temps en temps non sans les avoir assaisonnées de sel, de poivre et de

Le café du Pont

thym frais. Il y a autant de différence entre une caille sauvage et une caille d'élevage qu'entre un saumon élevé aux granulés et les sauvages qu'il m'arrive de pêcher dans le Connemara.

L'hiver, Mme Bedouch nous invitait parfois, papa et moi, à « rester souper » avant que les voisins des alentours n'arrivent pour la veillée. Elle préparait, comme d'habitude pour les grandes occasions, la poule farcie dont j'étais si friand. Ce dont je raffolais le plus, cependant, c'était les pommes de terre bouillies froides, fendues en deux dans le sens de la longueur, que notre hôtesse avait nappées de deux bons centimètres d'une délicieuse mayonnaise légèrement parfumée à l'ail. Le goût de la mayonnaise aux œufs de la basse-cour, inoubliable !

Ces veillées étaient toujours gaies car on y contait des histoires de toutes sortes, parfois même lestes, ce qui n'était pas pour me déplaire. Tout en déshabillant les poupées de maïs, on mangeait des châtaignes grillées et on goûtait le vin bourru, le tout premier, encore un peu trouble, que l'on boit frais parce qu'il pétille un peu et qu'il a l'air léger. On ne s'en méfie pas et l'on a un peu de mal à retrouver le chemin de sa métairie, à pied dans le noir, lorsqu'on est venu d'un peu loin. « Il est traître ce bourru, entendait-on parfois sur le pas de la porte quand les veilleurs, giflés par la bise d'hiver, s'apprêtaient à rentrer chez eux. J'en ai pourtant pas bu beaucoup ! »

Dans cette ferme de nos amis où j'étais si heureux, j'allais à présent aussi tous les ans vendanger et même auparavant dépiquer en juillet. Je n'aurais manqué cela pour rien au monde.

La grosse moissonneuse-batteuse qui se louait de métairie en métairie restait deux jours entiers chez Jeannot, tant la récolte était généreuse. Les repas étaient copieux, surtout

Parfums d'enfance

pour ceux qui charriaient jusqu'au grenier sur l'épaule les sacs de cinquante kilos de blé. L'échelle de meunier était raide et les maillots de corps trempés des porteurs de sacs à tordre dès le deuxième voyage. Le soir, je me lavais tant bien que mal dans la chambre que je partageais avec Jeannot. Il n'y avait évidemment pas de douche et l'eau du cruchon était bien insuffisante pour débarrasser mon corps de toute cette poussière de grain qui se collait partout.

Nous nous faisions gentiment réprimander par Mme Bedouch, lorsque, pieds nus, nous plongions en nous aspergeant de blé dans les immenses tas de grains qui occupaient une grande partie du grenier. Jeannot invitait sa cousine, flanquée de sa copine, à venir jouer avec nous. Cette dernière était une blondinette de quatorze ans qui plongeait elle aussi allègrement dans les gros tas odorants et poussiéreux. Elle possédait déjà une jolie paire de seins fermes et son comportement peu farouche m'encouragea insidieusement à les connaître de plus près. Elle me demanda un jour si la position de mes doigts sur mon saxophone était le fruit d'un labeur acharné ; je passai alors derrière elle et, posant une main sur chacun de ses seins, je lui dis : « Regarde comment je m'y prends » tout en me mettant à jouer une partition imaginaire qui à l'évidence la troubla sans l'effaroucher vraiment. Les fines gouttelettes de sueur qui étaient venues ourler ses jolies lèvres donnèrent un goût inoubliable à mon premier baiser sur la bouche.

— Mon salaud, toi tu sais t'y prendre ! s'exclama Jeannot, écœuré, lorsque la belle eut mis les voiles. Je devrais bien apprendre le saxo moi aussi, j'en aurais bien besoin. Au bal, elles ne veulent jamais m'embrasser !

Ce sont sans nul doute les vendanges qui m'ont le plus marqué chez Jeannot Bedouch. Dès sept heures du matin, tous les vendangeurs étaient à pied d'œuvre. Il y en avait bien une bonne trentaine, chacun dans son rang avec un

Le café du Pont

gros panier dans une main et un sécateur dans l'autre. Les belles grappes noires plombées par la rosée matinale de septembre tombaient lourdement dans le panier d'osier. Lorsqu'il était plein jusqu'à l'anse, il fallait le vider dans la hotte du « ramasseur ». Il y avait toujours en queue de rang de vigne deux ou trois pieds de chasselas doré et de muscat aux grappes bleu foncé auxquels il eût été tout bonnement surhumain de résister. Cette cure uvale tournait court, car bien qu'affamé vers dix heures du matin, avant la pause casse-croûte, j'interrompais ma gloutonne dégustation totalement rassasié après la deuxième grappe. Accroupie derrière un cep dans le rang mitoyen du mien, la copine de la cousine Margot, Antonia, qui tant aimait le saxophone, m'invitait à coups de « psst » insistants ponctués de son index à me rapprocher d'elle. « Es-tu capable de venir le prendre avec ta bouche ? » me disait-elle avant de placer un gros grain de raisin entre ses jolies dents. Ce défi inattendu ne me paraissait pas suffisamment périlleux pour refuser d'essayer cette méthode qui m'était inconnue. Je m'exécutais donc, collant ma bouche à la sienne avec évidemment beaucoup de mal à saisir le grain de raisin qu'elle avait déjà avalé... Elle n'interrompait mes travaux de spéléologie linguale que pour me dire, en reprenant son souffle : « Cherche encore, tu t'y prends mal, il est bien plus au fond. » Certes, elle n'était guère loin de ses quinze ans et je n'en avais que douze ou treize. Son expérience justifiait ses judicieux conseils, et je me serais bien gardé de ne pas les suivre à la lettre !

Oui, j'adorais les vendanges de septembre, ces dîners du soir sous les grands arbres centenaires, tous autour d'une longue table parée pour l'occasion d'une immense nappe blanche. Hormis pour les vendanges et le dépiquage, celle-ci ne servait généralement dans toutes les fermes que pour les repas de communions, de mariages et aussi pour les enterrements. Vers dix heures à peine sonnées, les vendangeurs, épuisés, s'assoupissaient sur le flan à la vanille ou sur

Parfums d'enfance

le gâteau de riz. D'autres en étaient déjà au café qu'ils arrosaient copieusement de gnôle blanche et fruitée : « Ça fait dormir », disaient-ils. Parfois, un vendangeur entonnait l'une de ces complaintes que l'on chantait aussi durant les veillées, lorsqu'on avait épuisé tous les potins et les histoires coquines. Mais ça, c'était plus tard, vers les mois de décembre ou janvier, les soirs où l'on déshabillait les poupées de maïs en faisant griller les châtaignes qu'on arrosait de ce fameux vin bourru. Ces « chants de labour » racontaient la peine du laboureur, la dureté des saisons et parfois le départ de l'homme à la guerre. Certaines fois aussi, malicieuses et surtout moqueuses, ces chansons tournaient autour du mariage arrangé du vieux paysan célibataire riche avec la jouvencelle qui, dûment mariée, déployait tous les moyens dont elle disposait pour lui faire porter des cornes... L'assistance riait, les petits enfants aussi sans trop comprendre, mais parce que tout le monde s'amusait et avait l'air heureux. J'appréciais alors de plus en plus le pouvoir d'attraction que suscite une chanson. Suspendu aux paroles, l'auditoire réagissait spontanément aux malices ou à la gravité du récit qu'elles provoquaient.

Il me revient en mémoire l'authentique et curieuse histoire de cette jeune maman, femme d'un paysan voisin des Bedouch. Assise à l'ombre d'un châtaignier, près du vignoble où nous vendangions, les jambes allongées devant elle, son corsage dégrafé, elle donnait à son bébé un joli sein tout blanc qu'il tétait goulûment. L'enfant s'endormit et sa maman, épuisée par la chaleur, ne tarda guère à en faire autant. C'est une superbe et gourmande couleuvre qui, ayant pris la place libre au bout du téton, la réveilla. La stupeur ne cédant toutefois pas la place à la panique, elle laissa le serpent téter tranquillement en priant *in petto* qu'il ne fasse pas de mal au bébé, que ce dernier ne s'éveille pas soudain et que personne passant par là ne s'approche d'elle et ne se mette à pousser des cris devant cet insolite tableau ! Tout cela impliquait tout de même un certain sang-froid.

Le café du Pont

L'animal rassasié partit aussi discrètement qu'il était venu et la maman, pouvant enfin laisser libre cours à sa frayeur, éclata en sanglots. Après tout, le serpent n'avait-il pas pris la place que seuls son mari et son bébé avaient jusqu'ici le droit d'occuper ?

On raconte peut-être encore cette histoire dans la campagne, afin que les jeunes mamans n'aillent plus sous les châtaigniers abandonner leur sein endormi au premier venu...

Après la vendange, le soir, au faîte du pressoir plein jusqu'à la gueule, les enfants dansaient pieds nus au beau milieu des grappes. Foulant le raisin en sautillant, ils s'enfonçaient presque jusqu'aux genoux en poussant de petits cris. Jeannot et moi n'étions pas les derniers à faire du trampoline à la crête des grappes écrasées dont on se barbouillait sauvagement le visage les uns les autres. Encouragés par les vendangeurs qui riaient de nous voir en un tel état, nous étions poisseux de jus à la fin de ce jeu. Seul un plongeon dans la verte mare à canards nous délivrait de ce gluant suc de la vigne qui faisait même « croûter » notre tignasse.

En sortant de la mare, nous étions un peu moins sucrés, mais sans nul doute un peu plus verdâtres qu'avant d'y entrer.

Le cocktail – La bagarre générale

L'un de mes jeux et sports favoris était la barre fixe que papa avait fait dresser pour nous dans le grand jardin de maman qui séparait le ruisseau du café. J'adorais ce jardin. Les salades de roquette, scarole, frisée et autre romaine y poussaient à profusion au milieu des carottes, tomates et céleris. De juin à octobre, je m'y régalais, ainsi que Jeannot et Laurent, de bigarreaux, de fraises délicieuses, de groseilles, de melons sucrés, d'abricots gorgés de soleil, de poires ou de reines-claudes jusqu'à parfois m'en « rendre malade » comme me le reprochait si bien maman.

Après quelques semaines d'exercices à la barre, je faisais des « rétablissements » qui avaient bien musclé mes bras et fait naître mes premiers abdominaux. Nous jouions aussi au cochon pendu en nous balançant sous nos genoux pliés. Un jour, Laurent, qui était si jeune encore et à qui papa reprochait parfois de négliger sa tâche pour faire de la gym, était tombé évanoui au pied de la barre tant il s'était dépensé sans mesure. Je craignais bien entendu qu'on nous supprimât cette barre magique où, à la moindre occasion, nous passions des moments si intenses. Il n'en fut rien. Conscient de son utilité et du plaisir que nous en tirions, papa nous recommanda simplement de ne pas « abuser de nos forces ». Ignorant le sens de cette expression, je le demandai à Laurent. Il m'expliqua qu'on nous conseillait gentiment de ne plus y aller au moins six fois par jour.

Le café du Pont

Laurent avait cinq ans de plus que moi. Il était de ce fait chargé par maman de veiller sur Jeannot et moi lorsqu'elle et papa s'absentaient du café. Il me reste toujours en mémoire le souvenir cuisant d'un jour funeste où, papa absent, maman avait dû aller au marché à la volaille du pays pour y faire ses emplettes hebdomadaires. Les restrictions enfin terminées, elle y achetait, non sans les avoir âprement marchandés aux paysans, ses pigeons, pintades et autres poulets ou encore ces canards mulards qui couraient aux quatre coins de la cour, après qu'elle leur eut tranché le cou d'un seul coup de hachoir.

— Laurent, je vais m'absenter deux heures. Je pars au marché. Tu t'occupes des clients et surtout, tu surveilles bien que les gosses ne fassent pas les imbéciles. De toute façon, Jeannot ne risque rien, il est chez tes parents, avec François, ils aident ta mère à écosser des haricots.

— D'accord, patronne, ne vous faites pas de souci.

Maman avait toute confiance en Laurent. Il réunissait les qualités dont tout employeur ne peut que rêver s'agissant d'un commis. Considéré par tous, il était gentil, honnête, courageux, serviable et sérieux. Ce jour-là, il ne mérita sans doute pas ce dernier adjectif.

Maman à peine partie, le sage et vertueux Laurent me dit soudain, comme illuminé par la pensée du siècle :

— Et si on se faisait un cocktail ?

— Quésaquo ?

— Ça se boit. On fait ça, paraît-il, dans les bars chics.

Au comptoir, le plus souvent, les clients consommaient à nouveau du vin rouge ou du blanc, des apéritifs, des digestifs ou des cafés, mais je n'avais jamais entendu parler de cocktails.

— Apporte-moi une carafe vide, tu vas voir, dit Laurent.

J'allai sur la première table chercher une carafe réclame de Suze « l'apéritif à la gentiane », dans le goulot de laquelle Laurent insinua un entonnoir.

— Voilà, dit-il doctement en exposant son programme,

Parfums d'enfance

on va y mettre un doigt de chacune des fioles qu'il y a sur les étagères.

Ces dernières supportaient allègrement une cinquantaine de bouteilles des plus variées. Cela allait du Martini au Pernod fils, en passant par les Picon, les Dubonnet, les Byrrh, les Clacquesin, le muscat de Frontignan ou encore les Mandarin, sans oublier les Cointreau, vieille prune, poire, cognac ou armagnac aux couleurs les plus diverses et aux effets redoutables.

Laurent mélangea donc tous ces breuvages, en ayant soin de nous faire évaluer l'évolution du goût toutes les cinq ou six nouvelles doses rajoutées. Hormis les premiers cités, nous avons ainsi mélangé du Saint-Raphaël, de l'Ambassadeur dont je revois encore très bien l'étiquette, du Bartisol, du Cinzano, de l'anis gras, du Curaçao, de la Marie-Brizard et du Peppermint Get à la bouteille si caractéristique. J'en oublie évidemment.

— On ne va pas mettre de Salers, observa raisonnablement Laurent, étant donné qu'on vient de verser de la Suze, ça ferait deux fois de la gentiane.

Je lui dis « ça va de soi », car tout cela m'avait l'air parfait. Avec la paume de sa main, bouchant la carafe aux trois quarts pleine de ce mélange, il se mit à l'agiter frénétiquement en me précisant :

— Tu vois, c'est ça un cocktail !... et il nous remplit deux verres de ce détonant « apéritif ». Il paraît que ça donne de l'appétit, ajouta-t-il.

— Putain, c'est pas mauvais du tout ce truc-là, mais c'est vachement fort !

C'est lui, désormais hissé au rang de chef barman, qui venait de faire cette judicieuse observation en connaisseur fraîchement avéré. Je soulignai pour ma part que le pastis n'était peut-être pas en accord total avec les autres tant sa saveur était différente. Du reste, il me donna entièrement raison.

231

Le café du Pont

— T'en fais pas, me rassura-t-il, la prochaine fois, je n'en mettrai pas.

En revanche, il ne m'approuva pas du tout lorsque je suggérai d'ajouter dans la carafe une bonne giclée d'eau de Seltz pour faire pétiller un peu notre cocktail.

— Alors là, décréta-t-il gravement, je crois que ce serait une erreur ; ça pourrait nous CHANGER LE GOÛT !

Nous avons dû avaler deux ou trois verres chacun avant de nous retrouver au tapis, faits comme des camemberts en plein soleil.

C'était évidemment la première fois de ma jeune vie que je ressentais pareil trouble en mon corps et en mon cerveau. Le film se ralentissait, l'image devenait floue. Je ne comprenais plus grand-chose aux mises en garde, certes bien trop tardives, de Laurent. Il articulait à présent ses phrases de plus en plus laborieusement. Ses déplacements semblaient incertains. Sa langue lourde et son cerveau brumeux l'écartaient indubitablement de la réalité.

— Faut pas qu'on en boive beaucoup de ce machin-là... parce que c'est sûrement traître, il manquerait plus qu'on se saoule... je vois d'ici la tête de la patronne !

Il riait... sans pouvoir s'arrêter. Ce rire inextinguible, surnaturel en quelque sorte, semblait sortir d'une autre gorge que de la sienne. C'était le rire de ces poivrots que nous connaissions si bien lui et moi. Nous étions en vérité à cent lieues d'imaginer qu'il jaillirait un jour de nos bouches pâteuses. Je n'avais ni peur ni honte, j'étais à peu près dans le même état d'hébétude que Laurent. C'est ainsi que maman nous trouva à son retour. Pas un client, hélas, n'était arrivé là opportunément pour nous mettre en garde des conséquences. Avant la sortie des ouvriers de l'usine à midi, le café était souvent désert. Nous, sur le carreau, bredouillant, soliloquant d'incompréhensibles inepties, nous étions blancs comme les petits fromages du chevrier. À notre âge si tendre, cela faisait désordre. Je ne puis retranscrire ici la scène exacte que maman nous offrit à son retour

Parfums d'enfance

du marché. Je me souviens tout de même fort bien de la mémorable paire de baffes que je reçus d'elle sans même geindre ni protester. Pauvre maman ! qui jamais ne me touchait, sinon pour m'étouffer de baisers en me serrant dans ses bras. La punition tourna d'ailleurs court, car le comble, me raconta-t-elle plus tard, « c'est que les baffes que tu recevais déclenchaient chez toi un rire idiot qui ne faisait que redoubler ma colère. Il m'était impossible malgré tout d'être aussi fâchée que je l'aurais voulu car tu étais malade, mon pauvre Pierrot, tu étais malade comme un chien. Dans ton lit, tu me disais en gémissant : "Maman, tout tourne !... La table de nuit s'envole, elle va me passer sur la tête... je vais vomir, maman, vomir encore une fois... aide-moi, tiens-moi, maman, tiens-moi le front... je suis malade, qu'est-ce que je suis malade !" Que veux-tu, mon pauvre Pierrot, j'avais de la peine pour toi, j'étais en colère et en même temps tu me donnais presque envie de rire. »

Cela me servit de leçon et à Laurent aussi. À l'avenir, lorsqu'il trinquait avec un client, il ne prenait vraiment qu'un doigt, mais un seul. De surcroît, il raya à tout jamais le mot cocktail de son vocabulaire.

Les bagarres n'étaient pas fréquentes au café du Pont. La seule présence de papa suffisait à décourager le client un peu pompette de chercher des crosses à son voisin de comptoir.

Un soir pourtant, papa absent, c'est la présence d'esprit de maman qui permit d'éviter de justesse l'un de ces affrontements où la violence commençait à montrer son museau.

Cette fois-là, le ton avait singulièrement monté entre deux clients chicaniers entraînant à leur suite deux clans opposés. Avant que n'éclate le pugilat, maman abandonna le café et courut chercher le père Costes qui, à la perspective de boire quelques canons, la suivit de bonne grâce jusqu'au comptoir. L'arrivée impressionnante de ce colosse eut un

233

Le café du Pont

effet immédiat : les plus excités qui s'empoignaient déjà par le col de la chemise se calmèrent aussitôt.

— Y a un problème, ici ? demanda placidement le père Costes en posant ses gros poings sur le comptoir.

Les deux belligérants se regardèrent en balbutiant :

— Mais non, tout va bien... on ne voit personne ici qui a un problème... pas vrai ?

Tout le monde répondit en écho :

— Non, non... ici, il n'y a aucun souci.

— Eh bien, c'est mieux comme ça, conclut le masto-donte. Alors, on peut boire un coup tranquillement ?...

— Bien sûr, c'est ma tournée, à votre santé, père Costes ! s'écria l'un des plus courageux.

Cela ne se passait pas toujours ainsi, hélas !

Un soir d'été, chaud, lourd, un de ces soirs où tout le monde est un peu énervé par la moindre broutille, où l'on boit frais pour tromper son excitation, une bagarre éclata soudain. Cela partit de trois fois rien. Accompagnés de deux ou trois parachutistes de la caserne, quelques habitués se désaltéraient sous la tonnelle de bières ou de limonades sortant de la glacière, qui apportaient quelque fraîcheur au beau milieu de ce mois d'août. Les tables voisines étaient toutes occupées par des ouvriers de l'usine et par quelques mariniers qui s'étaient accordé une halte avant de retourner dormir dans leur péniche. Le samedi soir, généralement, tout un chacun emmenait sa femme au café. On pouvait même valser au milieu des tables grâce à une minuscule piste en ciment sur laquelle les danseurs évoluaient au son de l'accordéon de Lulu. Il est utile de préciser que la soirée était un peu spéciale : une bonne trentaine de réfugiés, arrivés au pays au cours de l'exode de 1940, allaient s'en retourner chez eux, dans le nord. Durant cinq ans, ils avaient travaillé à l'usine, eux aussi. Ils fêtaient cela, les Chtimis, leur départ, tous ensemble avec leurs épouses. Ils avaient été de bons clients, faciles à vivre, fidèles et ser-viables, nous eûmes maintes fois l'occasion de le vérifier. Ils

Parfums d'enfance

avaient tous embrassé maman qui, un peu émue, leur avait offert la tournée générale. C'est peu après onze heures que tout bascula. Pourquoi le jeune soldat assis, qui tenait son verre de bière de la main gauche, éprouva-t-il le besoin de poser sa main droite sur la fesse de la dame qui dansait le tango avec son époux ? Pourquoi ce dernier se crut-il obligé de casser le nez du « bleusaille » coupable ? Pourquoi les copains de ce dernier tombèrent-ils à bras raccourcis sur les autres Chtimis qui malheureusement étaient bien plus forts qu'eux ? Pourquoi les mariniers prirent-ils le parti des soldats contre les ouvriers qui, somme toute, n'avaient rien fait ? Pourquoi, en un mot, tout le monde se mit-il à taper sur tout le monde en moins de cinq minutes, sans trop en savoir la raison ? Les chaises pliantes en fer volaient dans tous les sens. Certains des assaillants arrachaient même les barres métalliques qui soutenaient l'encadrement de la tonnelle de vigne vierge, pour s'en servir de massue. C'était la bagarre générale dans toute sa splendeur.

Les voisins, attirés par le vacarme, entrèrent à leur tour dans la danse. Le père Tabas et ses deux fils vinrent prêter main forte à papa qui, secondé de Laurent, essayait de neutraliser l'un des combattants les plus enragés. Le père Costes faisait, quant à lui, des moulinets de ses gros bras, allongeant tout ce qui passait à portée. Les Muñoz étaient venus eux aussi aider maman à sauver tout ce qui était sauvable. Je revois encore ma pauvre mère recueillant au fond de son tablier, dont elle tenait les deux pans relevés, tous les verres qu'Isabelle et Marinette s'efforçaient de récupérer sur les tables avant qu'il ne soit trop tard. Hélas, plus de la moitié d'entre eux étaient déjà brisés à terre, tout comme les bouteilles, les siphons ou les cendriers. Les médecins du pays eurent un travail fou, le lendemain. Recoudre des arcades sourcilières, ôter des débris de verre encastrés sous la peau et fournir des onguents pour apaiser les yeux au beurre noir... tel fut l'essentiel de leur tâche.

Quand, deux heures plus tard, maman fit le tour de la

235

Le café du Pont

maison afin de compter les blessés immobilisés – encore heureux, il n'y avait pas de mort ! –, elle entendit un chien aboyer sans interruption près des cages à lapin du père Tabas. Allant voir ce qui se passait encore là, quelle ne fut pas sa surprise de découvrir Gaston Mouton, un proche voisin, accroupi, coincé dans une cage à lapin ! Poursuivi par le chien d'un type moins fort que lui, qu'il venait de boxer, il n'avait eu d'autre solution que de se précipiter dans cet étroit clapier dont, à présent, malgré tous ses efforts, il n'arrivait plus à sortir. Maman, après avoir ramené le chien à son propriétaire qui avait un bras en écharpe, revint délivrer le pauvre Gaston, lequel lui fit promettre de ne pas raconter dans le quartier sa peu glorieuse mésaventure.

Les ampoules électriques ayant presque toutes été brisées elles aussi, maman revint à tâtons vers le théâtre de la spectaculaire bagarre qui venait de se dérouler. Elle entendit alors dans le noir un dialogue des plus surréalistes. Pourrat, Soulier et Bousquet, trois habitués qui étaient venus ensemble de la cité voisine, s'étaient eux aussi involontairement trouvés mêlés aux assaillants. Pourrat pensait qu'il avait un poignet foulé. Soulier, lui, s'était enfui par la petite côte qui menait vers l'usine, abandonnant lâchement ses deux copains. Le pauvre Bousquet, quant à lui, pataugeait à quatre pattes dans la boue du fossé, de l'autre côté de la tonnelle, à la recherche de sa chaussure gauche, qu'il avait perdue durant les hostilités. Pourrat, à quelques pas de là, gémissait en se tenant le bras.

— Tu n'as pas vu mon soulier ? lui demanda Bousquet, de la fange jusqu'au cou.

— Si, bien sûr, lui répondit Pourrat, pensant aussitôt à leur copain. Je l'ai vu monter la côte, tout à l'heure. Je crois qu'il n'avait pas trop envie de s'attarder ici !

— Si tu arrêtais de te foutre de ma gueule, espèce de con ! répliqua Bousquet, pendant que maman, à quelques mètres d'eux, était morte de rire. Viens plutôt me faire un

Parfums d'enfance

peu de lumière, sans ça, comment veux-tu que je retrouve ma godasse, dans toute cette merde ?

Soudain, une brève lueur déchira la nuit, aussitôt suivie d'un hurlement terrible.

— Monsieur Bousquet, est-ce vous qui avez crié si fort ? s'enquit maman, affolée par cette plainte si violente.

— C'est vous, madame Perret ? Je reconnais votre voix...

— Oui, monsieur Bousquet, c'est bien moi. Mais que se passe-t-il ?

— Eh bé !... c'est qu'il y a Pourrat aussi, avec moi. C'est parce qu'il a essayé de m'aider...

— Oui, et alors ? C'est vous qui avez hurlé ? Pourquoi ?...

— Eh bé, pendant que je cherchais mon soulier à quatre pattes, dans le noir, ce grand couillon, qui voulait m'éclairer, m'a laissé tomber une allumette enflammée dans le cou !

C'est par un grand fou rire que maman termina tout de même cette tragique soirée, avant de s'endormir, épuisée, à côté de papa qui ne tenait plus debout lui non plus.

Une douzaine d'œufs frais dans une musette accrochée depuis la veille à la patère, à l'entrée du café, fut la seule chose que nous retrouvâmes intacte le lendemain matin, au terme d'un douloureux inventaire !

Chez Élie Beaudonnet – Papa chasseur

Pêcheur et chasseur impénitent, papa avait parfois un impérieux besoin d'oublier un peu le café et de se retrouver le nez au vent dans la nature. Il la connaissait pourtant moins bien que maman. C'est en effet elle, tout autant que mémé, qui me fit partager le savoir élémentaire qu'à douze ou treize ans un enfant né près de la campagne doit déjà posséder : comment ne pas se perdre dans une forêt ou nager dans une rivière, reconnaître les légumes, les arbres fruitiers et ceux de la forêt, aussi bien que les champignons et les plantes qui croissent un peu partout. La salsepareille dont le nom chantait à mon oreille ne pouvait évidemment se confondre avec la sauge, l'origan, le cerfeuil, l'angélique ou le persil simple que maman m'envoyait cueillir au jardin.

— Du persil, il faut en mettre partout. Ça fait pousser les cheveux, disait-elle.

Un jeune lapin de garenne, avec une poêlée de champignons sautés en persillade, quel régal !

Le lapin, c'est papa qui le ramenait de la chasse, ou l'un des deux ou trois copains avec lesquels il partageait équitablement le petit tableau qu'ils avaient fait le dimanche sur la propriété des Bedouch ou même le plus souvent chez Élie Beaudonnet, dont je n'ai pas encore parlé.

Parfums d'enfance

Tant à la pêche qu'à la chasse, papa m'emmenait fréquemment avec lui. Nous traînions nos bottes toute la journée dans les champs de trèfle, de sorgho ou de luzerne, dans la verte plaine fertile des bords du Tarn où venaient se reposer les cailles de passage, ou dans la garenne d'Élie à Laffite. Il y avait des milliers de lapins en ce temps-là, la myxomatose n'avait pas encore fait son apparition. Nous la devons à un redoutable « savant » qui ne mesura évidemment pas la portée de son vaccin prétendu « providentiel » ! En l'espace de quelques mois, les brouteurs de luzerne furent décimés à un rythme que mille ans de chasse au lapin n'auraient jamais atteint. Trente ans plus tard, les OGM ne risquent-ils pas de faire de bien plus graves ravages d'ici à quelques années, sur les humains cette fois-ci ?

Mon départ chez Élie avec papa, le dimanche à six heures du matin, était pour moi cruellement hypothétique. Maman, en effet, avait décidé une fois pour toutes, sans que papa ose s'en mêler, que je demeurerais impérativement à la maison s'il faisait mauvais temps. Dans ma chambre, bien décidé à ne pas laisser papa partir sans moi, je veillais, luttant contre le sommeil, pendant qu'il pleuvait dehors. Ne possédant pas encore de montre, je tendais l'oreille dans mon lit pour suivre l'évolution du mauvais temps et celle de la pendule qui égrenait ses heures dans la cuisine toute proche. Sans avoir fermé l'œil la moitié de la nuit, je sautais dans mon short et, mes autres habits à la main, je gagnais la cuisine sur la pointe de mes pieds nus. J'entendais papa qui arrivait lui aussi pieds nus pour ne pas me réveiller, suivant la consigne de maman. Son sursaut ahuri lorsqu'il me découvrait assis sur une chaise dans la semi-obscurité me donnait envie de rire. Je n'avais pas la moindre crainte qu'il me renvoie au lit car il était bien trop heureux de m'emmener avec lui. Et ça, je ne l'ignorais pas.

Le café du Pont

— Hé bé, mon pauvre Pierrot, on n'a pas fini d'en entendre ce soir, en revenant !

Les dimanches d'automne et d'hiver dans la borde d'Élie avaient quelque chose de magique à mes yeux sans cesse émerveillés. La mamée, la mère d'Élie, me faisait toujours de grands poutous quand nous arrivions. Sous son œil rieur et malicieux, elle avait de pâles joues parcheminées et de jolis poils blancs bouclés, plantés sur son menton en galoche. Une longue robe en fine satinette noire à fleurs dissimulait son corps osseux. Tout comme la Jeanne, la voisine de mémé, elle me demandait, après ces effusions :

— *Ba pla pitchou* ? [Ça va, petit ?] Puis ajoutait à l'intention de papa dont l'œil s'allumait aussitôt à la perspective du régal annoncé : Je t'ai fait un petit salmis, Maurice.

Pour aiguiser sa concupiscence, elle soulevait le couvercle de la marmite en fonte suspendue au-dessus de l'âtre et proposait, avec un angélique sadisme :

— Sens-moi ça !

Les effluves du salmis de palombes de la mamée étaient un chef-d'œuvre de subtiles fragrances qui vous envahissaient les narines. Elles vous gagnaient aussitôt le cerveau et mettaient en branle tout un circuit salivaire complexe où la gourmandise frustrée brûlait d'impatience d'être assouvie mais hélas – c'était la règle –, ce ne serait pas avant midi. Prêt à défaillir tant l'attente du « dîner » lui paraissait inhumaine, papa, résigné, disait alors à Élie :

— Bon, c'est pas tout, faudrait peut-être bien aller voir si on pourra rapporter ce soir un lapin à la patronne...

Je suivais partout papa comme son ombre. Nous avions amené Finette, notre chienne basset. Si l'on en jugeait par le joyeux frétillement de sa queue, elle avait un évident plaisir à retrouver ses amis Taïaut et Musette, les chiens d'Élie ; ces deux bassets, eux aussi, étaient impatients d'en découdre avec les Jeannot lapins qui toutes les nuits ravageaient le potager riche de choux et de carottes dont ils broutaient gloutonnement les fanes. Des tendres salades de

Parfums d'enfance

la mamée, ils ne laissaient que le trognon. Parmi les rares invités, il y avait Achille Rouquette, le pharmacien, un vieil ami d'Élie. Tous deux étaient bien entendu aussi de grands amis de papa. M. Rouquette apportait de l'antésite de sa pharmacie. Élie, qui adorait cela, après de chaleureux mercis, gardait jalousement la bouteille pour lui tout seul. Il ne la sortait que pour une grande occasion, ne la servant que dans de petits verres à liqueur et encore, avec parcimonie. Il y avait aussi Germain, le pompiste de la côte du Gravil, que de vilains farceurs avaient ironiquement surnommé « Fine Gâchette ». Papa faisait régulièrement chez lui le plein de sa camionnette, avant de s'aventurer dans les chemins de campagne. On pompait alors l'essence à la main, actionnant manuellement le bras de la pompe jusqu'à ce que les cinq litres visibles dans l'un des deux gros cylindres de verre aient disparu dans votre réservoir. Comme par miracle, le carburant remontait dans le deuxième tube de verre tandis qu'il disparaissait du premier. Ils se vidaient et se remplissaient à tour de rôle avant d'être engloutis par le réservoir de la camionnette. Cela ne relevait-il pas de la magie ?

Ce métier, hélas, était un supplice pour Germain qui avait de sérieux problèmes de prostate. À peine l'essence se mettait-elle à couler que le malheureux, sensible à la petite musique qui dégoulinait dans le tuyau, se voyait obligé d'interrompre son labeur. Toutes affaires cessantes, il devait courir soulager sa vessie et cela au moins vingt fois par jour.

Il s'estimait aussi malchanceux à la chasse car il ratait sa cible avec une assiduité exemplaire – peut-être par compassion pour l'animal visé, car il « épargnait » systématiquement tous les gibiers qui passaient à portée de son fusil. Il s'était pourtant muni d'un magnifique Hammerless calibre 12, de la manufacture de Saint-Étienne. Il se demandait parfois à voix haute si la précision de son arme avait été bien calculée par les artisans qui l'avaient

241

Le café du Pont

fabriquée ! Il pouvait même aller jusqu'à mettre en doute la fiabilité de ses cartouches...

— Tu n'as qu'à faire comme moi, lui conseillait malicieusement papa, tu n'as qu'à les fabriquer toi-même.

Il est vrai que papa confectionnait lui-même ses cartouches à la maison. Dans les douilles vides qu'il récupérait après avoir tiré, il replaçait une amorce et les garnissait derechef pour en faire de nouvelles munitions. À l'aide d'un petit dé doseur en laiton gradué terminé par un manche de bois, il versait d'abord au fond de la cartouche les trente grammes de poudre pyroxylée, puis il introduisait la bourre sans trop la tasser afin d'éviter un recul intempestif de l'arme. Il ajoutait ensuite les quatre-vingts grammes de plomb numéro 4, 6 ou 8 qu'il utilisait le plus souvent. Il apposait alors dessus une petite pastille ronde en carton numérotée et la sertissait enfin au moyen d'une petite machine qu'il actionnait à la main. Je l'ai toujours vu se charger lui-même de cette délicate opération. Bon nombre de ses copains faisaient comme lui car, après la Libération, les cartouches étaient encore rares et chères pour les chasseurs du dimanche.

La petite troupe de nemrods s'ébranlait en traversant la vigne. La rosée du matin qui gainait les grappes de raisin muscat noir les lavait en même temps de leur sulfate bleue. Je les engloutissais goulûment en faisant craquer les pépins entre mes dents. Bien entendu, tout le monde en faisait autant. Le fin du fin de cette dégustation uvale consistait à y ajouter un quignon de pain et quelques sardines de baril, c'est-à-dire sèches, salées. Un grand point de rencontre sucre et sel. Papa, toujours prévoyant, y pourvoyait la plupart du temps. Il extirpait ces appétissants additifs de la musette que j'avais sur le dos et, brandissant ses poissons séchés par la queue, proposait à la cantonade : « Qui en veut ? »

Parfums d'enfance

Germain, qui déjà tendait une main, brandissait de l'autre une bouteille de vin en répétant en écho : « Qui en veut ? »

Cette première récréation ne plaisait qu'à demi à Élie qui menait la chasse. La volée de perdrix s'envolait évidemment du bout de la vigne, bien avant que les bruyants mangeurs de raisin n'eussent songé à épauler leur fusil.

Achille Rouquette, épicurien authentique et tireur de cailles d'une rare maladresse, avait lui aussi emmené son superbe setter Laverak à la soyeuse robe blanche mouchetée de noir bleuté et de feu. Sous les directives de son maître, le racé chien d'arrêt faisait à son habitude un crochet par la luzerne à la sortie de la vigne. Lorsque les cailles de passage transhumaient dans la nuit, c'est là qu'elles s'arrêtaient, espérant y trouver calme, repos, fraîcheur et nourriture. C'était sans compter sur M. Achille qui, de sa tranquille démarche de ventripotent, arpentait méthodiquement le champ, suivant de l'œil la quête de son chien.

À chaque marque d'arrêt de Benoît, son setter, le cœur de M. Rouquette battait la chamade. Au bout d'un insoutenable suspense, de parfois trente ou quarante secondes d'attente, un couple de cailles s'envolait. M. Rouquette, à présent au comble de l'excitation, tirait successivement deux coups à bout portant. Les cailles, qui venaient de prendre leur envol à cinquante centimètres de ses chaussures, allaient généralement se poser deux cents mètres plus loin dans le *rastoul* ou dans la luzerne voisine. Le pauvre Achille se sentait alors nargué, à la limite de l'humiliation, en les entendant repartir au loin avec leur mélodieux *tireli, tip tiouït, tip tiouït*.

C'est en arrivant à la garenne que maître Élie détachait enfin les chiens qui gémissaient d'impatience. Des lapins, débusqués par dizaines, partaient alors dans tous les sens, traqués par Taïaut, Finette et Musette. Ils les poursuivaient en une course folle à travers les sous-bois, les ronces et les guérets jusqu'à leur terrier dans le meilleur des cas (pour eux). Ils finissaient le plus souvent dans la musette du chasseur adroit qui rapporterait ainsi de quoi faire une gibelotte à la maison. Là, en l'occurrence, c'était papa qui avait loupé un perdreau – il était bien trop loin ! Évitant la bredouille, il avait tout de même fait bouler un lapin et il s'en tiendrait là. Maman serait contente de nous le mitonner. Elle le ferait sans doute à la crapaudine, c'est-à-dire la poitrine ouverte en deux, dans le sens de la longueur et grillé doucement sur la braise, s'il était jeune et tendre. En revanche, s'il était vieux et coriace, elle nous le préparerait en un délicieux civet au vin rouge.

Chacun tuait son lapin... mais un seul, pas plus. C'était la règle commune. Sauf Germain qui, à son habitude le ratait neuf fois sur dix. Il était chaque fois le seul à avoir vidé sa cartouchière sans jamais rien tuer. Alors le soir, en rentrant à la borde, l'un des chasseurs en tirait un deuxième, pour lui. Essayant de ne pas laisser percer dans sa voix le ton de la moquerie, il lui disait : « Tu vois, Germain, aujourd'hui tu n'as pas eu de chance mais on ne t'a pas oublié. » Et le maladroit notoire éprouvait toujours le besoin de se justifier avec la même explication :

— Eh bien oui, moi, le mien, je l'ai raté, que voulez-vous ! Heureusement remarquez, car j'en aurais fait de la charpie. Il est parti dans mes pieds, cet abruti. J'ai été obligé de le tirer bien trop près !

— Eh bien pour mes cailles, la même chose, renchérissait Achille qui n'avait toujours pas digéré son doublé raté.

Ils ne faisaient pratiquement jamais de tableau dépassant quatre ou cinq lapins. Les centaines d'autres qu'ils avaient levés, ils les laissaient courir. Il arrivait parfois qu'au terme d'une telle journée si riche en émotions, on ait perdu l'ami Achille. Chacun partait alors arpenter les guérets et le sous-bois ombragé, en appelant : « Monsieur Rouquette, Achille, Achille... » C'est là, allongé sous la généreuse feuillée d'un gros chêne, que notre dolent pharmacien digérait le salmis d'anthologie de la mamée. Notre bucolique ami, qui n'ignorait pas les vertus bienfaisantes du vin, n'avait pas

Parfums d'enfance

manqué, selon papa, de suivre les préceptes du grand savant Pasteur, qui glorifia si bien les vertus du jus de la treille, avant d'aller faire un petit assouplissement de paupières (la sieste). Au bout du compte, le vrai plaisir de ce dimanche était d'avoir passé la journée en compagnie d'hôtes à la « si noble simplicité », comme le disait si bien M. Achille, d'emporter avec soi le doux souvenir d'avoir dégusté le meilleur salmis du monde qui fleurait si bon la fumée du cantou, et l'authentique amitié. C'était de plus la jubilation anticipée du récit de notre journée que nous ferions à maman dès notre retour, sans compter l'innocent plaisir de la voir brandir par les oreilles le lapin qu'on lui rapportait, en déclarant, toute fière du futur chef-d'œuvre qu'elle allait nous mitonner : « Je l'ai pesé, il fait presque deux kilos ! Il est bien râblé. Je vais le mettre en marinade dès ce soir. Demain, je vous ferai un bon civet ! »

Orchestre de copains –
Ouverture de la salle de bal –
La fin du café du Pont

Mes copains musiciens et moi jouions à présent tous les samedis soir et souvent le dimanche après-midi de cinq à dix heures dans la campagne environnante. Nous avons écumé ainsi tous les villages à trente kilomètres à la ronde. Nous allions jouer régulièrement au village de Jeannot Bedouch, à Garganvillar. Dans cette petite salle, amusé du spectacle, je regardais les danseurs s'agiter du haut de mon estrade. C'était une sorte de plate-forme étroite, protégée par une balustrade à petits barreaux en bois vermoulu. La largeur du plancher sur lequel nous étions perchés ne devait pas excéder 1,20 mètre. Nous étions assis coude à coude tous les quatre pour jouer derrière nos pupitres et, une fois assis, nos têtes n'étaient guère qu'à un court mètre du plafond. Ce petit bal rectangulaire de trois cents mètres carrés tout au plus devait bien accueillir trois à quatre cents danseurs agglutinés les uns aux autres. On ne pouvait oublier bien sûr, assises tout autour sur des bancs circulaires – comme jadis mémé avec sa Claudia – les mères venues veiller sur la vertu de leurs filles. Les danseurs, eux, transpiraient à qui mieux mieux. Abandonnant parfois leur partenaire en suffoquant au beau milieu d'un paso doble, ils ouvraient la porte le temps de sortir, ce qui nous donnait quelques secondes d'air frais car nous étouffions littéralement sur notre pigeonnier. Le plus délicat était de descendre sans se rompre

246

Parfums d'enfance

le cou par l'étroite échelle sans rampe pour aller faire pipi ou s'approvisionner en sodas glacés.

L'orchestre PP – mes initiales peintes sur le flamboyant pupitre aux couleurs d'arc-en-ciel – connut des fluctuations avec les différents copains instrumentistes qui le composèrent. Après qu'André nous eut quittés pour retrouver sa Catalogne, Rémy le remplaça deux ou trois fois avantageusement à l'accordéon. Puis mon copain Bouboule, ainsi nommé à cause de ses évidentes rondeurs, prit à la batterie la place de papa qui avait d'autres chats à fouetter au café. À dix-sept ans, en plus de sa fine moustache, Bouboule arborait les chaussures en cuir rouge à triple semelle de crêpe ainsi que la large veste croisée à gros carreaux sur une chemise noire. Le pantalon, noir lui aussi, aux jambes en forme de tuyau de poêle, lui donnait enfin la vraie dégaine du zazou qu'il voulait paraître. Pour couronner ce « look branché », dirait-on aujourd'hui, il mastiquait à l'occasion du chewing-gum, pour « faire américain » et tenter d'oublier les clopes sur lesquelles il tirait à longueur de journée.

Il m'apportait toutes les semaines une ou deux partitions de standards américains qu'il avait dénichées je ne sais où et que je déchiffrais laborieusement. Pendant ce temps, assis près de moi, il battait la mesure sur ses genoux avec des baguettes imaginaires. Le swing le subjuguait. Il égrenait à longueur de temps des onomatopées issues de son nez ou de sa bouche close, avec des mouvements d'épaules désordonnés et violents. Il avait parfois de brusques contorsions du corps, donnant l'impression qu'il se tirebouchonnait. Lorsqu'il se comportait ainsi dans la rue, les passants posaient sur lui le regard interloqué de quelqu'un qui voit un épileptique pour la première fois. Je l'appelais toujours par son vrai prénom, François. Son obésité le complexait et il n'était guère besoin d'être fin psychologue pour observer la tristesse de ses beaux grands yeux noirs lorsqu'on l'appelait Bouboule.

247

Le café du Pont

Tout cela ne m'avait pourtant pas fait oublier qu'il me faudrait bien faire un jour ma communion solennelle.

Tous ceux de la communale du quartier Saint-Jean, dont je faisais partie, assistaient plus ou moins régulièrement aux leçons de catéchisme. Le brave curé, lorsqu'il ne se disputait pas avec le cordonnier, nous lisait quelques épîtres qui, semblait-il persuadé, ne pourraient que nous rendre meilleurs. Le patronage fréquenté par les filles ne nous était pas, on l'a vu, totalement indifférent. C'est ainsi que pour mes douze ans maman m'amena chez Isabelle la couturière, cousine des Muñoz, afin qu'elle me confectionne sur mesure un costume de communiant digne de cet événement si important. C'est dans un beau tissu en drap gris clair que gilet, veste et pantalon furent taillés et assemblés après trois minutieux essayages. Je n'étais pas peu fier car, hormis le pantalon du costume que m'avait fait Joseph – je ne le mettais que pour jouer dans l'orchestre –, je dus hélas attendre mes quatorze ans avant d'en porter un long – dit « pantalon de golf » – au quotidien. Les élèves devaient aller en culottes courtes à l'école primaire. Ainsi le voulait la coutume.

Papa et maman avaient invité une bonne trentaine de leurs meilleurs amis pour la circonstance et ils durent accomplir d'inimaginables efforts – vu l'état de leurs finances – pour offrir un repas digne de cette cérémonie. Ils firent mitonner le repas par Camille Bernadi, un excellent cuisinier professionnel de la vieille école qui faisait partie avec son épouse de leurs meilleurs amis. Se succédèrent ainsi au cours de cet exceptionnel banquet des langoustes à la mayonnaise (mets si rare en ce temps-là !), de la « poule farcie » et l'incontournable pièce montée au sommet de laquelle trônait un petit communiant en bois peint en blanc et noir. Ils avaient vraiment réussi des prodiges !

Le curé, invité lui aussi, ne vint qu'à la fin du repas entamer une nouvelle diatribe avec l'ami Caulet et déguster

Parfums d'enfance

un verre de champagne avec un chou à la crème de la pièce montée.

— Tu as bien de la chance d'avoir de tels parents tu sais, mon petit, me dit-il en me tapotant la joue.

Cette fameuse salle de bal de six à sept cents mètres carrés, papa la fit construire attenante au café et bien sûr communicante avec ce dernier. Elle me paraissait immense. Proportionnel au mince budget dont papa disposait, l'avancement des travaux ne se faisait qu'en pointillés parcimonieux, à la vitesse d'une limace sur le gravier. Ça n'était à l'évidence pas la faute du maçon qui n'était autre que le papa de Rémy. À présent, avec son manœuvre, il ponçait le « granito » du sol au moyen d'une machine au chant strident qui nous démolissait les oreilles. La cire étant encore rare en 1947, il nous fallut nourrir de paraffine cet assemblage de granit afin de faciliter les évolutions des danseurs. Ils pourraient s'en donner à cœur joie, enchaînant valses, tangos, rumbas, slows et paso doble. Au café, tout était prêt. Sous le comptoir, les glacières étaient remplies de vin blanc, de « mousseux » et de champagne que recouvraient des pains de glace tronçonnés. Placés en vrac sous la glace dans de grandes bassines – nous ignorions alors le frigorifique –, les petites bouteilles en verre de sodas orange, verts ou jaunes, les limonades et les premières bières retrouvées n'attendaient elles aussi que la convoitise des danseurs en sueur.

Pour faire bonne mesure, papa avait englouti son dernier emprunt en engageant sans mégoter un incontournable et prestigieux orchestre.

Il cristallisait la foule des danseurs, il était nouveau, il était jeune, et ses musiciens étaient excellents. Lui, déjà virtuose pour le grand public, était une révélation, il s'appelait Édouard Duleu. Vêtu comme ses six musiciens d'un

249

pantalon noir et d'une blouse en satin rouge à manches bouffantes, ils en jetaient. Ce bon Édouard me laissait venir sur l'estrade jeter un coup d'œil aux partitions du pupitre, par-dessus l'épaule du saxophoniste. J'avais, on peut l'imaginer, une grande envie d'être à sa place. Mes prestations de saxo amateur dans les petits bals de campagne n'étaient, hélas ! en rien comparables à la maîtrise de ces démonstrations. Édouard le virtuose, qui était aussi un cavaleur impénitent, emmenait parfois entre deux danses une jolie conquête dans le grand chai, derrière le café, à l'abri des tonneaux et des regards indiscrets. Le coquin lui apprenait sans nul doute les subtils touchers de la main droite ainsi que ceux de la main gauche, si différents l'un de l'autre. Loin des regards jaloux de sa jeune compagne, Édouard prodiguait ses amoureuses leçons particulières sur un épais matelas de sacs de patates en jute. Ce dernier devait logiquement adoucir les tendres élans de ces fugaces amours qui se déroulaient sur la terre battue.

Mon rôle à moi, dans ces galants et périlleux rendez-vous, était celui du larron qui surveille les alentours durant le délit.

— Si ma femme arrive, m'avait-il dit, tu te mettras à siffler *Fleur de Paris*.

Heureusement pour lui, je n'ai jamais eu à lui faire entendre cette rengaine aussi à la mode après l'Occupation que *Le Petit Vin blanc* !

Sa jolie épouse ne survint jamais à l'improviste comme dans les vaudevilles. Peut-être, tout bêtement, faisait-elle la même chose dans son coin, avec un beau danseur de tango. Pourquoi pas ? Bien des années après, j'ai revu Édouard lors d'une émission de télévision.

— Dis donc, c'est que tu es devenu une vraie vedette à présent ! Tu sais que je suis fier de toi, me dit-il. Tu as fait un drôle de beau parcours, depuis le café du Pont ! Te souviens-tu des bons moments que nous avons passés dans le bal de tes parents ?

— Oui. Je n'ai rien oublié, cher Édouard. Tu étais déjà

Parfums d'enfance

un sacré virtuose ! Je n'ai pas osé ajouter : et aussi, un sacré chaud lapin !

Le samedi soir de l'ouverture, à 20 h 15, il n'y avait qu'une cinquantaine de clients dans la salle de bal. Maman, pas inquiète pour autant et qui, on le sait, aimait la danse par-dessus tout, même si elle ne l'avait plus pratiquée depuis des années, inaugura le bal par une valse dans les bras de Manuel Muñoz. Papa, lui, reconnaissait enfin, comme l'avait jadis déploré maman, qu'il était incapable de mettre un pied devant l'autre, dans cette métrologique et pourtant gracieuse discipline. Tous les Muñoz d'ailleurs étaient là. Isabelle et Marinette, elles, s'occupaient du vestiaire.

À dix heures du soir, il y avait plus de huit cents danseurs sur la piste. Il en serait ainsi chaque semaine. Le samedi soir et le dimanche de seize heures à minuit passé, la salle ne désemplissait pas.

Papa avait gagné son pari. À trois heures du matin, il ne restait plus qu'une douzaine d'irréductibles. Ces derniers ne consentirent à lever l'ancre qu'après avoir dévoré une magistrale et roborative soupe à l'oignon gratinée que maman, prévoyante, avait mitonnée le matin même.

La construction de la salle de bal fut remboursée en moins de trois ans de transpiration. Quelques-uns des « bons amis » de papa ayant charitablement prédit qu'il allait « y bouffer sa chemise » en furent pour leurs frais. Déjà bénéficiaire depuis quelques mois, il avait eu l'opportunité d'acheter une petite parcelle de terrain. Cette dernière bordait le canal au bas de la fameuse côte de l'usine, à trois cents mètres du café. Peut-être un jour y feraient-ils bâtir une maison, pensaient-ils. Pour leurs vieux jours...

En attendant, je ne perdais pas une miette du spectacle sans cesse renouvelé de ce bal désormais à la mode. Les joutes verbales entendues quotidiennement au café avaient déjà développé en moi un sens de l'observation sans doute peu commun pour un adolescent de mon âge. Mais ouvrir les yeux et les oreilles était ici aussi un véritable régal. J'étais bien sûr loin d'imaginer que certains de ces décors, de ces personnages et de leurs mœurs, se retrouveraient quelques années plus tard au cœur même de mes chansons. N'écrirai-je pas trente ans plus tard *Le Bal chez l'amiral*, *Le Café du canal*, *Jeanine*, *Marcel*, etc. ?

Sur un banc circulaire qui longeait trois des murs de la salle, les mères, l'œil inquiet, à l'évidence mal à l'aise dans ce lieu de perdition, surveillaient étroitement ici aussi leur progéniture. Celle-ci transpirait dans les bras d'un garçon généralement rouge, timide et maladroit. Durant le slow, il n'osait trop se rapprocher, coller sa joue contre celle de la brunette comme d'aucuns le faisaient lorsque cette dernière n'avait pas de cerbère pour veiller sur sa vertu. Je distinguais très bien celui qui dansait avec sa femme du séducteur entreprenant venu dans le seul but d'« emballer » quelque mignonne qui « n'avait pas froid aux yeux », comme disait maman. Ils ne s'enlaçaient pas de la même façon.

Sans pour autant mettre en doute l'honnêteté de vos mœurs, ne croyez pas, chère lectrice, qu'il était facile d'atteindre son but en ce temps-là, autant qu'il est aisé d'y parvenir aujourd'hui. Les scènes de jalousie, les disputes, les pleurs, et même les vraies bagarres qui éclataient parfois faisaient partie de ce paysage dont la contemplation n'engendrait chez moi que jubilation. Les innocentes « victimes » de ces petits drames n'en revenaient pas moins le samedi suivant, au bras d'un autre partenaire qui, lui-même, avait été plus ou moins gentiment éconduit par sa conquête précédente.

Je partageais désormais mon temps entre l'école du stade où nous préparions le « certif » et le service au café, de plus en plus animé depuis l'ouverture du bal. Mes études de solfège et de saxophone occupaient amplement le reste de mes journées. Papa, si occupé par son bal et par l'approvisionnement du café, relâchait un peu la surveillance de mes

Parfums d'enfance

études musicales. Cela me permettait de souffler et me donnait même l'occasion d'aller à la pêche ou d'accompagner mémé pour une cueillette de champignons. Après avoir deux week-ends de suite fait brillamment animer son bal par l'ami Édouard, papa venait de prendre une nouvelle grande décision : il allait faire venir un orchestre de la capitale afin de donner du sang neuf à son entreprise. Il fallait frapper encore plus fort. Le grand orchestre parisien à la mode qu'il engagea s'appelait « Le tourbillon de Paris ». Il se composait de sept musiciens et d'une ravissante blondinette, la « chanteuse fantaisiste », qui remportait un succès phénoménal, surtout auprès des messieurs, cela va de soi.

Devant le triomphe remporté, ils revinrent une fois sur deux en alternance avec Édouard faire danser et animer une salle chaque fois de plus en plus bondée.

Ces cadences infernales de travail, depuis tant de temps, avaient sérieusement altéré la santé de maman. De l'entrée des métallos à l'usine dès cinq heures du matin à la fermeture du café vers onze heures du soir, en passant par le bal tous les week-ends, ma pauvre mère croulait sous le labeur. L'accumulation de toute cette fatigue la laissait à présent sans forces. Elle en avait à l'évidence fait beaucoup trop. Papa, Laurent et Marthou accomplissaient vaillamment leurs tâches, mais cela ne suffisait pas.

— Si vous continuez, dit le docteur Andrieu à papa, votre femme ne tiendra pas le coup. Vu son état actuel, il y a même de fortes chances pour que dans peu de temps elle ne soit plus de ce monde.

— Mais, docteur, vous vous rendez compte de ce que vous me dites là ?

Devant cette sentence si imprévisible, ce coup du sort si cruel, le monde s'écroulait autour de papa. Comment faire autrement, de toute façon ?

253

Le café du Pont

— Laissez-nous six mois, docteur. Le temps de nous organiser et de liquider en douceur tout ce qui pourra l'être. Nous stopperons la restauration dès la fin du mois, le temps pour nous d'avertir au moins les clients de cette décision. J'arrêterai les soirées de bal à la fin de l'année. Clau, dès à présent, se reposera enfin. S'il me reste quelques sous, j'essaierai de mettre sur pied un commerce de tissus, je verrai bien si nous nous en sortons de cette manière.

Bien avant d'atteindre leurs vieux jours, comme il l'avait espéré, papa fit construire une villa en briques rouges crépies de blanc sur le terrain qu'il venait d'acquérir au bord du canal. Il ne parvint à vendre le bal et le café du Pont qu'après les avoir « cédés » à des gens incompétents qui laissèrent se déliter complètement ce lieu. Il avait pourtant été durant des années si fréquenté, si prospère, et si vivant ! Au bout de quelques mois, c'était une pitié de voir ce que cet endroit était devenu, cela fendait le cœur.

Le fruit de la vente, quelques années plus tard, laissa tout juste de quoi rembourser les traites des travaux de la nouvelle maison.

Le ciel, on s'en doute, m'était bel et bien tombé sur la tête à l'annonce de cette nouvelle. Jeannot était lui aussi bien triste. Ce lieu si riche d'émotions imprévues, mon café du Pont soudain rayé de la carte, cela m'anéantit au moins autant que mes parents. En tout cas, autant que papa. Maman, elle, pour notre grand soulagement, devait enfin commencer à respirer et peut-être même à retrouver quelque saveur à la vie. Après l'annonce de la fermeture prochaine, les ouvriers, ainsi que quelques anciens maquisards, continuèrent cependant à venir régulièrement au café et au bal jusqu'à la fin. Les récits des attaques surprises de patrouilles allemandes ou de déraillements de trains que faisaient les combattants de l'ombre tenaient toujours

Parfums d'enfance

immanquablement les clients en haleine. Chacun y allait alors de son histoire, car chaque famille avait eu plus ou moins son maquisard ou son prisonnier de guerre en Allemagne. En revanche, ceux qui étaient revenus du STO n'en parlaient guère. On ne les voyait d'ailleurs presque jamais. Une sorte de nostalgie anticipée s'emparait de moi en écoutant ces derniers récits derrière le comptoir. Oui, pour moi comme pour nous tous, une page se tournait définitivement. C'est le monde de la musique, un tout autre univers, qui allait m'ouvrir les bras. Mais cela, je ne le savais pas encore.

Négoce de tissus et tournées campagnardes – La Kaiser vert pomme – La tante Philomène – Le magasin

L'inventaire fait et le café du Pont vendu, papa dut emprunter derechef pour acheter – à crédit – un véhicule de type 1 000 kilos Renault, qu'il fit aménager avec des éventaires de chaque côté, sur lesquels il pourrait présenter les articles de « blanc » à ses futurs clients. Les grandes surfaces d'aujourd'hui étaient loin d'avoir vu le jour et les petits commerces parvenaient encore à vivre décemment. Les campagnes alors si éloignées du moindre commerçant n'étaient, elles, approvisionnées par personne. C'est là, au cœur même des besoins qu'avaient les paysans de vêtements, de draps, etc., que papa alla frapper aux portes.

Il était toujours aussi populaire auprès des fermiers, chez lesquels il avait beaucoup d'amis. Ils avaient confiance en lui et il avait toujours « une blague à raconter ». De ferme en ferme, de métairie en métairie, il évoluait à travers la campagne avec son petit camion. Il écumait la contrée jusqu'à parfois trente kilomètres à la ronde. C'est du reste le plus souvent la fermière du lieu qui l'accueillait en lui disant :

— Vous tombez bien, j'avais justement besoin d'un tablier de cuisine.

Il en résultait immanquablement qu'elle avait aussi besoin de nappes, de draps, de bleus de travail pour son homme et pourquoi pas, d'un trousseau entier pour son aînée déjà fiancée qui allait se marier bientôt. Son nouveau négoce

Parfums d'enfance

devint florissant en moins d'une année, au terme de laquelle il s'était attaché plus de cinquante pour cent de sa clientèle à venir. Le bémol dans cette aventure c'est que, parti le lundi matin aux aurores, il ne rentrait de sa tournée que le samedi soir tard, nous laissant tous les trois à la maison durant toute la semaine. Papa, qui sans doute s'ennuyait un peu tout seul, demanda au bout de quelques mois à son vieil ami Bordes, à présent retraité, de l'accompagner dans ses tournées. Il connaissait lui aussi la campagne comme sa poche, et des contrées où papa n'avait lui-même jamais mis les pieds. Ils dormaient dans des auberges campagnardes ou le plus souvent se faisaient héberger par des fermiers amis. Les récits de leurs agapes nous faisaient joliment saliver à leur retour. Les pigeonneaux cuits sur la braise à la crapaudine ou les coqs au vin rouge agrémentés de girolles n'avaient pas fait maigrir papa. Bien au contraire, il prenait de l'embonpoint, les fesses posées à longueur de journée sur le siège de son estafette. De plus, comme il ne buvait que de la limonade pour se désaltérer dans son camion, le sucre évidemment augmenta son poids. Il lui déclencha ainsi un diabète qui altéra sa vue et lui empoisonna la vie jusqu'à la fin de ses jours.

L'« odyssée immobile » du café du Pont avait duré six ans. Nous étions à présent en 1947, année mythique des grands crus du Bordelais. Cela, je ne l'appris que plus tard, après avoir pénétré à pas prudents dans les arcanes de l'œnologie. Une certaine aisance revenue enfin chez nous, papa, qui commençait à se lasser des centaines de kilomètres parcourus au milieu des causses ou des vertes collines, décida de changer son fusil d'épaule. Il n'avait certes pas perdu son temps, mais il avait fait le tour des marnières putrides, des chiens de ferme plus ou moins agressifs, sans compter le nombre de fois où il dut aller quérir lui-même, dans le champ, le fermier sur sa charrue encore tirée par des bœufs ou sur son vétuste tracteur. Il s'entendait dire généralement

Le café du Pont

par ce dernier : « La patronne est partie au dentiste, il vous faudra repasser la prochaine fois, mon pauvre Maurice... »

Dès leur retour à la maison, Bordes et papa nous racontaient les péripéties plus ou moins cocasses dont ils avaient été les acteurs ou les témoins. Ils arrivèrent ainsi un après-midi dans une métairie dont l'état laissait présumer que ses propriétaires ne devaient pas rouler sur l'or. En arrivant, n'en croyant pas leurs yeux, ils virent de loin le paysan brandissant un long fouet, en train de flageller avec application le dos de son épouse. Attelée par des harnais reliés à une barre de fer latérale, la pauvre femme tournait en tirant péniblement de toutes ses forces la barre autour de la margelle du puits, afin d'en remonter de lourds seaux d'eau.

— Mon âne est malade, expliqua ingénument le brave homme, il faut bien que quelqu'un le remplace. Mais, ajouta-t-il en désignant sa femme, cette vieille carne ne veut pas avancer. Je pense qu'elle le fait exprès ! Cette grosse fainéante ne veut pas tourner au rythme qu'il faudrait. Elle donne des à-coups, et forcément, elle renverse de l'eau ! Alors, elle a droit au même régime que mon âne Martin quand il fait le têtu : le bâton !

Papa, qui savait si bien raconter ses histoires, déclencha un jour parmi nous une crise de fou rire qui semblait ne plus pouvoir s'arrêter. Il venait de vendre une chemise de nuit à une fermière dont le physique évoquait plus sa jument que la plus belle fille du pays. Il lui accorda volontiers la permission de l'essayer, ce qu'elle fit en se dissimulant à moitié derrière un paravent qui occultait le lit placé en coin, au fond de la salle commune. C'était souvent le cas dans les fermes. Apparaissant ainsi légèrement vêtue, elle tourna sur elle-même pour lui faire admirer sa chemise qu'elle trouvait parfaite. Elle lui demanda alors de la suivre ainsi vêtue – ou dévêtue – jusqu'au grenier afin d'y choisir

258

Parfums d'enfance

lui-même la qualité du grain qu'il souhaitait emporter. Il rapportait parfois de ses tournées du bon blé qu'il faisait moudre par son copain Roger, qui le transformait en pain délicieux. Emboîtant le pas de la maîtresse des lieux, papa grimpa par l'échelle de meunier. La suivant de près, il remarqua bien sûr qu'elle tortillait ostensiblement des fesses, mais ne s'en alarma pas pour autant. Il eut grand tort. Dans l'immense grenier où de colossaux tas de blé de qualités différentes se côtoyaient, la fermière demanda à papa de choisir dans son « tas préféré ». À peine eut-il dit « celui-ci » que la jument en chaleur lui répondit : « Il me plaît bien aussi ! » Le ceinturant alors fermement, elle le fit basculer au beau milieu du tas de blé. Telle la buse qui se précipite soudain sur un poussin, la main impatiente de la coquine s'était abattue sur ses attributs virils et n'avait à l'évidence nullement l'intention de lâcher sa proie.

— Oh Maurice, bramait-elle, ce que tu me plais ! Mon mari ne rentrera pas avant des heures. Fais de moi ce que tu voudras. Je suis à toi, Maurice. Je t'appartiens !

Papa qui, chose rare, avait raconté cette histoire en ma présence (j'allais tout de même sur mes quatorze ans !), continua, mort de rire :

— Quitte à y laisser mes « roustons » (*sic !*), j'ai tiré, tiré sur sa main qui ne voulait pas lâcher prise. Tout ce dont je me souviens, c'est que jamais de ma vie je n'ai descendu une échelle de meunier aussi vite !

Quant à moi, jamais je n'avais vu maman rire d'aussi bon cœur, un quart d'heure durant.

— Arrête, Maurice ! implorait-elle, tenant son ventre à deux mains. Je t'en supplie, arrête, je n'en peux plus. Je n'ai jamais autant ri de ma vie.

Le « pauvre Maurice », malgré tout cet amusant folklore, ne pensait pourtant à présent qu'à rendre son tablier... après en avoir vendu tant ! Il avait cependant bien gagné sa vie, en accomplissant vaillamment, une fois de plus, une rude et complexe besogne plus de trois années durant.

Le café du Pont

Papa nous fit un jour une surprise de taille. Il s'arrêta un dimanche devant la porte de notre nouvelle maison du canal, en arborant un sourire qu'inondait sa fierté d'être assis au volant d'une superbe voiture américaine. « Voilà ! s'exclama-t-il, bouffi d'orgueil. LA KAISER ! » Bouche bée, nous la contemplâmes certes admiratifs mais incapables de proférer le moindre son.

— Eh bé, montez ! dit papa en éclatant de rire. Elle ne va pas vous mordre !

Il y avait, dans ce bijou peint tout de vert pomme métallisé, un tableau de bord comme nous n'en avions jamais vu, avec des beaux compteurs ronds de toutes sortes. Les sièges en cuir ivoire pouvaient se régler aisément au moyen de différentes petites manettes. La moquette sur l'intérieur des portes, ivoire elle aussi, le levier de vitesse placé juste sous le volant et la radio encastrée dans le tableau de bord nous achevèrent.

Maman, émue jusqu'aux larmes, ne parvenait toujours pas à dire quoi que ce soit.

— Ne pleure pas, grosse bête, lui reprocha papa en l'embrassant tendrement, je voulais juste te faire plaisir, pas te tirer des larmes.

— Mais non, je ne pleure pas, dit maman en reniflant entre deux hoquets, c'est simplement parce que je suis heureuse.

Jeannot et moi, un peu émus aussi de voir ainsi nos parents, n'attendions que le moment où papa allait enfin embrayer et nous faire effectuer le tour de ville que nous espérions. Nous étions sur un nuage. Des Kaiser vert pomme comme celle-là, avec radio incorporée, levier de vitesse au volant et enjoliveurs chromés, ça ne courait pas les rues !

Parfums d'enfance

Celle que papa appelait « La Tante » – la deuxième épouse de Gustave, mon grand-père paternel – se cassa le col du fémur en allant poster une lettre ; elle trébucha en enjambant le trottoir et laissa choir sa canne. Moins de dix minutes après, elle se retrouva à la clinique toute proche. Elle mourut le lendemain sans avoir eu le temps de recompter une fois encore les sous enfouis dans son bas de laine. Elle qui les avait toujours « lâchés avec un élastique » avait dû précipiter son trépas en pensant avec angoisse qu'elle ne pourrait pas emporter son magot dans la tombe. Cette « rapiatte », dont la ladrerie était légendaire, n'offrait jamais qu'un seul bonbon à ceux ou celles de la famille qui lui rendaient visite. Elle vous donnait la friandise elle-même, de crainte de vous voir en prendre deux dans la boîte. Elle tendait sa molle joue plâtrée de poudre de riz pour recevoir votre baiser, mais ne vous embrassait jamais elle-même. J'ai d'ailleurs une sainte horreur, depuis, des gens qui vous embrassent ainsi... ou plutôt qui vous tendent la joue en tournant la tête !

Le magasin de confection qu'elle tenait sur la place de la vieille halle était mitoyen de la pharmacie de l'ami de papa, M. Rouquette. Dans ce petit magasin, on vendait depuis toujours des articles de confection, des complets d'homme, ainsi que du blanc, des mouchoirs de Cholet ou des chaussettes en fil d'Écosse. Le lieu était suranné, désuet au possible et à coup sûr, poussiéreux dans les coins. Les « rossignols », ainsi que les avait définis Balzac, étaient perchés depuis des années sur le haut des étagères auxquelles La Tante n'accédait jamais. Deux ou trois mannequins de bois à l'allure sérieuse s'exhibaient en vitrine. Habillés de costumes sombres fil à fil rayés, généralement achetés par les notables du pays, leur aspect mécanique et figé avait quelque chose de glacial. En les voyant, on ne pouvait que se demander : « Ressemblerais-je à ça si je portais ce costume ? »

Ironie du sort, le mois précédent, papa avait acheté son

261

magasin à La Tante. Celle-ci en avait âprement marchandé le prix, arguant que les liens familiaux n'avaient en l'occurrence aucune importance et qu'elle ne rabattrait pas d'un centime. Il dut ainsi payer fort cher, par la force des choses, un bien dont en toute logique marainotte et lui eussent dû hériter. Peu affecté par ce deuil, papa confia les rênes du magasin à maman. Active comme elle l'avait toujours été, les pesantes journées d'inaction dans sa nouvelle maison lui semblaient déjà bien longues depuis l'abandon forcé du café. Et puis, vendre une chemise de temps en temps au magasin ne lui semblait en rien comparable à l'harassant travail du café. Donnant un sérieux coup de jeune à sa nouvelle boutique, elle commença par faire disparaître les mannequins de la vitrine. Elle y exposa à la place les tout premiers jeans et T-shirts que nous découvrions en France, ainsi qu'un véritable kaléidoscope de chemises de cow-boys colorées à grands ou à petits carreaux. Maman jubilait en installant cette marchandise colorée que Philomène (c'était le prénom de La Tante !) avait toujours dédaignée.

Pourquoi s'encombrer de « ça » ? disait-elle, ce sont des articles pour la jeunesse... et les jeunes n'ont pas de sous ! Ils prouvèrent le contraire, surtout le samedi et le jeudi, jours de marché. Maman dressait elle-même un éventaire devant le magasin et ses chemises multicolores partaient comme des petits pains. J'allais quelquefois avec mes parents à Toulouse, chez leur grossiste fournisseur de blanc. Les fondateurs de Omnium Textile étaient – et demeurent aujourd'hui, du reste – des commerçants hors pair. Papa avait des difficultés à réunir tous les fonds nécessaires à l'aménagement du magasin ?... Qu'à cela ne tienne : ils consentaient un prêt au taux le plus bas. Ce crédit-là pouvait s'étaler sur un, deux ou trois ans, sans aucun problème. Sans papiers, sans contrat signé, uniquement sur parole. Il n'y eut jamais la moindre fausse note dans leurs relations. Au fil du temps, l'amitié vint même conforter leurs liens de sympathie et de respect mutuels. De nombreuses familles de

Parfums d'enfance

gitans se fournissaient alors chez nos amis. Vivant du même métier que celui dont papa venait d'abandonner les pratiques ambulantes, certains d'entre eux allaient de ferme en métairie proposer ce qu'ils n'hésitaient pas à qualifier d'« affaire du siècle » ! Cette affaire-là n'était cependant pas innocente... Elle nous avait même bien fait rire en découvrant que ce « cadeau du ciel », ainsi qu'ils l'appelaient, revêtait son aspect le plus séduisant dans le caniveau, devant la porte même du grossiste. En effet, nos braves manouches n'allaient-ils pas rouler dans la rigole sale des pièces presque entières, des coupons de draps écrus ou blancs qu'ils souillaient à plaisir avant de les charger ainsi crottés dans le coffre de leur grosse Mercedes...

— Le camion de livraison a versé dans le fossé, expliquaient-ils ensuite au paysan alléché. Regardez dans quel état ils m'ont livré la marchandise ! Ce n'est pas présentable, c'est quasiment invendable dans mon magasin de Montauban. Si cela vous intéresse, je vous l'abandonne à moitié prix de ce que je l'ai payé. Uniquement pour ne pas le perdre, bien sûr !

Le fermier, si bien mis en confiance et trop heureux de profiter d'une telle aubaine, prenait souvent, sans même les déplier pour les mesurer, deux ou trois coupons de dix mètres qui, en réalité, n'en faisaient que cinq ou six chacun. Il payait en prime vingt pour cent de plus que le prix pratiqué en boutique, mais cela, il ne l'apprendrait que bien plus tard... ou jamais !

Le certif – La paire de baffes – Le conservatoire –
L'inconnue du train –
La première fois sous les peupliers –
La famille Corazza – Solfège-galère

Nous étions en 1948 et je vivais ma dernière année d'école communale avant de passer mon certif. Tant d'événements de toutes sortes étaient survenus pendant mon primaire ! J'avais éprouvé tant de joies, tant de petits chagrins (les mathématiques !), tant de bonheurs à découvrir l'histoire et surtout la géographie, qui me fit tant rêver. La vraie jubilation, pourtant, qui l'emportait sur tout le reste, restait indubitablement l'exploration infinie de notre langue. Les dictées, l'orthographe, les rédactions avaient constitué les bases et la source vive de mon imagination. Elles avaient suscité en moi une gourmandise des mots qui allait croître de plus belle tout au long d'un cheminement « littéraire » que j'étais alors loin d'imaginer. Se consumaient ainsi au fil des jours les dernières soirées de gymnastique dans la salle des sports du pays avec Laurent et les copains. Les randonnées à mobylette aussi se terminaient. Je m'en étais offert une avec mes premiers cachets de musicien. Adieu Moissac, adieu la pêche au goujon, la cueillette des cèpes à Sainte-Thècle avec maman ! Adieu les petits rendez-vous bucoliques, les premiers flirts, les baignades dans la Garonne, l'émotion des premiers baisers volés ! Adieu aussi l'harmonie municipale où j'essayais de tenir honorablement ma place de saxo alto, au milieu des pupitres de saxophones ! Il serait plus honnête de ma part de préciser que

264

mes « collègues » musiciens (j'étais de loin le plus jeune d'entre eux) ne furent pas fâchés d'être débarrassés de moi tant je leur avais « fait honte » ! En effet, pour couronner la saison de concerts que nous avions donnés sous le kiosque à musique, l'harmonie municipale avait offert à ses membres une soirée « exceptionnelle » au théâtre du capitole de Toulouse. Il s'y jouait *Werther*, ce soir-là. Ce drame lyrique, composé par Jules Massenet et tiré d'un roman de Goethe, déclencha au balcon du théâtre un rire incongru, tout à fait déplacé, qui ulcéra les spectateurs, grands amateurs de bel canto. Dans ce rayon de lumière verdâtre, les souffrances du jeune Werther, loin de m'apitoyer, suscitèrent chez moi ce rire idiot (oui, j'en étais l'auteur) que, malgré tous mes efforts sincères, il me fut impossible de retenir. Penaud, j'attendis la fin du drame dans le car qui nous avait amenes, après qu'un huissier du théâtre m'eut fermement prié d'évacuer la salle.

Je suis désolé pour le lecteur de *Laissez chanter le petit !* à qui la courte péripétie qui suit rappellera forcément un instant de ma vie déterminant, cuisant et cocasse à la fois.

M. Corazza, le père de Rémy, fut le seul client témoin de ma joie sautillante lorsque, rentrant au café après mon dernier jour d'école, j'annonçai, tout fier :

— Ça y est, papa, j'ai mon certificat d'études !

— Bravo fiston ! Je te félicite. Ça, c'est une bonne nouvelle ! Et à présent, que veux-tu faire ?

— Comment ça ?

— Eh bien, tu veux continuer tes études, entrer au collège, apprendre un métier, que veux-tu faire au juste ?

Abasourdi par cette question saugrenue à laquelle je ne m'attendais guère, sans doute pour gagner du temps, je demandai le plus sérieusement du monde :

— Moi ?

— Bien sûr, toi ! Que veux-tu faire à présent ?

Le café du Pont

— Mais rien, papa !

C'est là qu'elles sont arrivées. Schplaf ! Schplaf ! Violent, l'aller-retour ! Papa, fou de rage, s'apprêtait même à récidiver lorsque M. Corazza, jugeant urgent de s'interposer, parvint à le convaincre de se calmer. « À mon humble avis, osa-t-il dire, réagir ainsi ne résoudra pas le problème, cela n'aura peut-être même pour résultat que de le braquer ! » L'année précédente, son fils Rémy, alors dans la même incertitude que moi, avait fini par se présenter au conservatoire national de musique à Toulouse, où il n'apprenait plus QUE la musique, mais à plein temps.

— Pierrot n'est-il pas aussi musicien ?

Papa jugea en un clin d'œil que c'était l'idée du siècle. C'est ce qu'il dit une heure plus tard à M. Delrival, mon professeur de musique.

— J'ai eu l'idée du siècle ! Vous allez préparer Pierrot à entrer au conservatoire de Toulouse. Je vais le faire inscrire dès demain ; vous, vous avez tout l'été pour le faire travailler.

Cette perspective émut mon professeur aux larmes. Je vécus un rude été, qui mit un terme définitif à mes jeux et à mes balades. À présent j'étais dans le vif du sujet : enfermé toute la journée dans ma chambre avec mon saxophone, j'apprenais par cœur le concerto avec lequel j'allais me présenter. Contrairement à mon attente – car nulle n'en était mon envie –, je fus reçu au concours d'entrée.

Le ciel venait de me tomber sur la tête.

Une vie nouvelle allait commencer.

Au conservatoire de Toulouse, Jacques Cottenet, notre prof de saxophone, était un homme jeune, sympathique et qui avait un sens inné de la pédagogie. Sérieux sans être austère, patient, il mettait naturellement ses élèves en confiance. Trois fois par semaine, il donnait le matin sa leçon de dix heures à midi. J'avais auparavant, de huit heures à neuf heures, cours de solfège dans la classe d'un vieux prof qui, manifestement, se contentait d'attendre que le temps s'écoulât.

— Et toi, jeune Perret, me dit-il dès le premier jour, de quel instrument joues-tu ?

— Du saxophone, monsieur.

— Ah ! Cet instrument qui aboie à la lune !

Je dus travailler les gammes et les arpèges sur mon saxo avec un acharnement proportionnel à la nullité de mon niveau. Tout au moins le pensais-je. Un cours sur deux environ, nous passions à tour de rôle « au pupitre », dans la classe de Cottenet. Nous devions montrer là, devant le prof et les copains attentifs ou « dissipés » (dont je faisais partie), les progrès que nous étions censés avoir accomplis en travaillant notre instrument chez nous, trois à quatre heures par jour.

Après que nous eussions définitivement déménagé du café, les lundis, mercredis et vendredis, je partais dorénavant de notre nouvelle maison. Je me levais donc dès cinq heures et demie le matin. Malgré les précautions que je pouvais prendre pour ne pas réveiller maman, elle achevait de préparer mon grand bol de café au lait accompagné de tartines beurrées à l'instant même où je me levais. Mon saxophone au bout du bras, je m'en allais ensuite à pied le long du canal jusqu'à la gare. Le train pour Toulouse partait à sept heures pour arriver à huit heures moins le quart. Ce quart d'heure qui me restait pour rejoindre le conservatoire me valut beaucoup de suées et d'angoisses. En effet, la porte d'entrée était fermée à huit heures pile par la main de fer du concierge, M. Patte. Nous étions si nombreux à arriver de tant de lieux différents qu'il était bien difficile d'être rigoureusement à l'heure. Cela était moins aisé en tout cas que ne le prétendait M. Patte, qui s'exclamait pour justifier son intransigeance :

— C'est pourtant facile d'être à l'heure !

Tous ceux qui venaient de Carcassonne, d'Agen, de Lectoure, de Foix, de Pamiers ou de Castelnaudary, après une bonne heure de trajet, vivaient un cauchemar matinal

Le café du Pont

semblable au mien. À peine arrivé en gare de Mathabiau, je descendais la rue Bayard en courant, mon saxophone à la main, sans m'arrêter jusqu'au square Wilson. À cet endroit précis, il devait être huit heures moins cinq. Je n'avais plus que deux cents mètres à faire. Là, transpirant et reprenant mon souffle, je repartais derechef en courant. J'entrais alors dans le conservatoire en coup de vent, in extremis, au ras du gilet de M. Patte, tel un matador qui frôle du buste la corne du taureau. C'était là, sur le passage, que l'intransigeant cerbère, l'œil sévère, sa montre-oignon à la main, guettait impatiemment l'instant où la grande aiguille marquerait enfin huit heures. Il pourrait dès lors fermer la porte au nez du malheureux traînard qui arrivait ventre à terre !

À dire vrai, mes angoisses, je les vivais déjà à partir de six heures et demie du matin. En plein hiver, quittant la maison à la nuit noire, j'empruntais le chemin de halage, le long du canal qui menait à la gare. C'était bien plus court que de passer par la ville ! J'avais autant de mal à distinguer l'eau du fleuve, qui coulait à un mètre sur ma gauche, que les gros ronciers qui couraient à un mètre sur ma droite entre les acacias sauvages. Lorsqu'un brouillard à couper au couteau venait envelopper la nuit dans un manteau d'épaisse ouate, ma terreur était alors à son apogée... ou presque. Le summum, en effet, était atteint un quart d'heure plus tard, lorsque je devais longer pendant trois cents longs mètres le cimetière qui se trouvait à ma droite. J'avoue qu'à quatorze ans, je n'en menais pas large. Je pressais le pas en regardant bien devant moi les quelques centimètres qu'il m'était donné de voir. Je claquais des dents au moindre bruit de la nuit qui me faisait sursauter. Lorsque les pâles lumières de la gare m'apparaissaient au bout de ces angoissantes vingt-cinq minutes, tous les lampions de la fête qui me sautaient aux yeux illuminaient mon soupir de soulagement.

Le train à vapeur s'arrêtait cinq minutes en gare de Montauban. Un matin, une femme entra dans le compartiment

Parfums d'enfance

où j'étais assis et s'installa en face de moi. Elle était belle. Sa beauté naturelle était toutefois discrète, sans pose ni ostentation. La lumière qui irradiait de tout son être éclaboussa mes yeux et bien évidemment un peu aussi mon cœur qui, malgré lui, se mit à battre la chamade. S'en aperçut-elle ? Je ne jurerais pas du contraire. Étais-je rouge ? Je me sentais transpirer. Pour faire diversion à ce trouble incontrôlable, je tournai la tête vers la vitre derrière laquelle défilait le paysage. Je tentai de deviner son âge approximatif, le milieu social auquel elle appartenait. Habitait-elle à Montauban ? Je l'observai furtivement en train de lire *Marie-Claire*. Il me fut aisé de constater qu'elle ne portait pas d'alliance, mais pour autant n'y avait-il pas d'homme dans sa vie ? J'abandonnai ma place pour gagner le couloir tant la confusion qui s'installait dans mes pensées me paraissait idiote et incongrue, pour ne pas dire infantile. À un vénérable monsieur qui me demanda l'heure d'arrivée, je répondis machinalement et bêtement que je ne savais pas... Je dis aussi que je n'avais pas de feu à un type qui m'en demandait en extirpant deux cigarettes de son paquet pour m'en donner une. Sans être vraiment apaisé, je regagnai ma place dans le compartiment, en face de « ma belle ». *Marie-Claire* posé sur ses genoux, elle dormait. En tout cas, elle fermait les yeux. Je pus alors, sans la gêner le moins du monde, détailler à loisir la délicieuse finesse de ses traits. J'avais déjà noté les grands yeux aux longs cils noirs qui dévoraient son visage. Sa bouche aux lèvres sensuelles, dessinées par un Modigliani, semblait n'être destinée qu'à dire des mots d'amour dont je n'imaginais pas que la musique fût autre qu'italienne. Oui, je ne pouvais concevoir de l'entendre dire des mots qui ne fussent forgés de cette douce mélodie latine qui sied si bien à la palabre amoureuse.

Elle ouvrit soudain les yeux. Son éblouissant sourire, planté droit sur mon regard inquisiteur surpris, me remplit de confusion. Honteux, je baissai le nez sur mes chaussures. Elle se leva alors. Le train venait de s'arrêter, nous étions arrivés à Toulouse. Je n'avais jusqu'à présent pas vu son corps. Le galbe parfait de ses seins parvenait-il à occulter l'admirable dessin de ses jambes ? Je n'eus guère le temps de répondre à cette question car, me précipitant sur le porte-bagages, je saisis sa petite mallette en cuir brun et la lui tendis. Tout en courant au long de la rue Bayard, j'ai tenté de deviner si le sourire de remerciement dont elle m'avait gratifié était moqueur ou non. Cette question m'a gâché la journée. De plus, je n'avais même pas entendu le son de sa voix. Était-elle italienne, comme je m'en étais persuadé ? Le saurais-je jamais ? Car, au fond, la vraie question qui me taraudait était bien celle-ci : la reverrais-je un jour ?

J'avais entendu parler du coup de foudre. Je me demandais si ce qui m'arrivait si soudainement y ressemblait. Le surlendemain de cet émoi inattendu provoqué par ma belle inconnue, je m'installai dans le même compartiment que celui où elle aussi avait pris place deux jours auparavant. De toutes mes forces j'espérais son retour. La revoir. Ne serait-ce qu'encore une fois. Au bout de cinq minutes d'arrêt à Montauban, elle n'était pas là. Les yeux fixés au sol, ruminant de sombres pensées, me demandant si désormais la vie valait d'être vécue, je reconnus soudain ses jambes à hauteur de mon regard. Je me redressai d'un bond, tel un ressort. Me cognant la tête sur sa mallette qu'elle essayait de hisser jusqu'au porte-bagages, je lui dis pardon en me frottant les cheveux et cela la fit rire. Elle s'installa à la seule place qui restait libre, près de moi. J'étais au comble du bonheur de sentir sa présence si proche, son odeur si enivrante, mais désolé, oh combien, de ne pouvoir la contempler même furtivement, en face de moi. Dès lors, un rituel s'instaura entre nous. Elle venait inéluctablement ME retrouver tous les deux jours dans le même compartiment. À chacun des voyages, je plaçais sur le porte-bagages la mallette que désormais elle me tendait. À la fin du trajet, je la lui restituais de même et je recevais en prime ce sourire de Joconde dont elle m'inondait au moment de nous

Parfums d'enfance

séparer. Pourtant, je n'eus pas le courage de lui parler ne fût-ce qu'une seule fois. Je n'entendis JAMAIS le son de sa voix que j'imaginais endimanché de musique italienne. Je n'eus jamais droit qu'à ses éblouissants sourires. Certains étaient tendres, d'autres gentiment moqueurs, d'autres, me semblait-il, ENCOURAGEANTS... En tout cas, ils me faisaient fondre.

Le seul qui perça douloureusement mon cœur fut celui qu'elle m'adressa le jour où, sur le quai de la gare de Toulouse, un homme se précipita vers elle, l'embrassa à pleine bouche puis la serra dans ses bras. C'est par-dessus l'épaule du type qu'elle m'adressa un sourire NAVRÉ !

Bien des années après, là aussi, cette histoire m'inspira une chanson : *L'Amour avec les yeux.*

Malgré les études de solfège et de saxophone qui m'occupaient quatre à cinq heures par jour, je n'avais cessé de jouer régulièrement toutes les fins de semaine dans les fêtes de campagne, les soirées « mondaines » ou dans des bals plus « chics » à Toulouse par exemple. Je me rendais parfaitement compte que les billets de train, les frais divers, la nourriture, coûtaient cher à mes parents. Je brûlais d'impatience de gagner suffisamment de sous pour ne plus avoir à dépendre d'eux de quelconque façon. J'y parvins d'ailleurs avant que ne sonnent mes seize ans.

Je ne les avais encore pas, du reste, ces seize ans, lorsqu'un soir je crus qu'enfin ça y était : j'allais perdre ma virginité ! Eh bien non ! Ce ne fut pas pour cette fois. La demoiselle, au moment crucial, me déclara navrée qu'elle était dans l'impossibilité de conclure, car « elle avait ses inconvénients » !

Je jouais avec mon petit orchestre dans ce bal de campagne que bordait une peupleraie. En cet étouffant mois d'août, ces grands arbres sur les rives de la Garonne donnaient un peu de fraîcheur aux danseurs. La fille qui me « reluquait » depuis le début du bal faisait partie de ces mignonnes dont les musiciens disent volontiers, lorsqu'ils en voient une danser : « Celle-là, si elle me disait oui, je ne lui dirais pas non ! » De plus, depuis quelque temps déjà,

271

Le café du Pont

papa n'était plus là pour veiller sur ma vertu ! La chevelure châtain clair de la belle, ses grands yeux verts aux longs cils et la magnifique « avant-scène » qu'elle arborait avaient de quoi convaincre, il est vrai, les plus hésitants. Elle était bien faite, jolie, elle devait avoir dix-huit ans. Elle me souriait dès que je croisais son regard et semblait se divertir plutôt de mon air embarrassé chaque fois qu'elle me faisait discrètement signe de la main de venir danser avec elle. Les copains musiciens me disaient : « Tu attends quoi... qu'elle vienne te violer sur scène ? »

Comme elle se décida enfin à s'approcher de l'estrade, je lui expliquai que je ne pouvais pas venir danser de toute façon car je ne savais pas !... et puis je devais jouer dans tous les morceaux. « Oh ! fit-elle, déçue... même un slow ? Allez, juste un slow ! » insista-t-elle. Je lui proposai de m'attendre jusqu'à la fin du bal et ajoutai : « Si ça vous fait plaisir, je vous offrirai à boire ce qu'il vous plaira. »

Un peu après deux heures du matin, après la dernière danse, elle était toujours là. « Je n'ai pas soif, me dit-elle, je préfère aller me promener avec toi dans les peupliers. » Cette façon qu'elle avait de me tutoyer en me prenant la main me paraissait plutôt très prometteuse.

Ce fut elle qui prit ma bouche d'assaut, à peine arrivés dans l'obscurité des peupliers. Elle était ardente à l'ouvrage. Ses mains pétrissaient ma nuque pendant que je lui rendais maladroitement ses fougueux baisers. Elle était tellement plus délurée que moi, tellement plus capable d'audacieuses initiatives que j'ignorais encore !... Je lui caressais voluptueusement un sein tout en l'embrassant, c'est à peu près la seule hardiesse que je m'étais permise. Je faisais le tour de ce rond et ferme mamelon avec une application qui avait déjà porté mon désir au plus haut lorsque, interrompant notre baiser torride, elle dit soudain, tout en déplaçant ma main vers la droite de sa poitrine : « Tu sais, il y en a un autre !... »

272

Parfums d'enfance

Peu de temps avant mon arrivée à Toulouse, j'avais bien sûr été fou de joie de retrouver Rémy. Il m'avait aussitôt invité à venir chez lui partager la *pasta asciuta* avec sa mamma et son papa, grâce auquel j'étais là aujourd'hui, je ne l'oubliais pas. Maman Corazza me convia même à dormir chez eux durant la semaine où je devais organiser mon futur emploi du temps. J'y découvris les plantureux petits déjeuners à l'italienne où charcuteries, fruits et fromages n'hésitent pas à cohabiter avec le café au lait. La seule idée de tremper dans mon bol une tartine beurrée avec du roquefort par-dessus me semblait pour le moins incongrue. Non seulement je m'y fis très bien, mais j'en redemandais, à la satisfaction de ma généreuse hôtesse, qui m'avait initié à ces pratiques bienfaisantes. Je ne sais plus pour quelle raison, mais avec trois voyages par semaine je n'avais pas le droit d'obtenir une carte d'abonnement au train. Nous passâmes donc l'après-midi, Rémy et moi, à falsifier à l'aide d'une lame de rasoir une carte qu'en fin de compte – et je ne sais par quel miracle –, la SNCF accepta. C'était vital pour moi et pour la bourse de mes parents, car cela réduisait d'au moins 80 % le coût de mes incessants voyages.

Je fus traité comme un fils chez les Corazza. Rina, la petite sœur cadette de Rémy, devint aussi la mienne. Désormais leur maison m'était ouverte. La chaude affection que je trouvais auprès d'eux me consola souvent des petits déboires et des vicissitudes qu'il m'était bien difficile d'affronter seul, loin de mes parents et sans dommages pour mon moral. Rémy me fit tout de suite connaître ses copains du quartier Mathabiau près de la gare, ainsi que ses deux oncles, maçons également. Il me présenta d'abord au jeune et sympathique Vincent, qui souriait toujours un peu ironiquement derrière sa fine moustache. Le plus élégant des deux, Dominique, passait des heures devant la glace à faire et défaire ses nœuds de cravate sur sa chemise blanche, avant de partir au bal le samedi soir. Le boulanger, leur

Le café du Pont

voisin immédiat qui partageait la même grande cour, était quant à lui un sacré farceur.

À son copain le boucher – qui, le voyant partir en vacances en Tunisie, lui avait dit : « Si tu vas dans le Sud, rapporte-moi quelque chose de là-bas » –, il avait fait livrer un chameau dans son jardin.

Rémy m'avait dit : « Tu verras, chez nous, il y a de l'ambiance. » Il n'avait pas menti. La chaleur de l'amitié était là aussi.

Rémy qui, avec un an d'avance sur moi, entamait au conservatoire sa deuxième année de contrebasse à cordes, faisait lui aussi des bals les samedis et dimanches soir. Laissant alors sa contrebasse au repos, ce garçon doué effectuait de si brillantes démonstrations d'accordéon qu'il n'avait guère de mal à trouver des engagements. Il me prévenait bien entendu aussitôt, lorsqu'on avait besoin d'un saxophoniste dans une formation.

En classe de saxo, je m'étais fait de très bons copains avec lesquels j'allais souvent jouer dans les fêtes et les bals, parfois à plus de cent kilomètres de Toulouse. J'accompagnais ainsi en Ariège, à Foix, mon copain Pujol, talentueux tromboniste avec lequel – comme avec beaucoup d'autres de ces copains de conservatoire, Rémy y compris –, nous avions décidé de nous retrouver quatre ou cinq ans plus tard dans la musique du train, à la caserne Dupleix – démolie aujourd'hui –, au pied de la tour Eiffel. Nous étions une dizaine à avoir choisi de faire ensemble notre service militaire dans cette prestigieuse « musique », car nous avions une bonne raison : le capitaine de musique Dayris, qui ne comptait dans son harmonie que des premiers prix de conservatoire de province, permettait à ces derniers de se présenter à celui de Paris. Il accordait les permissions nécessaires à ceux qui réussissaient le terrible concours d'entrée pour y suivre librement des cours. Nous n'en étions pas encore là.

J'allais jouer également du côté de Carcassonne, de Pamiers ou de Castelnaudary avec mon très bon copain

274

Parfums d'enfance

Antoine Baulo, qui était aussi dans la classe de Cottenet. Tout comme Jo Fabre, en compagnie duquel un matin je me fis éjecter du cours par ce bon Cottenet lui-même. Nous avions sans doute poussé le bouchon un peu trop loin. Jo était pince-sans-rire et cela à l'évidence nous avait rapprochés. La duplicité spontanée dont je fis preuve lors de ses débordements incontrôlés en plein milieu de la leçon me laisse cependant pantois encore aujourd'hui. Je ne me savais pas capable d'être ainsi, alors. Le type de comportement que nous avions parfois, Jo et moi, avait certes de quoi atterrer, voire décourager les plus compréhensifs de nos professeurs. Lorsque Jo se mettait à pousser soudain des gloussements aigus d'hystérique, très brefs, à un bout de la classe, j'en faisais aussitôt autant à l'opposé. C'était plutôt difficile à situer exactement au début, pour ce brave Cottenet, et ces incongruités le laissaient pour le moins perplexe. Un peu déstabilisé, il hésitait cependant, avant d'oser tancer quiconque. Lorsque, enfin, il surprit Jo en train de baisser son pantalon et d'exhiber ses fesses nues, le doute s'envola. Cottenet, furieux, lança tout net sur un ton qui ne laissait guère de place à la plaisanterie :

— Fabre, dehors !

— Mais, monsieur, dis-je, c'est un peu ma faute...

— Alors, Perret, dehors aussi !

Nous allions ainsi, Jo et moi, faire des parties de baby-foot au café Paul voisin, retrouvant sans peine les fous rires idiots qui nous avaient fait éjecter.

J'avais deux autres très bons copains, également deux élèves saxophonistes : Michel Claverie et Jacky Rougié. Le premier, rêveur lymphatique et étourdi, était pourtant le tombeur de filles le plus redoutable de la classe. Chacun se demandait quel était son secret ; bien que n'étant pas Clark Gable, il sortait toujours au bras de beautés époustouflantes et souvent exotiques... Il était irrésistiblement attiré par les miroirs, devant lesquels il sortait un peigne de sa poche afin de parfaire sa coiffure qu'il laquait avec soin. Je m'entendais

Le café du Pont

très bien avec lui car il adorait lui aussi faire des farces de l'air le plus sérieux du monde. C'est ainsi que, dans la grande rue d'Alsace, après les cours, nous éprouvions un plaisir sans bornes à susciter un attroupement d'une bonne centaine de personnes. Michel, penché sur un pendule improvisé (un caillou noué au bout d'une ficelle) qu'il actionnait de manière concentrique au-dessus du bitume, se déplaçait lentement en tous sens sans se soucier apparemment des badauds qui nous entouraient. « Mais qu'est-ce que c'est, disait la foule, mais qu'est-ce qu'il fait ? »

Après un long, très long moment de suspense, sur un ton docte et tout à fait sérieux, j'expliquais aux plus proches des badauds :

— Écartez-vous, mesdames et messieurs, s'il vous plaît, nous cherchons la "relativité radioactive dans la molécule du goudron".

— Ils sont en train de chercher des molécules dans le goudron, soi-disant, expliquaient à leur tour les passants aux nouveaux arrivants.

Certains quidams haussaient les épaules et repartaient, d'autres les remplaçaient, posant toujours les mêmes questions :

— Qu'est-ce qu'ils font, mais qu'est-ce qu'ils cherchent ?

Ce n'est qu'au premier fou rire de l'un de nous que nous nous dispersions en courant par crainte d'intempestives représailles.

Michel m'invita chez lui à Sainte-Livrade dans le Lot-et-Garonne. Son père y tenait le plus bel établissement du pays : le café du Siècle, où nous jouions parfois au billard vert. Tout comme papa, lui aussi avait lancé son dancing, le Tivoli, qui ne désemplissait pas. Grand amateur de jazz Nouvelle-Orléans dont nous parlions souvent ensemble, le père de Michel me fit découvrir, entre autres, le grand orchestre de Tommy Ladnier. Michel me présenta à ses copains et copines de là-bas. Ils étaient tous amateurs des premières chansons de Brassens que je n'allais pas tarder à

Parfums d'enfance

connaître et à leur présenter d'ailleurs. Yves Audebes, déjà très bon dessinateur et futur architecte à Paris, est devenu du reste l'un des meilleurs de mes amis, que je n'ai jamais perdu de vue depuis ces années de jeunesse. Bien avant que nous soyons, mon épouse et moi, les témoins de son mariage avec Mimi, Yves fut, dès « mes débuts », le spectateur impuissant de mes galères, avant de devenir celui plus heureux de mes succès. Il dessina pour nous les plans de deux maisons et traça le chemin d'une amitié dont aucun de nous ne s'écarta jamais.

Je fus également invité par l'ami Rougié qui, avec son père Gaston, musicien lui aussi, écumait toute la région du Lot. Je jouais avec eux dans toutes les fêtes de Cahors à Figeac, en passant par le fameux Montcuq, dont le nom amusait toujours et suscitait tant de jeux de mots. À Prayssac, pour la fameuse « fête de la fraise », nous allions barbouiller la nôtre contre le museau des jolies filles, plutôt farouches en ce début des années 1950 !

Entre deux week-ends de bals, nous fîmes en une semaine, Jacky et moi, la vallée du Cellé à vélo. C'est l'un des plus jolis souvenirs de vacances de mes seize ans. Au gré des prairies accueillantes, nous plantions tous les soirs la tente non loin de la rivière, dans laquelle nous allions tous les jours nous baigner. La fatigue des quarante kilomètres quotidiens, le barda sur le porte-bagages suscitaient parfois des grasses matinées réparatrices. Seul le soleil, qui tapait déjà fort sur la toile, nous décidait à déguerpir. Un matin, cependant, il nous fut bien difficile de bouger. Nous étions au beau milieu d'un inquiétant troupeau de vaches. Le taureau, qui se tenait à quelques mètres, n'avait pas l'air d'apprécier du tout qu'on ait squatté son territoire. Il monta la garde ainsi, fermement, au pied de la tente, jusqu'à ce que le paysan vienne chercher son troupeau pour traire ses vaches... à six heures du soir ! N'ayant osé sortir de la journée de cette tente de six mètres carrés, nous y crevions de chaleur, et nous étions bien entendu aussi assoiffés et

Le café du Pont

morts de faim ! Le paysan, qui n'osait trop se moquer ouvertement de notre aventure, nous offrit un bon casse-croûte de fromage blanc tout frais. Fraîche aussi était l'eau de son puits que nous emportâmes pour la route. Il valait mieux, en fin de compte, rouler après que la chaleur fut tombée si l'on voulait s'avancer de vingt ou trente kilomètres. Nous allions de plus profiter de l'un de ces couchers de soleil si tardifs et si beaux du mois de juillet.

Mes progrès en saxo étaient plus que moyens. Encore pis étaient mes performances en classe de solfège. J'étais pour l'heure en deuxième année chez maître Gaujac, le frère du directeur lui-même. C'était un être lunaire. Sa distraction, son étourderie étaient légendaires. Il portait rarement la chaussette droite assortie à celle de gauche. Probablement sujet à des problèmes hépatiques, il bâillait en permanence. à l'image de sa braguette qui, elle, indépendamment de ses éventuels soucis biliaires, laissait parfois entrevoir des éclairs de caleçon blanc qui faisaient pouffer les filles. Il avait une oreille absolue. Au premier étage de la fenêtre ouverte qui donnait sur la rue, le moindre coup de klaxon évoquait chez lui la note juste. Il se mettait alors à la chanter aussitôt en levant le doigt. Il tenait ainsi la note *ré* bémol, *ré* bémol, *ré* bémo-o-ol jusqu'au piano, où, abattant l'index sur le *ré* bémol, il nous démontrait, amusé et un tantinet rengorgé, qu'il ne s'était nullement trompé de note.

La seule chose qui passionnait maître Gaujac, qui suscitait même chez lui un lyrisme aussi vibrant que des envolées wagnériennes, c'était le rugby. Le lundi matin, il arrivait en classe la mine réjouie et la moustache fébrile. Nous savions tous alors de quoi il allait nous causer tout au long de l'heure qu'en principe il eût dû consacrer à la leçon de solfège.

— Qui a vu le match, hier ?... Personne ? Pas un d'entre vous n'est allé voir la huitième de finale Toulouse contre Béziers, ou Narbonne, ou Dax, au Stade toulousain ?

Parfums d'enfance

Il prenait alors la position de Pipette (le célèbre Puig Aubert), le phénomène du rugby à treize, lorsqu'il avait marqué son premier essai et nous refaisait vivre ainsi tout le match, mimant les mêlées, les feintes, jusqu'au drop ou à la transformation de l'essai virtuel qu'il venait de marquer lui-même, entre les pieds du piano à queue. Se mettant face au tableau noir censé remplacer les poteaux, il reculait de trois pas avant de shooter sur un ballon imaginaire en direction du tableau.

— Voilà pourquoi Toulouse a gagné. Parce que nous étions les meilleurs. Ne manquez pas Agen-Montauban, dimanche prochain, si vous le pouvez. Vous allez assister en direct au massacre d'Agen. Les pôvres ! Enfin, il faut bien un gagnant, pardi !

Sur trente élèves, vingt-huit redoublèrent l'année suivante. Nous étions tous incollables sur le rugby, certes, mais le solfège, les cinq clefs, les dictées musicales n'avaient guère fait partie de notre univers dans la classe de maître Gaujac, corniste d'élite dans l'harmonie municipale toulousaine, mais si piètre professeur de solfège !

Après deux années de rugby chez cet inénarrable ludion, je me retrouvai dans la classe de Mme Cayla en compagnie de vingt-huit élèves dont mon copain Antoine Vié, clarinettiste de son état. Il venait de Varilhes en Ariège, précisait-il toujours. Il avait la particularité non enviable d'être encore plus nul que moi en solfège ce qui, paradoxalement, relevait de l'exploit.

Mme Cayla devait mesurer 1,55 mètre sur ses talons semi-hauts. En musique, disait-on entre nous, c'était une bête. Un meilleur compliment n'existait pas dans la bouche d'un musicien. Brune frisée, des yeux noirs perçants, elle avait à peine la quarantaine. Elle respirait l'intelligence et la sagacité. La fermeté et le courage apparaissaient comme les traits dominants de son caractère. Pour bien d'autres raisons, dont sa modestie souffrirait si je les évoquais ici, cette personne petite était vraiment une grande dame. Au

Le café du Pont

terme du premier trimestre, l'examen de contrôle révéla que mon copain Antoine était le dernier de la classe. Je ne le précédais que de peu, puisque j'étais moi-même vingt-huitième sur vingt-neuf élèves. Je n'osais regarder en face la jolie Catherine (le cour était mixte) au pull blanc volontairement trop étroit, qui moulait de façon avantageuse de jolis seins ronds si arrogants. Lorsque, en classe, elle m'adressait parfois en souriant un petit bonjour du bout des doigts, je lui rendais son salut par un signe timide. À présent, je baissais la tête, peu faraud au vu de mon catastrophique classement qui ne pouvait à l'évidence se comparer au sien. Elle était la première de la classe.

— Me suivras-tu, si je prends des cours particuliers avec Mme Cayla ? demandai-je un jour à Antoine, ahuri par ce préambule. Tu partageras le prix de la leçon avec moi ?

— D'accord, me dit mon copain, qui n'était guère contrariant mais presque aussi honteux que moi de sa place de dernier de la classe.

Tous les sous gagnés dans les bals servirent alors à payer les leçons particulières que Mme Cayla nous prodigua entre la fin novembre et la mi-juin. Nous déboursions quatre cents francs (deux cents chacun) une fois par semaine. C'était un prix très élevé à l'époque. Elle était cependant très exigeante, se rendant très bien compte de l'effort financier que cela représentait pour nous. Nous emportions à la maison du travail à effectuer, qu'elle contrôlait rigoureusement la semaine suivante. Dictées et métronome ne nous laissaient guère de répit. À l'examen de fin d'année, Antoine avait gagné cinq places. Pour ma part, j'obtins 19,5 sur 20, ayant fait une demi-faute dans ma dictée musicale. J'étais classé deuxième, après... Catherine qui ne céda jamais à personne sa place de première.

C'est au cours de cette année de rigueur auto-imposée que Rémy, bien malgré lui, changea encore une fois pour moi le cours de l'histoire.

Déclamation – M. Labadie –
Le Grenier de Toulouse

Rémy fréquentait occasionnellement quelques pensionnaires récents dans la classe de déclamation dramatique, autrement dit, des futurs comédiens.

Il m'annonça alors :

— Je vais m'inscrire au cours de théâtre pour être avec les copains. Ainsi, je les verrai plus souvent. De plus, ils aiment bien se marrer, alors on pourra se marrer ensemble ! Veux-tu me suivre dans cette aventure ?

Je fus aussi amusé que surpris par cette étonnante proposition. Le théâtre, le rêve de papa ! Je n'y avais jamais songé. Pourquoi pas ?

Mais de quelle manière s'y présenter ? En faisant quoi ?

Les comédiens en herbe auxquels Rémy m'avait présenté me conseillèrent de réciter une fable de La Fontaine lors du concours d'entrée. Je choisis *Le Loup et le Chien*. Le jury d'admission était composé de sociétaires de la Comédie-Française et de Maurice Sarrazin, jeune mais déjà éminent directeur fondateur du Grenier de Toulouse. Siégeaient également dans ce prestigieux jury Daniel Sorano, déjà devenu, lui, une star impressionnante, le directeur du conservatoire de Toulouse, et Mlle Talourd, ex-pensionnaire du théâtre de l'Odéon, qui deviendrait mon professeur.

Je débitai ma fable avec cet accent du Sud-Ouest qui

caractérise si bien les Gascons et qui divertit tant les membres du jury, lesquels se tenaient les côtes.

— C'est une nature ! dirent-ils en chœur, en essuyant des larmes de rire.

À ma grande surprise encore une fois, je fus reçu en classe de déclamation et je commençai mes cours dès la semaine suivante.

— Vous êtes fait pour jouer les jeunes premiers comiques, m'annonça Mlle Talourd, les valets de comédie. Je vous vois bien dans Sganarelle, dans Mascarille, dans Sosie ; et puis Courteline vous ira aussi très bien, et Tristan Bernard également. Dans *L'Anglais tel qu'on le parle*, vous serez irrésistible.

Sa prophétie se révéla juste : c'est précisément en donnant une scène de cette pièce si cocasse que j'obtins un triomphe lors de mon premier concours de fin d'année... au théâtre du Capitole. J'étais vengé de *Werther* ! Au seuil de cette première année d'apprentissage de l'art dramatique, Rémy avait été reçu bien évidemment lui aussi au concours d'entrée. Non seulement nous allions interpréter des scènes de théâtre, mais aussi apprendre la diction, la gestuelle, à poser notre voix, à maîtriser notre respiration, ce qui était loin d'être une mince affaire. Abandonner notre parler chantant au profit d'une diction parfaite, dénuée du plus quelconque accent, fût-il parisien, me précisa-t-on, ne fut pas non plus une entreprise aisée. La difficulté n'en aiguisa que davantage ma détermination. Il fallait, pour gagner la bataille de l'accent, non seulement le supprimer radicalement, mais aussi être capable d'emprunter le sien à un Marseillais ou à un Berrichon, si l'interprétation d'un paysan, par exemple, l'imposait. C'est ainsi que les deux premiers rôles qui me furent dévolus m'obligèrent d'abord à prendre les intonations du parler berrichon pour jouer petit Jean, le valet des *Plaideurs* de Racine ; puis l'accent

Parfums d'enfance

mâtiné de bourguignon pour interpréter le Piârrot du *Dom Juan* de Molière. Ignorant tout, alors, de ces distinguos langagiers, je m'inspirais autant que faire se peut des tournures phonétiques de Mlle Talourd, qui contrefaisait, pour m'initier, la rurale faconde de ces personnages du répertoire classique.

Un jour, à Toulouse, en quête d'une librairie où je pourrais acheter ces classiques du théâtre en petit format bon marché pour y apprendre mes scènes par cœur, je fis la connaissance de M. Labadie. Il n'était pas moins que le propriétaire de la Grande Librairie générale de Toulouse, sise non loin de la place Esquirol. Ce monsieur, petit, un peu voûté, qui devait approcher des soixante-quinze ans (ce qui était déjà bien vieux, à cette époque), avait le regard voilé de quelqu'un dont la vue semble incertaine. La sienne était en fait très faible. Son costume rayé gris et son chapeau en feutre assorti n'étaient apparemment pas beaucoup plus jeunes que lui. Les cachous qu'il suçait en permanence lui faisaient les dents toutes noires. Il ne devait pas se raser plus d'une fois par semaine. Les poils blancs de sa barbe d'un demi-centimètre le vieillissaient encore. On pouvait observer une légère écume de couleur indéfinie à la commissure de ses lèvres lorsqu'il parlait sur un ton de confidence, et sa bouche aux lèvres si fines semblait avoir du mal à laisser les mots s'échapper.

— Vous avez un tempérament bien libertaire, me dit-il après m'avoir fait parler de moi. Vous devez être un jeune homme très indépendant.

Cela semblait l'amuser beaucoup. Il voulut tout savoir. J'évoquai bien sûr mes études musicales et théâtrales au conservatoire. Je lui expliquai aussi que ma bourse, qui manquait d'embonpoint, ne me permettait guère d'acquérir qu'à miniprix les ouvrages de théâtre qui m'étaient nécessaires.

Pouvait-il me conseiller ? Il fit beaucoup plus.

Comme je lui avais expliqué que mon récent certificat d'études me semblait un peu mince pour me permettre

Le café du Pont

d'être confronté aux vers de Racine, ainsi qu'à ceux de Molière, Shakespeare ou Victor Hugo, il décida sur-le-champ de s'occuper du cas « intéressant » que je représentais pour lui.

— Ne faites aucun complexe à ce propos, me rassura-t-il. Ces vers, ces mots nouveaux qui vous paraissent parfois abrupts chez Corneille ou Marivaux, vous êtes suffisamment intelligent – pour le peu que je puisse en juger – pour saisir rapidement leur signification exacte. Je comprends, quant à moi, votre dilemme. Vous êtes un garçon plein de sensibilité. Je conçois que ce paysage littéraire, nouveau pour vous, puisse vous paraître parfois d'un accès difficile. Lorsque vous ne comprenez pas immédiatement le sens de ces vers de cristal auxquels vous n'êtes guère accoutumé, vous ne pouvez que vous sentir frustré, mais cela est normal, mon jeune ami. Dorénavant, il vous faut lire en quantité, vous cultiver. Il faut vous plonger dans Voltaire le sarcastique. Je suis certain que *Candide* ou *Micromégas* vous enchanteront. Il vous faut absolument lire *Les Aphorismes* de Chamfort, vous imprégner des *Maximes* de La Rochefoucauld . « Les vertus se perdent dans l'intérêt comme les fleuves dans la mer », vous pouvez méditer là-dessus ! Mais, plus proches de nous, vous pouvez tirer également de grands enseignements à la lecture de Jules Vallès. Sa trilogie, par exemple, est savoureuse et combien édifiante sur les mœurs du siècle précédent. Et Paul-Louis Courier, donc... Quel âge avez-vous ?

— Je vais avoir dix-sept ans.

Il ne put s'empêcher d'évoquer Rimbaud :

— « On n'est pas sérieux quand on a dix-sept ans. » Mais non, ce vers ne vous concerne pas, je suis certain que vous êtes tout à fait le contraire et aussi gourmand de savoir. Avez-vous une heure devant vous ? Voulez-vous venir avec moi ?

Sortant de la librairie, nous contournâmes le pâté de maisons datant du XVIᵉ siècle, pour finir par entrer sous un porche frais, pavé de galets, probablement issus de la

Parfums d'enfance

Garonne qui coulait à proximité. Nous descendîmes des marches de pierre usées qui nous menèrent dans une cave voûtée au deuxième sous-sol. L'endroit était éclairé par une unique ampoule de faible voltage que le vieux libraire actionna au moyen d'un interrupteur antédiluvien. Nous étions dans le temple du savoir. Des volumes anciens, poussiéreux, emplissaient des étagères qui grimpaient jusqu'au plafond. Des livres de toutes sortes, entassés, formaient des piles d'un bon mètre cinquante qui menaçaient de s'écrouler de toutes parts.

— Nous sommes ici dans la réserve, m'expliqua le vieil homme en tapant un ouvrage contre un autre pour en décrypter les titres occultés par le salpêtre et la poussière. Tristan Shamddy, il vous faut absolument lire *L'Odyssée* de ce garçon. Ce sera édifiant pour vous. Tenez, prenez aussi ces petits volumes du *Gil Blas* de Santillane, ils vous seront très utiles. Nous en parlerons ensemble la prochaine fois que vous reviendrez me voir... Et tenez, encore, dit-il en posant sur mes bras déjà chargés un gros pavé gris poussiéreux. Ce sont les poésies de Malherbe. La rigueur de sa versification ne peut être qu'un exemple parfait pour quelqu'un qui aime la poésie, ou qui se mettrait en tête de faire des vers. Peut-être un jour en ferez-vous vous-même ? Sait-on jamais ?

Lorsque nous retournâmes à la Grande Librairie générale, je ne payai que quelques modestes francs à la douce Mme Labadie qui tenait la caisse ce jour-là.

— C'est pour le Racine, me dit-elle, comme pour s'excuser de me faire payer. Dans la collection des petits classiques, *Les Plaideurs* sont encore abordables. Pour le reste, cela vous est offert par mon époux, M. Labadie. Revenez le voir, il sera content. Il apprécie beaucoup votre compagnie. Il vient de partir acheter des cachous.

Entre mes seize et mes dix-neuf ans, c'est aussi M. Labadie qui me fit découvrir Stendhal, Balzac. Malcolm Lowry, Léautaud, et tant d'autres.

Le café du Pont

Le mois suivant ma première visite, je retournai à la Librairie générale ; M. Labadie, qui cette fois-ci fumait une cigarette après l'autre au lieu de sucer ses cachous, me dit, un peu contrit :

— Je n'ai pas tenu le coup bien longtemps, vous voyez... J'avais arrêté ce poison, fit-il en exhibant sa cigarette entre son pouce et son index jaunis par la nicotine, et je m'étais mis aux cachous, mais j'ai craqué. C'est plus fort que tout, cette saloperie-là ! Avez-vous lu *Gil Blas* ?

— Non, pas encore, je n'ai pas eu le temps, monsieur Labadie. J'ai seulement pu lire un peu et être impressionné par la rigueur métrique des vers de Malherbe.

— Ah oui, vous avez raison d'en souligner le classicisme. La clarté, la cadence de ses vers sont incomparables et vous savez, il a fait école, il a certainement influencé Molière. Mais, sauf par ce dernier, par Racine et Corneille, bien sûr, il fut rarement égalé. Tenez, dit-il, en me posant un livre dans la main. Vous ne regretterez pas cette lecture, j'en suis certain.

— C'est qui, ce Paul Léautaud ? Et c'est quoi, ces *Entretiens radiophoniques* ?

— Léautaud, c'est un vieux ronchon qui a une plume et une langue bien trop acérées pour ne pas postillonner leurs vérités à la face des hypocrites et des faiseurs. Il y a deux ans, il a accepté d'avoir des « entretiens littéraires » sur la radio nationale avec le recteur Robert Mallet. Ils sont publiés aujourd'hui dans leur intégralité. J'ai pensé que vous devriez les lire. Ce personnage tout d'une pièce, critique de théâtre redouté – et redoutable –, qui fut longtemps secrétaire de rédaction au *Mercure de France*, ne peut que vous séduire. Nous en parlerons dans quelque temps, si vous avez eu le temps de le lire. D'accord ?

La fois suivante, durant deux heures, je fus intarissable sur Léautaud. Il ressortit de mes digressions admiratives à

Parfums d'enfance

propos de son esprit ainsi que du franc-parler du bon-homme que j'avais décidé d'aller le voir à Fontenay-aux-Roses. Je tenais absolument à connaître ce phénomène.

— Mais, jeune homme, y songez-vous sérieusement ?

— Bien sûr, monsieur Labadie, j'en ai fermement l'intention. Après mon départ à Paris où je compte bien faire mon service militaire, dès la fin de l'année prochaine, je prendrai le train pour Fontenay-aux-Roses. J'irai voir Paul Léautaud.

— Mais, malheureux, il ne vous recevra jamais !

— Nous verrons bien. En tout cas, j'aurai essayé.

Quelques mois plus tard, le misanthrope de Fontenay-aux-Roses m'ouvrit la porte de sa maison, comme on le verra plus loin.

Ne pouvant physiquement faire face à cette déferlante de labeur dont j'avais chargé mes jeunes épaules, je décidai de demeurer dorénavant toute la semaine à Toulouse. Le saxophone, le solfège, la comédie, les bals en fin de semaine ne me laissaient guère de répit. Mon premier flirt au pays était déjà un peu loin et je ne voyais plus guère les copains qu'en pointillé. Robert Lagarde, Gaëtan ou Pat mon amourette, la copine de Michèle Loubet, me manquaient, tout comme Jeannot et Laurent bien sûr, mais le tourbillon dans lequel j'étais emporté semblait ne plus vouloir s'arrêter. Maurice Sarrazin ne venait-il pas de me proposer de jouer un petit rôle, certes, mais un emploi tout de même, dans *La Mégère apprivoisée* au sein du prestigieux « Grenier » ?

Accepterais-je, me demanda-t-il, de partir en tournée en Suisse avec la troupe en attendant la suite ? En plus du Victoria Hall à Genève, nous nous produirions à Lausanne, Neuchâtel, La Chaux-de-Fonds, Bienne et même Zurich pour son festival de théâtre. Dire que j'étais fou de joie serait encore un doux euphémisme. Cependant, comment concilier désormais ce mode d'activité quasi professionnelle avec tous les cours auxquels j'avais déjà tant de mal à faire face ? Il était bien sûr hors de question d'interrompre mes études.

Rémy, lui, répétait alors une scène de la pièce de Courteline *Les Mentons bleus*, ainsi que le rôle de Monsieur Jourdain dans *Le Bourgeois gentilhomme*, qui lui allait d'ailleurs fort bien car il y était excellent. Je lui donnais la réplique tout comme il le faisait pour moi, lorsque je répétais avec lui *Théodore cherche des allumettes* ou le Sosie d'*Amphitryon*. Ayant déniché depuis peu une chambre à Toulouse, j'allais néanmoins régulièrement chez la famille Corazza embrasser la Mamma et surtout ne pas risquer de lui faire la moindre peine en oubliant de lui préciser que j'étais venu aussi pour manger les pâtes. Je demandai conseil à Rémy à propos de l'offre de Sarrazin.

— Tu ne vas pas travailler pour des prunes au moins ? s'inquiéta-t-il, plus pragmatique que moi.

— Je ne crois pas, non, ils me paieront, paraît-il.

— Et on t'a dit combien ?

— Cinq mille francs par jour.

— Par jour ?

— Oui, par jour. Par représentation, si tu préfères, mais on jouera presque tous les jours. Pour la relâche, j'aurai un défraiement

— Mais qu'est-ce que tu attends, malheureux, tu aurais dû signer depuis longtemps !

En route, donc, pour de nouvelles aventures...

Ma vie avait connu de tels bouleversements en si peu de temps !

Mme Montagne était une veuve à la soixantaine plantureuse, chez laquelle j'habitais désormais. Recommandé par de bons amis de mes parents, elle avait accepté de m'héberger et parfois même de me nourrir contre un pécule assez modeste. J'étais en outre assez souvent absent, en

Parfums d'enfance

raison des multiples activités qui étaient dorénavant les miennes. Ma grande chance fut qu'il m'était possible de travailler gammes et concertos sur mon saxophone sans que les voisins protestent le moins du monde. « Alors, notre jeune Pierrot, notre futur virtuose, il fait des progrès, on dirait ! » Mme Montagne, la bonne Marcelle, se rengorgeait lorsqu'une voisine lui distillait ce type de compliment, comme s'il lui était adressé à elle-même. Elle me couvait, minaudait, multipliait tant les prévenances à mon endroit que plus tard papa m'avoua avoir eu des soupçons quant à la transparence de nos relations. J'étais certes à l'évidence très naïf, mais en tout état de cause cette veuve joyeuse et si « disponible » sut contrôler les pulsions de sa débordante affectivité. Papa me fit bien rire lorsqu'il me confia ses inquiétudes à propos de ce qui lui apparaissait comme une trop sibylline situation. Marcelle habitait un premier étage, rue Montplaisir, près du Grand rond. Le quartier était paisible. Je pouvais à loisir travailler les gammes sur mon saxo, dans ma chambrette, ou les scènes des pièces de théâtre qu'elle avait la bonté de m'aider à apprendre, en acceptant de me donner la réplique. Pour le concours de fin d'année, j'étais également tenu de savoir par cœur un concerto de six pages de Jacques Ibert, ainsi que les répliques aux scènes des copains, qui, eux, apprenaient les miennes. Je ressassais avec acharnement les exercices de diction, dont l'énoncé ne devenait fluide qu'à force de pratique et de persévérance, il est vrai. « Blé brûlé, blé brûlé, blé brûlé » répétais-je sans cesse jusqu'à ne plus trébucher sur la difficulté de prononciation de cette formule idiote, mais combien redoutable, quand il faut la débiter rapidement. « Trois très gros grands gras rats gris » apprenions-nous également, « les chaussettes de l'archiduchesse sont-elles sèches... », etc. Toutes ces manières d'articuler et de cultiver la mémoire me furent indéniablement bénéfiques par la suite.

Amour de la musique, du théâtre
et du music-hall – La mégère en colère –
Première tournée théâtrale – Les joies du lupanar

J'adhérai cette année-là aux Jeunesses musicales de France dont c'était la création. Ma carte d'abonnement me permettait de bénéficier d'un certain nombre de concerts et je n'en ratai pas un seul dans la saison. Je commençais à aimer vraiment la musique, toutes les sortes de musique. Cela peut paraître incongru, voire ironique pour quelqu'un qui la pratiquait déjà depuis dix ans et qui s'apprêtait de plus à en faire son métier. Je confesse honnêtement ici que les années d'apprentissage de la musique m'ont paru fort longues et fort ennuyeuses. Je pense que le plaisir n'apparaît qu'au terme d'une certaine maîtrise de la lecture, ainsi que de celle de l'instrument que l'on apprend à jouer. C'était à présent le cas pour moi. Je commençais à jouer des morceaux de jazz avec Rémy, ainsi qu'avec les copains du « clan de Castelnaudary », Antoine Baulo, Jo Fabre et Yves Bordères, excellent musicien et guitariste virtuose, qui me fit acheter mon premier 78 tours de Charlie Parker. Par ailleurs, mon prof de saxo, Jacques Cottenet, m'avait fait le grand honneur de me proposer d'assurer le pupitre de saxo baryton (le plus gros), au sein d'un quatuor de saxophones qu'il avait eu l'heureuse idée de créer. J'en étais si fier que j'acquis sur-le-champ un saxo baryton qui amputa sérieusement mes économies. Le plaisir de la découverte de cette nouvelle discipline compensa largement ce petit sacrifice.

Parfums d'enfance

Nous nous réunissions une fois par semaine chez Cottenet, pour les répétitions. Ma jubilation était chaque fois grandissante, au fur et à mesure de nos progrès. Ce n'est pas sans émotion que je repense, tant d'années après, à cette expérience musicale originale et si enrichissante.

Époustouflé, transporté sont des superlatifs bien en dessous de la réalité de ce que j'éprouvai lorsque je vis et entendis Ella Fitzgerald, lors du premier concert des Jeunesses musicales au théâtre du Capitole. Elle était accompagnée entres autres d'Oscar Peterson et de Zutty Singletton à la batterie. C'était tout simplement magique. Mon admiration pour cette dame n'a jamais failli depuis. Les deux disciplines que j'avais choisi de poursuivre au conservatoire m'encourageaient à voir tous les spectacles musicaux, cela va de soi, mais aussi toutes les pièces de théâtre que les tournées Karsenty, Barret ou Canetti offraient au public de la salle du Capitole ou des grands cinémas toulousains. Je vis ainsi pour la première fois Bourvil se produire sur la scène du cinéma Trianon, devant une salle à moitié pleine. Ses chansons, qu'il avait choisies « bébêtes » car il pouvait y exprimer tout son talent comique, étaient à l'image de ses sketches – je pense à sa géniale interprétation de *L'eau ferrugineuse* –, d'une redoutable efficacité. Il était décevant de constater que la salle fut hélas loin d'être bondée, comme ce spectacle l'eût mérité. Plein d'admiration, je n'osai cependant pas aller saluer l'artiste à la fin du spectacle.

Le directeur du Trianon-Palace qui, je ne sais pourquoi, manifestait de la sympathie à mon égard, ne me fit jamais payer mon billet d'entrée une seule fois. Sachant que j'étais étudiant au conservatoire – il m'avait aussi vu jouer au Grenier de Toulouse –, il me disait :

— Votre vie entière, vous la passerez certainement sur une scène, alors, le peu de fois qu'assis dans une salle vous profiterez du spectacle que donnent vos collègues, je ne vais certainement pas vous faire payer votre place.

Le café du Pont

Merci, monsieur, pour cette élégance qui ne s'oublie pas.

« À mon collègue et ami », c'est précisément ce qu'avait écrit Robert Lamoureux sur la photo qu'il m'offrit au terme du spectacle dans lequel il venait justement de triompher au Trianon. C'était infiniment gentil de sa part, et sans doute bien trop flatteur – et disproportionné – en regard de l'énorme fossé qui séparait ce talentueux et célèbre monsieur de l'insignifiant moucheron que j'étais. Il avait, ce soir-là, ce qu'on appelle en termes de métier, « cassé la baraque » ! Le public, en permanence secoué de rires, n'avait guère eu le temps de souffler. Les spectateurs essuyaient leurs larmes et se tenaient les côtes, tant ce type de comique, de par sa forme nouvelle, faisait mouche. Les rappels, si nombreux, ne lui étaient apparemment pas montés à la tête. Il fut avec moi tout à fait charmant et d'une simplicité non affectée dont je retins la leçon. Allant le voir, deux ans plus tard à Paris, en compagnie de deux bons copains avec lesquels je venais de faire une escapade de Toulouse pour aller voir Georges Brassens aux Trois-Baudets, il se souvint très bien de moi et me fit un accueil des plus chaleureux ; voyant notre désappointement de ne pouvoir entrer – en payant – dans la salle déjà comble du théâtre Édouard-VII, il téléphona lui-même à la « boîte à sel » pour faire déposer trois « exos » au contrôle. Après la représentation, je me permis de revenir le remercier et le féliciter du triomphe qu'il avait obtenu dans cette pièce de boulevard qui m'avait semblée si bien ficelée. Cette observation, un peu présomptueuse de la part d'un si jeune homme, eut l'air de l'amuser. Il me demanda des nouvelles de mon « ami » Daniel Sorano dont je lui avais déjà parlé – il est vrai qu'amis, nous l'étions devenus, Daniel et moi – et me pria de lui faire toutes ses respectueuses amitiés. Le message fut transmis peu de temps après, dans la loge même de Daniel. Il jouait un éblouissant Scapin et m'avait invité à venir le voir sur la scène du TNP de Jean Vilar au palais de Chaillot à Paris.

292

Parfums d'enfance

C'était sans doute une aberration de Jacques Canetti d'avoir « monté » cette tournée avec Robert Lamoureux en première partie et Juliette Gréco en tête d'affiche. C'était l'une des pires erreurs que ce pourtant grand professionnel du spectacle venait de commettre. Non que Juliette ne méritât pas les galons de « vedette », comme on disait alors, mais cet « accouplement » si insolite avec Robert Lamoureux était à l'évidence des plus incongrus ! J'ai souffert pour Juliette, que j'admirais. Les chansons de Queneau, de Prévert ou de *L'Opéra de quat'sous* de Kurt Weill qu'elle chantait alors constituaient avec Armstrong, Ella Fitzgerald, Billie Holliday, Charlie Parker, Django Reinhardt, Georges Brassens et les Frères Jacques l'essentiel de ma discothèque. C'était à l'évidence, je le répète, une colossale bourde. Ces deux grandes pointures aux antipodes l'une de l'autre ne pouvaient triompher toutes deux devant un public qui, en l'occurrence, s'était avant tout déplacé ce soir-là pour voir Robert Lamoureux. Le « bide » qu'essuya Juliette fut sans doute l'un des plus douloureux qu'il m'ait été donné de voir dans ce métier si difficile.

Curieusement, Georges Brassens, encore peu connu, fut quelques mois plus tard victime d'une semblable erreur de casting lorsqu'il chanta précisément en première partie du spectacle que Gréco donnait aux Trois-Baudets, le théâtre de Canetti à Paris. Georges ne paraissait sans doute pas ici en totale symbiose avec celle qu'il appelait déjà (à voix basse et en coulisses) « le succube ». Ce dérangeant chanteur non conformiste était confronté tous les soirs à une salle glaciale de petits-bourgeois choqués, qui d'ailleurs étaient venus pour l'être, et qui le faisaient beaucoup transpirer. En ce lieu, Gréco, déjà adoptée et attendue par ce public, faisait en revanche un triomphe. Cet insolent jeune homme allait devoir attendre quelque temps avant de convaincre un public pour lui encore hypothétique. Ainsi que je l'ai raconté dans *Laissez chanter le petit !*, les trois inconditionnels de Georges que nous étions, mes copains Arthur, Gaston et moi, éprouvèrent un jour l'irrépressible envie d'oublier le conservatoire de Toulouse durant quelque temps et de courir le voir et l'entendre – tous les soirs si possible –, aux Trois-Baudets où nous savions qu'il se produisait. Bref, nous rêvions de faire une cure de Brassens !

C'est Gaston, lequel se ferait ensuite connaître au théâtre et à la radio sous le nom de Claude Mourthé, qui avait eu cette géniale idée. Je ne vais pas narrer par le détail les péripéties de cette picaresque et insolite escapade ; je puis dire néanmoins qu'après la découverte de Georges « galérant » de la sorte dans les cabarets, je me demande encore aujourd'hui comment j'ai pu envisager ingénument un jour de pratiquer à mon tour ce périlleux et ingrat métier.

L'infortuné « se ramassait » tous les soirs sur la scène des Trois-Baudets, trois bons quarts d'heure durant, à la suite de quoi, pendant une demi-heure encore, il gazouillait tant bien que mal dans l'étuve enfumée du minuscule Vieux-Colombier. Le « Vieux-Co », comme on le désignait après l'Occupation, était avec La Rose rouge où débutèrent les Frères Jacques, la plus célèbre boîte de la rive gauche. Les « rats de Saint-Germain-des-Prés » allaient y danser le swing que distillait toutes les nuits la clarinette de Claude Luter.

Georges terminait ensuite cette pénible soirée dans la douleur sur les deux mètres carrés de la scène du cabaret des Champs-Élysées, la Villa d'Este. Là, quelques touristes venus des quatre coins de la planète rivalisaient dans l'hébétude éthérée au milieu des provinciaux en goguette ahuris d'entendre ce qu'ils entendaient. Ni les uns ni les autres ne comprenaient un traître mot à *La Mauvaise Réputation* ou à *Corne d'aurochs*, que leur assénait Georges. Lui, dégoulinant de sueur et de rage, jurait ses grands dieux en sortant de scène qu'on ne l'y reprendrait pas le lendemain Il y chanta pourtant des mois durant, en ravalant sa colère

Parfums d'enfance

Cette « vache enragée » n'était-elle tout de même pas plus acceptable que celle qu'il venait de subir, à peine quelques mois auparavant, dans la brasserie de la porte d'Orléans qui portait le même nom ? Elle justifiait vraisemblablement le salaire de misère qu'on lui accordait pour sa prestation. On y servait de la choucroute et du bœuf bourguignon aux clients, dans un bruit de fourchettes et dans un brouhaha ininterrompu, même lorsqu'il entonnait *Le Parapluie*, *Brave Margot* ou *La Chasse aux papillons*. Je connus un sort identique sept ou huit ans plus tard, lorsque je tentai de chanter mes toutes premières chansons à la Rôtisserie de l'Abbaye, rue Jacob. Les clients les plus proches qui se restauraient sous mes yeux en discutant bruyamment me suppliaient parfois, en une mimique et les mains jointes, de chanter moins fort afin de ne pas déranger leur conversation.

Durant ce court mais si délicieux séjour parisien, notre voiture – en fait celle du père d'Arthur, diplomate en voyage à qui son rejeton l'avait « empruntée » – servit de taxi à Georges et Puppchen, sa compagne, afin de se rendre d'une boîte à l'autre. Avec les cachets faméliques (ici aussi !) que lui octroyait Canetti, Georges n'avait pas encore eu les moyens de s'offrir une auto.

Après les Trois-Baudets, serrés comme un budget d'aide aux handicapés, nous traversions tous les soirs Paris dans tous les sens à l'arrière de la Simca d'Arthur. La guitare de Georges, dans son gros boîtier rigide, était posée sur nos genoux. C'était sa première guitare « de scène », celle que son ami le chansonnier Jacques Grello venait de lui offrir. Nous nous sommes revus souvent par la suite, Grello et moi. Ils venaient lui et sa compagne (qui était très copine avec Puppchen) rue Louis-le-Grand, dans le premier appartement que Georges acquit et que nous retapâmes, quelques années plus tard. Yvon, le fils de Puppchen, était là lui aussi. Plein d'admiration pour Georges, il essayait d'écrire des

Le café du Pont

chansons. Nous devînmes de bons copains. Je lui offris un jour de vieilles pantoufles jetées par Léautaud, que j'avais récupérées dans son jardin et lui me fit présent à son tour d'une vieille bouffarde toute culottée de Georges, que plus tard quelqu'un m'« emprunta » et que bien sûr je ne revis jamais !

Au même titre que mes copains, je redescendis sur terre en retrouvant Toulouse et mes multiples occupations quotidiennes. Cela ne m'empêcha guère de continuer d'aller au cinéma et au théâtre dont j'étais de plus en plus friand.

C'est ainsi que j'eus le bonheur de découvrir, au Trianon à Toulouse, entre 1950 et 1952, un artiste qui m'apparut comme un vrai phénomène. Je pense modestement avoir été l'un des rares à me rendre compte ce soir-là des véritables ressources de cette étonnante nature. Je lui en fis part avec enthousiasme et il en eut l'air infiniment heureux et touché. Peut-être aussi parce que je fus le seul spectateur à venir le féliciter à la fin du spectacle, dans la loge minuscule qu'on lui avait attribuée et où il était en train de se démaquiller lorsque je vins frapper à sa porte. Lui aussi était encore loin d'avoir atteint le haut de l'affiche. Dans la désopilante revue de Pierre Dac et Francis Blanche – qui récoltaient déjà un succès monstre dans leur fameux sketch du fakir Rabindranah Duval –, Fernand Raynaud, car c'est bien de lui qu'il s'agit, n'avait dans cette affaire qu'une part bien congrue du gâteau à se mettre sous la dent. Hormis son célèbre sketch muet de l'opération de l'appendicite qui lui valait un beau succès, il n'y faisait que deux apparitions fugaces. Dac et Blanche, m'expliqua-t-il, l'avaient appâté au départ de la tournée avec la promesse d'un rôle bien plus étoffé dans l'un des sketches qu'ils présentaient. Fou de

Parfums d'enfance

joie, il avait accepté cette chance qu'il n'avait jamais eue auparavant d'enfin se faire remarquer.

Dès les premières représentations, hélas pour lui, le triomphe qu'il remporta était loin d'avoir été subodoré par les maîtres du jeu, les comiques officiels. Bref ! On lui coupa dès lors tant de répliques qui faisaient mouche qu'à l'inverse du succès remporté dès le départ, sa prestation passait à présent totalement inaperçue.

C'est à la brasserie Conti, place du Capitole, qu'il me raconta après le spectacle, devant une douzaine d'huîtres, les galères qui avaient été les siennes. Son enfance d'après la guerre, la pauvreté, la faim... En sortant de l'école, il avait mis au point avec son copain de classe un système pour distraire la boulangère pendant que l'autre lui piquait des longuets (sortes de gressins) sur l'étalage. Les cachets minables, les gens humbles dont il faisait partie, leur ridicule, la plupart des personnages qu'il croisait, dont il me parlait, seraient transformés en sketches, cela il le savait. Il l'avait décidé ainsi... et il le fit. Pendant que je le raccompagnais à son hôtel, situé sur les allées Riquet, à quatre heures du matin, d'un trottoir à l'autre de la rue étroite qui bordait le Capitole, il m'interpréta pour la première fois le personnage de Ballendar, le cabot encore célèbre aujourd'hui, ainsi que son fameux hallebardier. Fernand, que je retrouvai quelques années plus tard sur les plateaux de télévision, ne garda aucun souvenir de cette soirée dont, cinquante ans plus tard, je me rappelle les moindres détails. Je ne jurerais pas qu'il n'était pas un chouïa éméché, cette nuit-là. De plus, le nombre de fois où il avait dû raconter sa vie à un inconnu entre deux whiskies ne devait plus se compter. Fernand, qui devint un bon ami par la suite, était ce qu'il convient d'appeler un écorché vif. C'était un être perpétuellement inquiet et peu sûr de lui, d'où les formidables cuites qu'il prenait hélas trop fréquemment. S'il devait jouer ses sketches tout seul sur scène et qu'il ne buvait que deux ou trois scotchs avant d'y entrer, cela allait encore.

297

Le café du Pont

Toutefois se produire dans un programme important, avec des artistes qui remportaient un gros succès, cela le rendait malade. Il m'en donna la preuve à plusieurs reprises. Un soir, à Toulouse justement, à la Halle aux grains, il refusa de se produire avant moi, sans vraiment en expliquer le pourquoi. Une autre fois, sous un grand chapiteau où nous attendaient trois mille spectateurs surchauffés, il ne voulut jamais entrer en scène « en vedette ». C'était pourtant logiquement sa vraie place. Il assura brillamment toute la première partie, en faisant son triomphe habituel, et demeura en coulisses lors de mon tour de chant qui lui succéda en deuxième partie.

Se précipitant à ma sortie dans la caravane où, littéralement en nage, j'allais prendre une douche, il me dit : « Honnêtement, j'avais pas raison ? As-tu vu le tabac que tu as fait ? Avec toi, ils chantent d'un bout à l'autre de ton tour ! Que veux-tu faire ? On ne peut pas lutter contre tes chansons. Tu es trop populaire ! » Il l'était pourtant aussi, populaire, ce brave et si compliqué Fernand.

Il aimait bien mon épouse Rebecca, à qui il avait toujours quelque confidence à faire. Il fut un temps où nous eûmes à tourner sur un même plateau quelques émissions de télé – animées par qui ? je ne m'en souviens guère. Elles se filmaient à Montmartre dans les studios du Moulin de la Galette. Le bar d'en face n'était autre que le QG de Fernand. Il attendait là, devant un magnum de veuve-clicquot, que l'assistant de l'émission vienne le chercher. L'un de ces jours de tournage au Moulin, je vis arriver mon épouse, les oreilles inhabituellement rouges, pas vraiment pompette, mais pas loin non plus.

— Toi, lui dis-je, tu t'es arrêtée en chemin... et je suis certain que le magnum de champagne en a pris un coup.

— Exactement, c'est ce satané Fernand qui m'a tenu la jambe pendant une heure et qui m'a obligée à boire deux coupes. Comment sais-tu ça ? Je suis rouge ? Cela se voit tant que ça ?

298

Parfums d'enfance

Fernand avait du mal à boire seul.

Durant ces années de conservatoire, j'eus aussi le bonheur et la chance de voir sur la scène du Capitole *Le Diable et le Bon Dieu*. Pierre Brasseur y était magistral. J'avoue que sans son époustouflante création, cette verbeuse et compliquée pièce de Sartre m'eût sans doute semblé bien ennuyeuse. J'étais allé saluer l'inoubliable Frédérick Lemaître des *Enfants du paradis*, deux bonnes heures avant le début du spectacle. Lorsque je lui eus fait part de mon modeste statut de comédien en herbe au Grenier de Toulouse, lui aussi s'enquit des nouvelles de Daniel Sorano.

— Saluez-le bien chaleureusement de ma part, me dit Pierre Brasseur, faites-lui toutes mes amitiés car je l'aime beaucoup.

Décidément, qui n'aimait pas le génial créateur du valet Biondello, dans *La Mégère apprivoisée* ?

Sans vouloir en faire une liste exhaustive, il est bon nombre d'artistes qui m'impressionnèrent alors. À ma grande surprise, ils affichèrent d'emblée à mon endroit une attitude devant laquelle ma timidité ne pouvait que fondre. Sans adopter un ton familier – mon respect admiratif était bien trop immense –, je demeurais cependant totalement naturel auprès d'eux, tel qu'avec Michel Simon par exemple, que j'applaudis à tout rompre dans *Fric-Frac*. Non que la pièce fût géniale, mais lui, à coup sûr, oui. À la fin du spectacle, là aussi, je vins lui distiller maladroitement de pauvres compliments, auxquels il fit gentiment semblant d'être sensible. Quelque cinq ou six ans plus tard, lorsque je pratiquai le métier de chanteur, nous devînmes amis. Il vint à son tour m'applaudir chaleureusement au premier rang de l'Olympia avant de m'embrasser dans ma loge au terme de mon récital. Il « adorait » – c'était son mot –, *Marcel, Jeanine, Cuisse de mouche, Le Temps des puces*, et j'en passe. Il connaissait par cœur des couplets entiers qu'il

299

Le café du Pont

chantait même dans ma loge devant mes amis éberlués que j'aie un tel fan. Il vint ensuite fidèlement plusieurs fois au Théâtre des Variétés, à l'Olympia à nouveau, à Bobino, dans tous les music-halls où je me produisais. Il y a quelques années de cela, avant de nous quitter, il vint m'embrasser pour la dernière fois, avec sa compagne, au Victoria Hall à Genève, avant puis après mon récital. Il pleurait.

— C'est beau, me disait-il, mais tu te rends compte de ce que tu leur dis ?... Ce que j'aurais voulu connaître tes chansons plus tôt ! Quel bonheur j'aurais pu avoir à les chanter !

Je ne jouais à la vérité que de bien petits rôles dans la troupe du Grenier de Toulouse. Mais qu'est-ce que je m'y amusais ! Comme je prenais cela à cœur !

Dès le commencement de *La Mégère apprivoisée*, dix minutes après une sorte de préambule, un changement de décor s'opérait à vue sur la scène ; Jean-Marie Rivière (le génial créateur des sublimes spectacles de l'Alcazar à Paris quelques années plus tard) et moi-même étions en charge de cette délicate besogne. Partant des coulisses, l'un côté cour, l'autre côté jardin, nous saisissions chacun à bras-le-corps l'un des deux arbres en carton pâte plantés des deux côtés de la scène. Les colossaux efforts pour soulever somme toute de simples poids de deux kilos, la mimique de valets totalement abrutis que nous arborions alors en nous croisant sur scène, nos arbres entre les bras, déclenchaient un immense fou rire dans la salle. Le crépitement des applaudissements pour ce simple jeu de scène sans paroles durait près d'une minute.

— Tu vois, me dit Sarrazin le premier soir à ma sortie en coulisses, il n'y a pas de petits rôles. Tous les acteurs peuvent être grands, en scène. Même toi quand tu ne dis rien.

Ce sacré Maurice savait jouer du violon quand il le fallait. Nous partîmes à Bordeaux après moult répétitions pour

Parfums d'enfance

y créer *Roméo et Juliette* en première mondiale au Grand Théâtre, dans le cadre du Mai musical. Je jouais six rôles dans la pièce ! J'étais tour à tour spadassin, musicien, marmiton, valet... que sais-je ! J'avais inscrit sur une feuille de papier que je pliais sous l'élastique de mon collant rouge toutes mes entrées en scène, à la cour, au jardin, ainsi que le costume à porter au moment opportun. Cette « feuille de route » trempée de sueur et indéchiffrable au bout d'une demi-heure ne me servait d'ailleurs plus à grand-chose. Auparavant, des semaines durant, nous avions répété inlassablement des scènes d'escrime avec un professeur. Nous devions en effet ferrailler cinq bonnes minutes au sommet d'un praticable. Ce dernier n'était autre que la moitié arrière du balcon sur le devant duquel Juliette jouerait sa célèbre scène. Au terme de cette bataille d'épées, je devais faire le mort, allongé sur le praticable. Des pendrillons noirs tirés mécaniquement viendraient ensuite occulter l'arrière du balcon où j'étais censé demeurer « gisant ». C'est là, à cet endroit précis, dans la demi-obscurité, que je devais effectuer ma mission la plus périlleuse. J'étais chargé de déshabiller Juliette et de l'aider à enfiler la robe somptueuse qu'elle porterait pour la « scène du balcon ». Quel honneur, mais aussi quelle responsabilité ! Simone Turc, qui jouait Juliette avec une grâce incomparable, se laissant gentiment ôter sa robe, paraissait néanmoins fébrile. Nous ne disposions en fait que de cinq minutes en tout et pour tout. Simone, qui avait toujours été adorable avec moi, me dit de plus en plus nerveuse :

— Ne perds pas de temps, PP (au Grenier, ils m'appelaient tous PP), il reste à peine quatre minutes pour l'ajuster.

À cet instant, la fermeture à glissière de la nouvelle robe se bloqua dix centimètres au-dessus de son coccyx. Accroupi derrière elle, la sueur envahit mon front. Je redescendis puis essayai de remonter d'un coup cette saloperie de fermeture, qui se bloqua derechef au même endroit. Simone, à présent, frappait du talon, de plus en plus hors d'elle.

301

Le café du Pont

— Mais qu'est-ce que tu fous, nom de Dieu ! Tu n'as jamais remonté une fermeture Éclair ?

— Elle est bloquée.

— *QUOUAH* !?! Elle est bloquée ! Mais tu es con ou quoi ? Tu le fais exprès ? Comment peux-tu avoir bloqué cette foutue fermeture ? Je dois jouer ma scène dans moins de deux minutes. Abruti ! Merde, merde et merde ! Envoyez une autre robe, hurla-t-elle en tentant d'étouffer sa voix, à ceux de la coulisse qui, à l'étage en dessous, étaient complètement paniqués eux aussi.

Simone se retourna face à moi, et je pus alors voir la haine quasiment palpable qui lui sortait des yeux. Me plantant délibérément ses ongles dans chaque joue, elle vociférait entre ses dents :

— Je te hais PP, je te hais !

La deuxième robe fut enfilée et ajustée en moins de dix secondes – cinq exactement –, avant que la douceur de sa première réplique ne tienne en haleine une salle entière de personnalités. Elle eut droit à une ovation au terme de la scène du balcon où la catastrophe avait été frôlée.

À la fin de la pièce, Simone-Juliette, que venait entre autres de féliciter chaleureusement Chaban-Delmas, le maire de Bordeaux, me dit en tenant mes épaules au bout de ses bras : « J'espère que tu ne m'en veux pas, PP. » Me serrant dans ses bras, elle me demanda deux fois pardon, en embrassant délicatement les griffures qu'elle avait artistiquement sculptées sur mes joues.

Dès lors, les choses s'accélérèrent singulièrement pour moi.

Mais, comment faire face sans dommages à ce panel d'occupations aussi passionnantes que diverses ?

Mes résultats en classe de solfège décevaient un peu Mme Cayla, qui « attendait désormais mieux de moi » ! Et

Parfums d'enfance

pour cause, je n'avais plus guère le temps de me consacrer au solfège autant qu'il l'eût fallu.

Mon problème fut le même avec ce brave M. Cottenet. Il s'arracha les cheveux lorsqu'il apprit, catastrophé, que j'allais partir en tournée en Suisse avec le Grenier de Toulouse !

Et mon concerto de Paul Bonneau ! Quand donc l'apprendrais-je sérieusement à l'approche du concours de fin d'année ? Le gentil Cottenet, qui fondait tant d'espoirs à mon endroit, était, je le sentais bien, un peu amer de la tournure que prenaient les événements.

Seule Mlle Talourd était heureuse et fière que son élève ait été engagé dans ce Grenier qu'elle admirait tant pour le sérieux du travail que Sarrazin et ses comédiens accomplissaient.

Ma copine Michèle Loubet, passionnée de théâtre depuis toujours et un peu bluffée sans doute que j'aie eu le courage de me présenter au conservatoire en classe de déclamation, décida tout comme moi de quitter le pays. Elle fut admise à son concours d'entrée en récitant *La Jeune Veuve* de La Fontaine. Reçue haut la main, elle vint grossir le groupe de copains, à présent fous de théâtre, que nous formions au sein de cette classe. Sa passion, d'ailleurs, était si authentique qu'elle l'accompagne encore et toujours. Son parcours professionnel fut jalonné de nombreuses pièces qu'elle interpréta des années durant dans la compagnie des TSE, dont l'animateur n'était autre que l'excellent et original Alfredo Arias.

Elle tourna aussi au cinéma maints petits et moyens rôles parfois dans des films cultes tels que *Qui êtes-vous Polly Magoo* ou, entre autres, dirigée par Yves Robert, dans *La Gloire de mon père*, tiré du merveilleux livre de Pagnol. Bref, elle suivit et suit toujours le chemin de son cœur.

C'est pour cela qu'elle est mon amie et un peu ma sœur.

Le café du Pont

Un bon nombre de petites fenêtres s'ouvraient désormais sur le paysage de la vie nouvelle qui s'offrait à moi. Mon apprentissage sur les planches ne laissait de m'étonner et de m'enrichir de jour en jour.

Je vivais à présent au quotidien les prémices d'une perception sensorielle qui ne faisait que s'affiner au contact des spectateurs qui m'étaient désormais devenus familiers. Le parfum des loges, celui des coulisses et jusqu'à celui de la loge du concierge du théâtre, étaient si définissables et atypiques qu'elles me devenaient soudain « vitales ».

J'attendais, fébrile, de retrouver quotidiennement ces sensations que si peu de gens ont l'opportunité de connaître. Le plaisir est d'ailleurs toujours aussi vif aujourd'hui. L'odeur d'un théâtre est unique et magique. Elle recèle tout le poids des angoisses des comédiens, partagées avec des joies indescriptibles et aussi avec d'inoubliables moments pénibles ou enthousiasmants de leur carrière. L'écho des bravos l'emporte toujours sur les silences réprobateurs d'un public qui subit un spectacle raté pour mille raisons souvent indéfinissables. Les bides ne laissent pas d'empreintes sur les murs d'une salle de théâtre. Cependant, pour celui qui est sur scène, il est nécessaire d'avoir vécu de temps en temps ces fameux bides tant redoutés, pour apprécier le succès à sa juste valeur. Malgré cela, la passion de jouer – comme celle de chanter sur une scène – l'emporte à l'évidence sur tout. Cela, aussi, je l'appris, plus tard. Les répétitions harassantes – nerveusement –, les loges vétustes, poussiéreuses et parfois glaciales, pourvues d'un unique siège bancal où l'on s'assied à tour de rôle pour se maquiller devant une glace chichement éclairée, le public « mauvais » ce soir-là (ce n'est jamais l'acteur ni la pièce !) et parfois, pour couronner le tout, on vous apprend que vous ne percevrez pas de cachet pour la bonne raison qu'avec une salle à moitié vide, on n'a « même pas fait les frais » ! Cela ne devrait-il pas être décourageant ? Eh bien, non ! Tout cela est oublié devant

304

Parfums d'enfance

un public qui sanglote ou éclate de rire dans une salle bondée à craquer.

Il est bien difficile de quitter ce métier d'acteur, de danseur, de clown ou de chanteur, quand on en a pénétré les arcanes et goûté l'enchantement.

J'ai connu des comédiens et des chanteurs sincèrement passionnés par leur métier. Cela valait-il pour autant la peine de laisser anéantir sa vie par l'insuccès récurrent ou par l'éternelle malchance qui semblait s'acharner sur eux ? Ne faut-il pas savoir aussi tourner une page lorsque des années durant la mayonnaise ne prend pas ? N'y aurait-il pas du reste moins d'intermittents du spectacle malheureux, qui trouvent si injustes d'être des « laissés-pour-compte » ?

Paradoxalement, dans ce microcosme artistique où le raffinement et la sensibilité sont censés être inhérents à la fonction, les intrigues, les jalousies et l'arrivisme n'ont rien à envier au milieu des affaires dans lequel ces pratiques semblent naturelles.

J'ai souvent été le témoin amusé de savantes manœuvres de la part de certains comédiens ou comédiennes afin d'obtenir un engagement – ou un rôle important –, cela confinait au chef-d'œuvre ! L'une des savantes tactiques employées par une jeune comédienne, par exemple, consistait à « mettre un pied dans la place » en accordant ses faveurs à un acteur déjà bien installé au sein d'une troupe. Si le pauvre diable avait le malheur de s'amouracher de la jolie intrigante, il tombait vite de haut. Prouvant qu'elle avait de la suite dans les idées, cette reine des manigances mettait rarement plus de trois mois avant d'entrer dans le lit du directeur de la troupe ou dans celui du metteur en scène.

Tout ce théâtre de la vie me fascinait aussi, car ce monde que je découvrais, bien que les fragrances en fussent différentes, ressemblait étrangement à celui du café que je venais à peine de quitter. Il évoquait aussi celui de Molière, qui

Le café du Pont

nous gratifiait avec génie de ses mécomptes avec la société, illustrés entre autres par les sincères et malheureux emportements d'Alceste face à Célimène. Molière ne trouva sans doute pas le courage, dans son si célèbre *Misanthrope* d'attribuer à la belle Célimène le doux nom d'Armande, qui n'était autre que celui de sa perfide maîtresse.

Le public suisse était étonnamment chaleureux. Tant par la qualité de sa traduction que par la mise en scène enlevée de Sarrazin, sans oublier le jeu des comédiens, *La Mégère apprivoisée* remportait tous les soirs un triomphe. La presse du lendemain était généralement dithyrambique. Ma jubilation sur scène était sans bornes.

Jean-Marie Rivière, sans doute l'un des comédiens avec lesquels j'avais le plus sympathisé au sein de la troupe, me dit dès le début de la tournée :

— PP, veux-tu que nous prenions ensemble une chambre à deux lits ? Nous diminuerons les frais d'hôtel, cela nous fera faire des économies.

De nature accommodante, je ne vis pas pourquoi j'aurais refusé. Jean-Marie était sans nul doute le plus drôle, mais aussi le plus farceur et surtout le plus hâbleur de la troupe. Cela, bien entendu, n'était pas du tout fait pour me déplaire. Malheureusement pour lui – et par contrecoup pour moi –, sa « fiancée » du moment résidait à Los Angeles. Jean-Marie, fou amoureux d'elle, lui téléphonait de l'hôtel tous les soirs, une bonne demi-heure durant, avant de partir au théâtre. Le prix exorbitant de ces communications était bien entendu ajouté à la note d'hôtel que j'avais un peu imprudemment accepté de partager avec lui. Je n'osais jamais faire état de ce type de détail ruineux qui ne semblait même pas effleurer Jean-Marie le magnifique. Je revins malgré cela avec de confortables économies au terme de ma première tournée, pour laquelle j'avais été si bien rémunéré

Parfums d'enfance

Ce premier sentiment d'avoir momentanément éloigné la pauvreté me permit de rapporter un collier en or véritable à maman ainsi qu'une superbe montre chronomètre Jaeger à papa, qui l'arbora au poignet pour le restant de ses jours.

La propreté des Suisses m'avait sidéré. Les rues, les places, les théâtres, les loges, tout était nickel, partout. La confiance qu'ils semblaient avoir dans leur prochain m'avait tout bonnement stupéfié. Aurait-on pu imaginer en France un petit éventaire de journaux du jour au coin d'une rue, sans personne à proximité pour percevoir le prix des ventes ? Les passants, ici, posaient simplement leur pièce dans une soucoupe en prenant leur journal. Je ne pouvais m'empêcher de penser que chez nous, un type sur cinq seulement aurait déposé sa pièce, tandis que les autres auraient probablement même emporté la soucoupe pleine sans la moindre vergogne.

Je revins promptement voir M. Labadie dès mon retour à Toulouse. Ma moisson littéraire hebdomadaire ainsi que la bienveillance et la sagesse des propos qu'il me prodiguait commençaient à me manquer. Je me remis à bûcher. Je consacrais désormais deux heures quotidiennes à affiner ma technique, le son, la musicalité qu'exigeait le concerto de saxophone de Paul Bonneau, particulièrement difficile à jouer. Mon premier prix, cette quatrième année, n'était-il pas en jeu ? Je devais, en déclamation, apprendre et fignoler aussi la fameuse scène de Sosie, le valet d'*Amphitryon* : « Qui va là ? Heu, ma peur à chaque pas s'accroît... Messieurs, amis de tout le monde... » C'est avec cette tirade classique et une scène désopilante de *L'Anglais tel qu'on le parle* de Tristan Bernard que j'obtins un accessit au concours de sortie, dans la salle du Capitole. Par malheur pour ma copine Esther, bonne tragédienne pleine de fougue et de

307

talent, Mlle Talourd m'avait enjoint de lui donner la réplique en m'attribuant le rôle du garde dans *La Sauvage* d'Anouilh qu'elle devait interpréter. Dix minutes après que la salle hilare m'eut fait un triomphe dans *L'Anglais tel qu'on le parle*, les spectateurs, me voyant revenir dans la peau d'un tragédien en habit noir et couvre-chef de guerrier, étaient pliés en deux sous le fauteuil avant que j'eusse le temps d'ouvrir la bouche. Le fou rire inextinguible du public entier obligea cette pauvre Esther à quitter la scène, sans même avoir pu elle non plus prononcer un seul mot. Elle ne m'adressa plus jamais la parole.

La cocasse façon avec laquelle j'obtins, cette dernière année, mon premier prix de saxo, vaut sans doute la peine d'être contée aussi.

Après des semaines et des mois de labeur acharné sur ce terrible concerto, nous les lauréats, le connaissions et le jouions tous par cœur sans aucun problème. Malgré cela, le professeur, ou le jury peut-être, tenait à ce que chaque élève joue sa partition en la lisant sur le pupitre placé à cet effet sur la scène. Je suis distrait de nature, cela ne fait nul doute, malgré ce que semble en penser mon copain Rémy. Racontant récemment cette anecdote lors d'une émission télévisée, il mit le « gag » qui s'ensuivit sur le compte de mon espièglerie. Il n'en était pourtant rien, cher Rémy. J'arrivai donc sur scène où ce bon Jacques Cottenet m'attendait fébrile au pied du pupitre, devant un millier de spectateurs et une douzaine de membres du jury. Les gouttes de sueur qui perlaient à son front ajoutèrent encore au trac dont je commençais à sentir les effets dans mes jambes flageolantes.

— Votre partition, me demanda-t-il, où l'avez-vous mise ?
— Ma partition ?
— Oui, bon sang ! Votre partition, où est-elle ?
Je le regardai, ahuri...
— Eh bien, je n'en sais rien !
La salle fit entendre un brouhaha et certains spectateurs

Parfums d'enfance

commençaient même à pouffer. Après la troisième requête de Cottenet, de plus en plus angoissé, prenant enfin conscience de ce qu'il me demandait, j'extirpai la partition enroulée dans le pavillon de mon saxophone, en même temps qu'un parterre entier de spectateurs éclatait de rire.

— Vous m'aurez tout fait ! dit mon prof au bord des sanglots, avant de quitter la scène.

N'empêche qu'il était fier de moi quand, à la lecture du palmarès, on annonça mon premier prix. Il avait presque la larme à l'œil, quand il me tapota affectueusement la nuque en me disant :

— C'est bien, tu l'as mérité !

Il me tutoyait pour la première fois.

Antoine Baulo, Jo Fabre et Michel Claverie obtinrent aussi leur premier prix ce jour-là. Nous fêtâmes l'événement dans un petit restaurant où nos libations inhabituelles suggérèrent à l'un d'entre eux de proposer d'« aller aux putes » ! Je n'ignorais pas, bien sûr, de quoi vivaient ces demoiselles, mais ne les ayant jamais fréquentées, je n'avais pas la moindre idée de la spécificité de leurs pratiques aux fins de déniaiser un jouvenceau de mon acabit. Antoine et Jo, d'un air assuré, nous convièrent à les suivre – pour se marrer – jusqu'au fameux quartier proche de la gare. Je me retrouvais dans celui-là même que fréquentait, dix ans auparavant – selon l'ami Caulet –, le brave curé de Saint-Jean.

Je n'avais jamais imaginé qu'il pût exister un lieu aussi sordide pour se consacrer aux « délices » de l'amour. Pénétrant dans un couloir sale, éclairé par une ampoule nue de faible voltage, nous passâmes devant une porte entrouverte par laquelle on pouvait apercevoir un lit. Le drap qui le recouvrait était aussi taché et crasseux qu'on puisse l'imaginer. Une espèce de petite vieille bossue à moitié difforme, auprès de qui la Thénardier eut fait figure de Marilyn Monroe, surgit soudain d'on ne sait où.

Le café du Pont

— Entrez, entrez, mes petits, dit-elle, enjouée, commencez de vous déshabiller, je vais en faire autant. Je fais un brin de toilette et j'arrive, je suis à vous dans deux minutes.

Je crois qu'hormis le jour où je fus sacré champion du cent mètres à la communale, jamais de ma vie je n'ai couru aussi vite pour gagner la sortie. Mes copains, qui en avaient fait autant, m'invitèrent entre deux fous rires à les accompagner dans une boîte de nuit. L'apparition de la fiancée de Frankenstein ayant suffi à ma soirée, je regagnai mes pénates épuisé mais heureux de cette mémorable journée, dont tant d'années plus tard je n'ai pas oublié le plus petit détail.

Je n'ai guère la place de raconter ici *toutes* mes activités artistiques durant ces quatre années d'études au conservatoire. Cependant, que Claude Mourthé et tous les copains de la troupe du « Club des treize » sachent que je n'ai pas oublié avec quelle ferveur et quel enthousiasme nous avons répété et joué à Toulouse *Le Bal des voleurs* d'Anouilh. Que Michèle Loubet sache que j'ai toujours en mémoire sa fameuse entrée en scène, une écharpe écossaise autour du cou, dans *L'École des maris* que nous jouions en costumes d'époque. Elle déclencha sans nul doute un « effet » dans la salle du Capitole, mais peut-être pas celui qu'elle avait espéré ! Antoine, Rémy, Jo et les autres se souviennent-ils de ces innombrables et enrichissantes répétitions de jazz, où nous interprétions inlassablement *In the moon* aussi bien que le *Mambo n° 8*?!

Je m'aperçois que de quatorze à dix-neuf ans, hormis les pensums nécessaires – lecture des cinq clefs au solfège, déchiffrage, gammes et arpèges au saxo, ou scènes à apprendre par cœur au théâtre, sans compter les exercices de diction –, je vécus tout le reste avec passion et enthousiasme au milieu de tous mes copains comédiens ou musiciens.

310

Parfums d'enfance

C'est peut-être l'une des raisons pour lesquelles je porte aujourd'hui un regard navré sur le spectacle d'une certaine jeunesse qu'absolument rien n'intéresse ! Surtout s'il faut fournir le moindre effort. J'ai sans nul doute eu bien de la chance d'avoir des parents qui me montrent un chemin différent.

Pour leur bonheur, une médaille de solfège ainsi qu'une première médaille de diction vinrent s'ajouter à mon accessit de déclamation et à mon premier prix de saxophone.

En vérité, j'avais fait tout cela surtout pour eux, pour maman qui m'avait tant fait confiance, pour papa qui avait tant souhaité me voir réussir ce qu'il n'avait pu réaliser.

Loin d'être inconscients, ils entreprirent cela courageusement, et sans souci du qu'en-dira-t-on. Tous deux, durant des années, encaissèrent doucement les sourires incrédules des « amis » qui se souciaient de mon sort.

« Alors, ce petit Pierrot, il s'en sort dans sa musique ?... Depuis le temps ! Et puis dites, c'est que ça doit revenir cher tout ça, tous ces voyages à Toulouse, toutes ces leçons... Vous croyez que ça peut faire un métier, uniquement musicien ? Vous en connaissez, vous, des gens qui ne vivent "que de ça" ? Enfin, ce que j'en dis, moi... Chacun voit midi à sa porte ! Mais c'est pas pour dire, ça me ferait un peu peur d'avoir un enfant qui s'est mis des idées comme ça dans la tête. »

Eh bien eux, Maurice et Claudia, n'avaient pas eu peur. Ils avaient osé.

Osé même faire apprendre la musique à Jeannot qui, à quatorze ans, joua de l'accordéon. Il chantait aussi dans les bals avec une très belle voix de baryton. Ce n'est pourtant pas le métier qu'il choisit.

Le café du Pont

Très tôt, fortement encouragé par papa, il se dirigea vers la gastronomie. Au grand désespoir de maman qui le voyait s'éloigner, il devint un grand chef – entre autre chez Sardi's à New York – et donna même des cours de cuisine française à la télévision américaine.

Cela aussi, c'était peu commun et cela – tout comme pour moi – en épata plus d'un au pays.

Oui, c'est un bonheur incomparable que d'avoir eu de tels parents.

Je pensais sincèrement et bêtement, je l'avoue, que tout cet acquis, toutes ces récompenses, ne me serviraient pas à grand-chose à l'avenir.

Je me trompais bien sûr.

Sans mon fructueux passage au conservatoire et sans les lumières de la précieuse Mme Cayla, je n'aurais jamais pu écrire la musique de mes chansons.

Sans M. Labadie qui, lui, guida mes pas sur les chemins abrupts de la poésie et ceux de la littérature, je n'aurais sans doute pas non plus écrit les textes que l'on apprend aux enfants dans les écoles publiques, dont une bonne dizaine, aujourd'hui, portent mon nom. Merci maman, merci papa.

Remerciements

Un grand et sincère merci à tous ceux qui m'ont aidé à me souvenir. À ceux qui ont « fluidifié » ma mémoire. À ceux qui, par la précision des détails qu'ils m'ont apportés, ont enrichi mon propos. S'il subsiste quelques inexactitudes, quelques noms ou prénoms erronés, je demande humblement à ceux qui se jugeront concernés de ne pas m'en tenir rigueur. L'acuité de mes souvenirs – pourtant si vive – a pu avoir ses faiblesses. Je puis cependant assurer que les péripéties racontées dans ce livre ne sont absolument pas le fruit de mon imagination. Tous les personnages cités ont existé et certains d'entre eux sont encore – heureusement – bien vivants.

Je remercie donc chaleureusement :
Le petit-fils de mon parrain Pierrot, mon neveu Alexandre Marciel, qui me facilita le décryptage des arcanes familiales en grimpant tout en haut de notre arbre généalogique.
Laurent et Marinette Muñoz.
Gaëtan Rouxi qui, lui aussi, se souvient de tout.
Monsieur Pasqui. Il me gratifia verbalement de précieux détails sur les maquis, complétés par le livre *Le Corps franc Pommiès*, qu'il eut la gentillesse de m'offrir.
Un grand merci bien sûr à mon frère Jean-Claude (Jeannot). Malgré son si jeune âge, il enrichit les scènes que

Le café du Pont

nous vécûmes ensemble de détails qui me furent très utiles dans le déroulement du récit.

Merci à Françoise, qui durant des mois et des années, se cassa les yeux sur les pattes de mouche qui remplirent tous mes manuscrits avant de les taper au propre.

Merci à Françoise Delivet à qui la vigilance, l'efficacité et la bonne humeur de relectrice ne firent jamais défaut.

Merci à ma fille Anne qui traqua implacablement virgules, tirets, accents circonflexes et guillemets. Elle apporta un regard nouveau ainsi que certaines suggestions indéniablement précieuses.

Le plus grand des mercis enfin à mon épouse Rebecca. Qui eût pu m'encourager et me soutenir mieux qu'elle tout au long de cette aventure qui dura plus de sept ans ? L'acuité de son jugement instinctif étant redoutable, mon masochisme naturel m'inclina à solliciter en permanence l'écho de son impitoyable verdict. « Bien sûr nous eûmes des orages... » Mais ce fut toujours elle qui éclaircit l'horizon.

Parlez-moi d'amour...

Table

La maison de l'avenue de Courbieu – Premiers exploits	9
Toilette matinale de papa – Maman – Mémé – La maternelle – Le coiffeur	16
Mobilisation – Les réfugiés – Mignonne – Mathé – Les Cavalli	28
Le garage – Marainotte – Tonton Étienne – Le permis de maman	35
Entrée à la communale – Mémé et sa famille – Le café du Pont	42
Les totos – Les habitués du café – Le billard – Les jeux	57
Le faux croup – Les ventouses – Les voisins	63
Le bonheur chez mémé – Leçons de saxophone – Les goujons	78
Les colos – Montjoi	92
Les restrictions – L'arrivée de l'occupant	105
L'Allemand qui parlait patois – Maman et ces messieurs – Mon débit de tabac	117
Abattage clandestin en musique	127
L'école – L'instit méchant et le gentil	138
Petit jardin englouti et autres colos...	143
La bonbonne de vin blanc – Le Polonais – Sueurs froides au canal	148
Dédé le Maquisard – La débâcle des Allemands – Joseph	157
La Libération – La cuisine de maman – Rémy	168

Le café du Pont

La vie reprend au café – Premier concert, premier bide – La Saint-Alpinien 182

La pêche aux écrevisses – Le curé et le cordonnier – M. Badgé, sa femme et M. Henri 191

Robert Lagarde – Gaëtan – Jeannot au cinéma – Papa pêcheur – Braconnage au canal 201

Le bal – La ferme – La moisson – Les vendanges chez les Bedouch 221

Le cocktail – La bagarre générale 229

Chez Élie Beaudonnet – Papa chasseur 238

Orchestre de copains – Ouverture de la salle de bal – La fin du café du Pont 246

Négoce de tissus et tournées campagnardes – La Kaiser vert pomme – La tante Philomène – Le magasin 256

Le certif – La paire de baffes – Le conservatoire – L'inconnue du train – La première fois sous les peupliers – La famille Corazza – Solfège-galère 264

Déclamation – M. Labadie – Le Grenier de Toulouse ... 281

Amour de la musique, du théâtre et du music-hall – La mégère en colère – Première tournée théâtrale – Les joies du lupanar 290

Remerciements 313

Cet ouvrage a été imprimé par

FIRMIN DIDOT
GROUPE CPI
Mesnil-sur-l'Estrée

*pour le compte des Éditions Robert Laffont
24, avenue Marceau, 75008 Paris
en juillet 2005*

*Cet ouvrage a été composé et mis en pages
par Étianne Composition
à Montrouge.*

Dépôt légal : mai 2005
N° d'édition : 43387/19 - N° d'impression : 74907

Imprimé en France